W0014858

MANFRED VASOLD

Die Pest
Ende eines Mythos

MANFRED VASOLD

Die Pest

Ende eines Mythos

THEISS

Bibliografische Information **Der Deutschen Bibliothek**
Die Deutsche Bibliothek verzeichnet diese Publikation in der Deutschen Nationalbibliografie; detaillierte bibliografische Daten sind im Internet über http://dnb.ddb.de abrufbar

Umschlaggestaltung: Finken u. Bumiller, Stuttgart
unter Verwendung einer Abbildung von Interfoto, München
(Sammelbild eines unbekannten Künstlers)

Lektorat: Dr. Volker Held, Ludwigsburg
Bildredaktion: Barbara Locher, Neuenbürg
Satz und Gestaltung: DOPPELPUNKT GbR, Leonberg
Druck und Bindung: Offizin Andersen Nexö, Leipzig
ISBN 3-8062-1779-3

Besuchen Sie uns im Internet: www.theiss.de

INHALTSVERZEICHNIS

EINLEITUNG

„Am allerletzten tritt bei uns die öffentliche Gesundheitspflege in die Diskussion ein. Unsere Bevölkerung ist in dieser Richtung ihrer großen Mehrheit nach geradezu fatalistisch. Die Krankheit kommt, ein Glied der Familie oder mehrere werden dahingerafft, man beweint sie – und man vergißt sie, wenn nicht sie, so doch meistens die Ursache ihrer Krankheit."

Rudolf Virchow, 1868

Geschichtsbücher berichten von dem in der Vergangenheit Geschehenen. Aber natürlich wollen und können sie nicht von allem Geschehen handeln. Trotzdem ist es unverzichtbar, auf die großen Seuchen von einst hinzuweisen, denn epidemisch auftretende Infektionskrankheiten, die sich rasch ausbreiten – so die Definition von Seuchen –, verursachen eine erhöhte Sterblichkeit; sie beeinflussen somit die Größe einer Bevölkerung und haben weitreichende Folgen für Wirtschaft und Gesellschaft. Das Auftreten einer Seuche wie der Pest, das mit Massensterben einhergeht, ruft aber auch Ängste hervor, die sich im sozialen Verhalten niederschlagen und bis in den religiösen Bereich hinein ihre Spuren hinterlassen.

Viele Seuchen bleiben in den Geschichtsbüchern dennoch unerwähnt; Seuchen, wie Krankheiten überhaupt, gehören zum naturhaften Geschehen, für das viele Historiker sich nicht zuständig fühlen. Geschichtsbücher erwähnen ja in der Regel auch nicht die Witterung; erst neuerdings gehen einige Historiker auf das Klima ein, das in der jeweils untersuchten Epoche vorherrschend war. Die meisten deutschen Historiker zählen Seuchen noch nicht zu den historisch relevanten Ereignissen. So erwähnt kaum einer z. B. die Influenzapandemie, die 1918 um den Erdball raste und binnen einiger Monate mehr Menschenleben kostete als der Weltkrieg in viereinhalb Jahren. Vielleicht braucht man über Seuchen in den Lehrbüchern der politischen Geschichte nicht zu berichten; aber dort, wo es um die Geschichte von

Wirtschaft, Gesellschaft oder Mentalität geht, sollten sie behandelt und ihre Auswirkungen untersucht werden.

So ist festzuhalten, dass man aus der Tatsache, dass in den Geschichtsbüchern Seuchen nicht erwähnt werden, nicht folgern darf, dass es sie tatsächlich nicht gegeben hat. Andererseits darf man aber auch nicht annehmen, dass eine Epidemie im Raum A aufgetreten sein muss, nur weil zur selben Zeit von ihrem Wüten im Raum B berichtet wird. Jede Epidemie muss für sich untersucht und nachgewiesen werden.

Was ist die Absicht dieses Buches über die Pest? Hier geht es in erster Linie darum, auf das weltweite Auftreten der Pest hinzuweisen, die großen Epidemien zu untersuchen und ihre Gesetzmäßigkeiten zu verstehen. Sofern Historiker bisher die Pest überhaupt erwähnten, begnügten sie sich damit, das Grassieren dieser Seuche zu erwähnen und allenfalls noch die Schäden zu nennen, die sie verursachte – nicht selten in untertreibender, gelegentlich auch in stark übertreibender Weise. Dabei beriefen sie sich, für das Spätmittelalter, zumeist nur auf schriftliche Quellen, auf Chroniken. Hier aber stellt sich das Problem, dass die Begriffe ‚Pest' und ‚Pestilenz' auch als Synonym für ‚Seuche' verwendet werden. Woher wusste man also, dass es wirklich die Pest war, die zu einer bestimmten Zeit an einem bestimmten Ort umging?

Ein gewissenhafter Arzt wird heute, um eine Diagnose zu stellen, den Kranken selbst untersuchen; falls eine Infektionskrankheit vorliegt, wird er sich überdies einen bakteriologischen Befund wünschen. Medizinhistoriker haben diese unmittelbaren Informationen nicht, sie müssen sich auf Quellen stützen, die aus der fernen Vergangenheit stammen und dazu zumeist von Menschen verfasst wurden, die gar nicht wussten, worauf sie zu achten hatten, und die, statt einfach die Symptome zu schildern, nicht selten auf ältere Beschreibungen oder die Schilderungen von Zeitgenossen zurückgegriffen haben. Das erschwert die historische Diagnose ungemein oder macht sie gar unmöglich.

Im Verlauf des 19. Jahrhunderts haben einzelne Historiker und Medizinhistoriker umfangreiche Darstellungen über die Pest in der Mitte des 14. Jahrhunderts – den „Schwarzen Tod" – veröffentlicht. Allerdings waren zu diesem Zeitpunkt weder der Pesterreger noch der Modus der Pestübertragung bekannt. Dennoch sind diese Darstellungen, die niedergeschrieben wurden, bevor die Seuche wirklich verstanden wurde, immer wieder als Grundlage von historischen Darstellungen der Pest verwendet worden.

Die Pest ist zunächst ein Gegenstand der Medizin, daher haben Ärzte in den Jahren um 1900, als die Pest in weiten Teilen Asiens wieder einmal wütete, diese Krankheit mit neuen wissenschaftlichen Methoden systematisch zu erforschen begonnen. Auch bedeutende deutsche Mediziner – wie Robert Koch und Rudolf Virchow – haben sich damals mit ihr beschäftigt. 1894 entdeckte der Schweizer Tropenarzt Alexandre Yersin in Hongkong den Pesterreger, der heute seinen Namen trägt, *Yersinia pestis*. Die Mediziner untersuchten also zunächst die Pest in den Tropen, wo die naturräumlichen Gegebenheiten ganz andere sind als in unseren Breiten. In Europa, wo diese Seuche in den Jahrhunderten nach 1348 immer wieder in Erscheinung trat, mussten die Historiker das Wirken der Pest in einer kühl-gemäßigten Zone untersuchen. Hier aber zeigte die Krankheit – wie es scheint – ein ganz anderes Gesicht. Mediziner und Biologen hätten dies verstanden; aber sie beschäftigten sich, da die Pest zu dieser Zeit in Europa nur noch sehr vereinzelt vorkam, kaum mehr mit der Seuche. Und Historiker waren, da ihnen das naturwissenschaftliche Handwerkszeug fehlte, allenfalls an den demographischen, sozialen und wirtschaftlichen Folgen der Pest interessiert.

Infektionskrankheiten wie die Pest, die von einem lebenden Mikroorganismus hervorgerufen werden, sind zugleich ökologisch bedingte Krankheiten. Man darf den Begriff ‚ökologisch' allerdings nicht missverstehen – er bedeutet keineswegs ‚umweltfreundlich' oder etwas Ähnliches, seine Bedeutung in der Wissenschaft ist eine ganz andere. Schon 1866 benutzte der deutsche Arzt und Biologe Ernst Haeckel (1834–1919) den Begriff Ökologie, um damit *die Lehre von den Lebewesen in ihren Beziehungen zu ihrer Umwelt* zu bestimmen, und zwar zur belebten wie zur unbelebten Umwelt. In diesem Sinne verwenden auch die heutigen Biologielehrbücher den Terminus: Aufgabe der Ökologie ist es, die Wechselwirkungen zwischen den Lebewesen und die Beziehung der Organismen zu ihrer Umwelt zu untersuchen.

Die Pest steht also in einem großen ökologischen Zusammenhang, d. h. dass eine Vielzahl von biotischen und physikalischen Bedingungen erfüllt sein müssen, ehe sie auftreten kann. Man wird die Pest daher nicht an jedem beliebigen Ort zu jeder beliebigen Zeit antreffen können. Die Pest wird von Lebewesen verursacht, die an ihre Umwelt bezüglich ihrer Ernährung, der Durchschnittstemperaturen, der Luftfeuchtigkeit usw. Bedingungen stellt. Für eine Untersuchung der Krankheit ist es daher wichtig, den Zeitpunkt ihres Auftretens zu registrieren, die Epidemien möglichst exakt zu datieren. Aus diesem Grund werden in diesem Buch immer wieder einmal genaue Daten genannt, Angaben über den Monat und sogar den Tag.

Dabei ist aber zu bedenken, dass man sich in der Vergangenheit in manchen Teilen Europas einer etwas anderen Datierung bediente: Bei Angaben, die sich auf die Zeit vor 1583 n. Chr. beziehen, muss man grundsätzlich dreizehn Tage dazurechnen, denn vor diesem Jahr verwendete die Menschheit den nach Julius Cäsar benannten Julianischen Kalender, der um knapp zwei Wochen hinter unserem zurückliegt. Seit dem ausgehenden 16. Jahrhundert benutzen die Katholiken westlich der Weichsel dann den heutigen Kalender, während die protestantischen Staaten in Deutschland bis zum Jahr 1700 beim Julianischen Kalender blieben. Großbritannien und die von ihm abhängigen Territorien gaben den Julianischen Kalender sogar erst im September 1752 auf; die Pest von London fand also dreizehn Tage später statt, als die von uns zitierten zeitgenössischen Quellen angeben. Die orthodoxen Länder Griechenland und Russland schließlich verwendeten noch im 18. und im gesamten 19. Jahrhundert den alten Kalender – man muss also auch bei der Datierung der Pest in Griechenland und in Moskau dreizehn Tage dazutun. Heißt es über Moskau, dass der erste Pestfall am 10. Juli registriert wurde, so war dies für uns heute am 23. Juli.

Die Grippe oder die Pocken können jederzeit und überall übertragen werden. Um sich zu infizieren genügt es, mit einem Kranken, der an einer dieser Krankheiten leidet, zu sprechen – es sind Sprechtröpfchen, die den Erreger übertragen. Bei vielen anderen Infektionskrankheiten, so auch bei der Pest, erfolgt die Übertragung dagegen auf viel umständlichere Weise: Sie erfolgt meist nicht von Mensch zu Mensch direkt, sondern es ist ein Blut saugendes Insekt, das den Erreger einem Menschen in seine Blutbahn spritzt. Man muss nicht sehr kundig sein in diesen Dingen, um zu wissen, dass die Malaria auf diese Weise übertragen wird, und zwar von verschiedenen Arten der Anophelesmücke; auch eine Form der Meningitis epidemica wird von Zecken auf diese Weise mitgeteilt. Im Falle der Pest sind es Flöhe, die das Bakterium übertragen, beim Fleckfieber sind es Kleiderläuse, die den Erreger von Mensch zu Mensch befördern. Bei der Pest ist die Übertragung sogar noch etwas umständlicher oder mittelbarer, denn es sind zunächst Nagetiere, vor allem Ratten, die das Pestbakterium in ihrem Blut tragen – und selbst an der Pest verenden –, von ihnen gelangt der Erreger auf dem Umweg über die Flöhe zum Menschen. Ist es erstaunlich, dass auch durch Ratten und Flöhe wiederum die ökologischen Umstände Bedeutung erlangen? Flöhe benötigen, um massenwirksam in Aktion treten zu können, hohe Temperaturen.

Aus diesem Grund soll hier zunächst versucht werden, die Pest in der Vergangenheit unter ganz anderen naturräumlichen Umständen – etwa im Ägypten des 19. Jahrhunderts oder um 1900 in Indien – zu studieren. Wenn es gelingt, aus der Seuche in so unterschiedlichen Biosphären Gemeinsamkeiten oder Gesetzmäßigkeiten ihres Auftretens herauszufinden, dann sollte es wohl auch möglich sein, etwas über die Pest im mittelalterlichen Europa zu erfahren.

Die ökologischen Gegebenheiten, unter denen die Pest auftrat – und auftritt –, sind außerordentlich komplex; es kann daher kaum erstaunen, dass sie lange Zeit nicht durchschaut wurden bzw. sich Überzeugungen festsetzten und kritiklos von einem zum anderen weitergegeben wurden, die einer genaueren Überprüfung nicht standhalten. Die Pest, vor allem der „Schwarze Tod“ – die große Epidemie in Europa in der Mitte des 14. Jahrhunderts –, ist umstellt von Mythen.

Der erste und zentrale Mythos betrifft das Auftreten des „Schwarzen Todes“. Zeitgenössische Quellen und – in ihrem Gefolge – die spätere Geschichtsschreibung erwecken den Eindruck, die Seuche sei im Süden, an den italienischen Mittelmeerhäfen, angelandet worden und habe sich *blitzschnell überallhin* ausgebreitet. Wenn das tatsächlich so war, würde dieses Verhalten nicht zur Pest nicht passen, denn so rasch breitet die Pest mit ihrer umständlichen Übertragungsweise sich nicht aus. Handelte es sich also um eine andere Krankheit? Tatsache ist, dass, je weiter man in die Vergangenheit zurückgeht, die Beschreibungen der Seuchen desto weniger detailliert ausfallen. Oft ist es heute gar nicht möglich, die in den Quellen geschilderten Symptome einer bestimmten Krankheit mit Gewissheit zuzuordnen.

Aber war es denn wirklich so? Jüngste Forschungen haben gezeigt, dass sich die Pest unmittelbar nach dem Jahr 1348 keineswegs so rasch nach Mitteleuropa ausgebreitet hat. Zuerst waren die Küstenstädte betroffen – in Italien, Frankreich, Spanien und England –, auch in Deutschland könnte es so gewesen sein.

Dann gibt es den Mythos von den großen Verlusten. In der allgemeinen Geschichtsschreibung ist mit Blick auf die Pesttoten in der Mitte des 14. Jahrhunderts, den Schwarzen Tod, ziemlich uniform von einem Drittel die Rede. Selbst in neueren seriösen Stadtgeschichten werden, obwohl die Quellen häufig darüber schweigen, die Verluste einfach mit etwa einem Drittel benannt. Das wäre für die Pest zu viel – vielleicht aber nicht für eine andere oder mehrere Seuchen? Oder sind die Zahlen einfach zu hoch gegriffen?

Dann stellte sich allerdings die Frage, woher die hohen demographischen Verluste rühren, die das Spätmittelalter registrierte. Im Verlauf des 14. und 15. Jahrhunderts nahmen die europäischen Bevölkerungen deutlich ab, der Tiefstpunkt dieser Entwicklung könnte um 1470 gelegen haben. Aber diese demographischen Verluste müssen und können nicht einzig und allein der Pest angelastet werden, und schon gar nicht der Epidemie von 1349. Schon in der ersten Hälfte des 14. Jahrhunderts hatte eine längere Kälteperiode eingesetzt, mit schlechten Ernten und ungeklärten Epidemien, durch die die Bevölkerung deutlich schrumpfte. Und in den einhundertfünfzig Jahren nach 1350 traten – in Deutschland und den meisten Teilen Westeuropas – viele weitere Pestepidemien auf, in ziemlich regelmäßiger Folge mit etwa elfjährigen Pausen. Die Pest war also nicht ein einmalige Ereignis, sie war eine Struktur der alteuropäischen Geschichte.

Ein Mythos ist auch die vermeintlich große Ansteckungsgefahr. Solange die Pest in Europa endemisch verbreitet war und alle paar Jahre irgendwo grassierte, hielt man sie allenthalben für leicht übertragbar. Im 19. Jahrhundert aber machten europäische Reisende, vor allem Ärzte, im Orient die Erfahrung, dass man sich als einzelner sehr wohl dagegen schützen konnte. Dieses Vertrauen ging so weit, dass Europäer die Länder des Orients auch besuchten, wenn dort gerade die Pest regierte. Ja, einzelne Ärzte, die viele Pestfälle gesehen hatten, waren jetzt sogar geneigt, diese Seuche für eine nicht-ansteckende Krankheit zu halten.

Zweifelhaft ist auch die Charakterisierung der Pest als eine Krankheit der großen Städte. Kenntnisse über die größten Pestausbrüche, mit den höchsten Verlustzahlen, liegen zwar aus Städten vor, das ist richtig, und in den Städten haben Historiker die Pest auch gründlich erforscht. Aber die Städte waren nicht der einzige Ort, an dem diese Seuche sich zeigte, und das wäre auch erstaunlich: Die Pest ist zunächst eine Krankheit der Ratten; die Ratten leben bevorzugt dort, wo die Nahrungsmittel für sie leicht zugänglich sind, und das ist nun einmal das Land mit seinen Getreidefeldern und seinen Kornspeichern. Das zeigte sich bei der großen Pest in London von 1665: Die Seuche wütete am heftigsten in den äußeren Bezirken der Metropole, gerade dort, wo die Umstände denen des flachen Landes am ähnlichsten waren. Das Problem ist also eher eines der Geschichtsschreibung, denn das flache Land ist nicht so leicht zu untersuchen, weil hier die Quellen längst nicht so zahlreich sind. Wo aber in den letzten Jahren empirische Studien vorgenommen wurden, zeigten sie, dass die Pestverluste auf dem Land hinter denen in den Städten um nichts zurückstehen.

Und die Behauptung, mit dem Mittelalter sei die Pest zu Ende gegangen? Sie trifft keineswegs zu, wie ja überhaupt in der Gesellschafts- und Wirtschafts- wie auch in der Medizingeschichte das Mittelalter erst sehr viel später sein Ende findet. Große Pestausbrüche gab es auch in der frühen Neuzeit noch – etwa die großen Epidemien im Verlauf des Dreißigjährigen Krieges, als das segensreiche Wirken der Göttin Hygieia erstorben war, derweil der Kriegsgott Mars regierte. In der ersten Hälfte des 17. Jahrhunderts kam es in weiten Teilen Europas noch einmal zu einem drastischen Bevölkerungsrückgang, weil Seuchen grassierten, weil langwierige Kriege ihre Opfer forderten und außerdem eine Kälteperiode die Ernten drückte. Aber danach hörte die Pest auf? Im Europa westlich der Weichsel nahm diese alte Seuche mit dem 18. Jahrhundert ein Ende. Aber kleinere Epidemien gab es, vor allem an den Küsten, auch noch im 19. und 20. Jahrhundert. Und als die Medizin in der Mitte des letzten Jahrhunderts sich gegen die Seuche zu wehren vermochte, trat die Pest trotzdem immer noch auf, und zwar in den weniger hochentwickelten Teilen der Erde.

Die Pest ist in vielen Punkten zweifellos weniger schrecklich als bisher angenommen – dafür hat sie ihren Schrecken bis heute nicht verloren. Wir treffen sie und andere große Infektionskrankheiten in epidemischem Ausmaß noch in den armen Länder Afrikas und Asiens. Wir haben heute das wissenschaftliche Instrumentarium, solchen Krankheiten medizinisch wirksam zu begegnen und durch die Erfahrung mit ihnen die entsprechenden Ereignisse in unserer eigenen Geschichte besser zu verstehen.

DIE ANGST VOR PEST UND TOD

Die Türme stehn in Glut, die Kirch ist umgekehret,
Das Rathaus liegt im Graus, die Starken sind zerhaun,
Die Jungfraun sind geschänd't, und wo wir hin nur schaun,
Ist Feuer, Pest und Tod, der Herz und Geist durchfähret.
Andreas Gryphius, Tränen des Vaterlandes (1636)

In den letzten Jahren kam es in weit entfernten Ländern zu kleineren Pestausbrüchen, die in Europa einerseits mit Interesse, andererseits auch mit Angst und Beklemmung aufgenommen wurden. Die Seuche konnte jedes Mal rasch eingedämmt werden, und die an der Pest erkrankten Personen wurden zum allergrößten Teil gerettet. Wie konnte dann die Pest in der ferneren Vergangenheit so große Angst hervorrufen?

Pest, das ist der Inbegriff einer tödlichen Seuche – die Pest ruft Urängste hervor. Sie ist gefürchtet, denn vor der Entdeckung der Antibiotika verlief sie zumeist tödlich, und zwar binnen kürzester Zeit. Sie war überdies gefürchtet, weil man vor ihrer Erforschung um das Jahr 1900 die Gesetzmäßigkeiten ihrer Ausbreitung nicht erkannte. Zudem hängt dieser Pest ein Mythos an.[1] Dieser Mythos geht in Deutschland möglicherweise weiter zurück als bis zum Dreißigjährigen Krieg; dennoch hat insgesamt dieser lange Konflikt mit seinen beträchtlichen demographischen Verlusten unsere – teils falsche – Auffassung von der Pest und ihren Verheerungen verfestigt.

Im übrigen ist es eine alte Erfahrung: Krankheiten, die sich rasch ausbreiten und viele Menschen ergreifen, ohne indessen allzu viele Tote zurückzulassen – wie etwa die Grippe –, sind weniger gefürchtet als Krankheiten, die sich langsam ausbreiten, wenige ergreifen, aber relativ vielen von ihnen den Tod bringen. Dies gilt auch, wenn das Endergebnis – also die Anzahl der Toten in einer gegebenen Bevölkerung – dasselbe ist.

DIE PEST, EINE INFEKTIONSKRANKHEIT

Über die Pest ist viel zu sagen, da geht man am besten in kleinen Schritten vor. Die Pest ist eine Infektionskrankheit, d.h. sie wird von einem lebenden Organismus verursacht. Im Falle der Pest ist dies ein Bakterium – andere Infektionskrankheiten werden von Protozoen, Würmern, Viren und anderen Lebewesen hervorgerufen. Diese Lebewesen sind in der Regel so klein, dass sie mit bloßem Auge nicht mehr gesehen werden können; aber die Erfindungen der modernen optischen Industrie und anderer Wissenschaftszweige haben diese Mikroorganismen für uns sichtbar gemacht.

Die Pest tritt unter zwei bzw. drei Erscheinungsformen auf: Die häufigste Form ist die Beulen- oder Bubonenpest. Sie trägt ihren Namen wegen der geschwollenen Lymphknoten, die der Kranke aufweist; dabei schwillt der Lymphknoten in nächster Nähe zu der Einstichstelle oder den Einstichstellen an, durch die der Erreger in den Körper eingedrungen ist. Bei vielen Kranken sind das die unteren Extremitäten, daher weisen am häufigsten die Leistenbeuge oder der Oberschenkel diese Pestbeulen auf. Die zweite Form ist die Lungenpest. Sie entsteht dadurch, dass ein Kranker in seiner Atemluft einem Gesunden den Pesterreger überträgt. Diese Form der Lungenpest nennt man infolge der direkten Übertragung auch primäre Lungenpest. Die dritte Form der Pesterkrankung schließlich ist die allgemeine Pestseptikämie; sie ist die Folge einer vollständigen Überschwemmung des Körpers mit Pestbakterien. Auch in diesem Fall ist die Lunge des Pestkranken betroffen, auch seine Atemluft ist von Pesterregern erfüllt; man bezeichnet diesen Lungenbefall daher als sekundäre Lungenpest.

In der Vergangenheit endete die Lungenpest wie auch die allgemeine Septikämie fast in jedem Falle tödlich, nicht jedoch die Beulenpest; bei ihr belief sich die Sterblichkeit – vor der Entdeckung der Antibiotika – auf 50 bis 90 Prozent.

Woran stirbt der Pestkranke nun? Er stirbt an einer Vergiftung; der Erreger scheidet ein Gift aus, das zum Herztod führt. Genauer: Das Pestbakterium sondert Herzgifte ab, sogenannte Endotoxine, und zwar ein eiweißhaltiges Endotoxin mit Proteïncharakter, bestehend aus komplexen Polysacchariden und Lipopolysacchariden, sie führen eine Vergiftung herbei, die bei dem Kranken zum Zusammenbruch des Kreislaufs und zum Herzstillstand führt. Der Pesttod ist die Folge einer Intoxikation.[2]

Die moderne Medizin hat die meisten Infektionskrankheiten stark zurückgedrängt. Viele Infektionskrankheiten – wie Pest oder Fleckfieber – treten heute nur noch sehr selten auf, andere – wie die Pocken – gelten als ausgerottet, obwohl der Pockenerreger, ein hochansteckendes Virus, noch immer in Laboratorien gelagert wird. Aus diesem Grund haben die Ärzte heute wenig Erfahrung mit diesen alten Infektionskrankheiten, und es fällt naturgemäß schwer, eine solche Infektionskrankheit sogleich korrekt zu diagnostizieren. Tatsächlich kann ein einzelnes Symptom der Pest, beispielsweise der Pestbubo, die Pestbeule, auch an andere Krankheiten denken lassen, denn auch bei anderen Infektionskrankheiten, etwa bei der Syphilis, kommt es zu einem Anschwellen der Lymphknoten in der Leistenbeuge. Im Großen und Ganzen aber ist die Pest doch eine Infektionskrankheit mit klassischen Symptomen, und wo diese bei vielen Kranken binnen kürzester Zeit auftraten, wussten die Ärzte, worum es sich handelte.

REMINISZENZEN AN TOD UND VERWÜSTUNG

Pestepidemien gab es in Mitteleuropa im ausgehenden Mittelalter, nach 1350, und in der Frühen Neuzeit immer wieder, am dichtesten traten sie in der Zeit des Dreißigjährigen Krieges auf. Der Dreißigjährige Krieg stellt im Gedächtnis der Deutschen alle anderen Kriege in den Schatten, und zwar bis in die jüngste Gegenwart. „In der kollektiven Erinnerung der Deutschen lebte der Dreißigjährige Krieg Jahrhunderte lang als *die* nationale Katastrophe fort; erst die beiden Weltkriege des 20. Jahrhunderts und namentlich der zweite haben ihm diesen Rang streitig gemacht. Eine Katastrophe war der Krieg vornehmlich in demographischer, wirtschaftlicher, sozialer und moralischer Hinsicht. Große Teile Deutschlands haben sich erst im folgenden Jahrhundert, manche noch später oder nie von den Folgen des drei Jahrzehnte währenden Mordens und Brandschatzens erholt", schrieb vor wenigen Jahren der Berliner Historiker Heinrich August Winkler.[3]

Viele Städte veranstalten noch heute historische Spiele, die an diesen Krieg erinnern. Selbst so berühmte Festspiele wie die von Oberammergau gehen auf die Zeit des Dreißigjährigen Krieges zurück, oder genauer: auf die große Pest, die während dieses Krieges, seit den 1630er Jahren, in weiten Teilen Deutschlands zu wüten begann. Eine Vielzahl von Gebeten, Kinderreimen und -liedern hat diesen Krieg zum Gegenstand, wobei man wissen muss, dass die großen Bevölkerungsverluste dieses Krieges nicht von den Kämpfen hervorgerufen wurden, sondern eben von der großen Seuche Pest. Sie brachte viel mehr Menschen den Tod als die Gewalt der Waffen.

Als in den frühen 1960er Jahren eine ausgewählte Bevölkerungsgruppe im großhessischen ländlichen Raum nach der größten Katastrophe der deutschen Geschichte befragt wurde und dazu sieben Zeiträume vorgelegt bekam, entschied sich die Mehrheit für folgende Reihenfolge:

1. Der Dreißigjährige Krieg mit der zweiten großen Pestepidemie
2. Die deutsche Niederlage im Zweiten Weltkrieg
3. Das Dritte Reich
4. Der Schwarze Tod

5. Die deutsche Niederlage im Ersten Weltkrieg
6. Die Kriege Napoleons
7. Der Siebenjährige Krieg.[4]

DER DREISSIGJÄHRIGE KRIEG, EINE DEUTSCHE KATASTROPHE

Tatsächlich wird der Dreißigjährige Krieg noch immer als eine deutsche Katastrophe empfunden. Dieser Krieg war „die furchtbarste Tragödie, die Deutschland, vielleicht sogar die Welt, je erlebt hat", schrieb ein Rezensent, als er den historischen Roman der Schriftstellerin Richarda Huch über dieses Ereignis besprach.

Dreißig Jahre lang wütete in Deutschland ein Bürgerkrieg. Manche Gegenden wurden schwer verwüstet. Die Sterblichkeit stieg, die Geburtenziffer nahm ab. Die hohen Bevölkerungsverluste waren indes zum größten Teil nicht der Gewalt der Waffen zuzuschreiben, sondern den Seuchen, vor allem der Pest und dem Fleckfieber. – Hans Ulrich Franck, Des Reiters Tod, zeitgenössische Radierung.

Kein anderer Zeitraum sei „so sehr mit umfassender Vergangenheitsbedeutung aufgeladen“ wie dieser, schreibt der katholisch-konservative Historiker Konrad Repgen. „Die bisher trostloseste Zeit unserer Geschichte“, urteilt ein Heidelberger Germanist über diese Epoche.

Die meisten Historiker teilen diese Einschätzung. In jüngster Zeit hat der Frühneuzeit-Historiker Bernd Roeck die Zerstörungen dieses Krieges ausführlich geschildert. Auch er kommt zu einer düsteren Einschätzung dieser Epoche. Er schreibt, dass „der Dreißigjährige Krieg in der Tat für das Reich der Frühen Neuzeit als ‚Krieg aller Kriege‘ gelten kann. Die Dimension dieser Katastrophe – als Konglomerat von Tod, Terror, Hunger und wirtschaftlicher Not – stellte als Kollektiverlebnis alles in den Schatten, was die Deutschen seit den Pestzügen und der Agrarkrise der ersten Hälfte des 14. Jahrhunderts erlebt hatten.“[5]

Dieser Krieg habe „traumatische Erfahrungen“ hinterlassen, heißt es in einer jüngeren Darstellung über den Krieg und seine Folgen. „Der Krieg hat zu massenhaften Verwerfungen aus den angestammten Lebensbahnen geführt; seine Wirkung auf die Psyche des Einzelnen kann wohl nicht überschätzt werden“, schreibt zuletzt der Historiker Georg Schmidt in einer populären Darstellung über den Dreißigjährigen Krieg.[6]

Der Historiker Karl Brandi meinte, dass über nichts so heftig gestritten worden sei wie über diesen Krieg und seine Folgen.“ Dabei sei beides vor allem in der Vergangenheit zeitweise dämonisiert worden. Der Verfassungshistoriker Samuel Pufendorf hat schon im späten 17. Jahrhundert den Niedergang der deutschen Bevölkerung infolge dieses Dreißigjährigen Krieges als gewaltig eingestuft, und ein populärer Schriftsteller wie Gustav Freytag hat seine Übertreibungen unkritisch übernommen und sie in den „Bildern aus der deutschen Vergangenheit“ einem breiten Publikum nahegebracht. Da fiel es später kritischen Forschern schwer, das Bild vom Ausmaße der wirtschaftlichen und demographischen Folgen dieses Krieges zurechtzurücken.

In den 1920er und 1930er Jahren haben dann die Nationalsozialisten vom Dreißigjährigen Krieg ein schreckliches Bild gezeichnet. Für sie war dieser Krieg so schrecklich, weil er die deutsche Bevölkerung dezimiert hatte – wollten sie doch die Bevölkerung rasch wachsen sehen, damit sie sich das Recht sichern konnten, Lebensraum im Osten zu erobern. Auch der Westfälische Friede am Ende dieses langen Krieges war für sie von großer Bedeutung; sie sahen das Deutschland von 1648 auf dem tiefsten Stand der Erniedrigung und Zerstörung. Deutschland im Jahr 1648 – das war das Gegenteil dessen, was sie sich wünschten: die deutsche Vorherrschaft in Europa und noch darüber hinaus. Der Propagandaminister Joseph Goebbels schreibt in seinen Tagebüchern mehrmals, dass Adolf Hitler die „Liquidierung des Westfälischen Friedens“ anstrebte. Dieser Friedensschluss müsse aus den Geschichtsbüchern „ausradiert“ werden. Seit 1937 sprach er immer häufiger davon, dass bald ein „Weltkampf“ einsetzen werde, der es erlaube, den Westfälischen Frieden zu revidieren und die Raumnot der Deutschen zu beheben.

Das zerstörte Deutschland des Jahres 1945 ähnelte dann dem von 1648; aber die demographischen Verluste waren am Ende des Dreißigjährigen Krieges viel größer als am Ende des Zweiten Weltkrieges. Denn das 17. Jahrhundert kannte noch Infektionskrankheiten wie die Pest, die es im 20. Jahrhundert in Europa nicht mehr gab. So verlor Deutschland in diesen dreißig Jahren – mit sehr großen regionalen Unterschieden – wohl etwa ein Drittel seiner Bevölkerung, hingegen in keinem der Weltkriege mehr als zehn Prozent.[7] Dabei haben natürlich auch Hungersnöte, eine grausam wütende Soldateska und andere Erscheinungen dazu beigetragen, dass die Verluste der Jahre 1616 bis 1648 so hoch ausfielen, trotzdem „kann man als sicher annehmen, dass die Zahl der Opfer von Gewalttaten der Soldateska klein war im Verhältnis zur Zahl der Seuchenopfer. Die Seuchen, voran die Pest, haben der Bevölkerung den größten Aderlass gebracht, und dieser ist zu den unmittelbaren Auswirkungen des Krieges zu rechnen. Die vielen Truppenbewegungen begünstigten die Verbreitung der Epidemien.“[8]

DIE BEVÖLKERUNGSVERLUSTE UND IHRE URSACHEN

Wie hoch waren die Verluste des Dreißigjährigen Krieges wirklich und wodurch wurden sie verursacht? Forschungen im 19. Jahrhundert kamen zu dem Ergebnis, dass nur ein sehr kleiner Teil der Opfer der Gewalt der Waffen erlagen, alle ande-

Heere durchzogen das flache Land, in ihrer Mitte viel fremde Soldateska; sie verwüsteten die Felder und terrorisierten die Bevölkerung in der Zeit des Dreißigjährigen Krieges. – Jacques Callot, Les Misères et les Malheurs de la Guerre. Radierung, 1633.

ren – und das waren mehrere Millionen Menschen – starben an Seuchen, die aber auch wieder eine Folge der Heereszüge und der allgemeinen Notzeiten waren.

Sind diese Einschätzungen glaubwürdig? Man kann dies durchaus bejahen, denn von vielen Schlachten – nicht nur von der am Weißen Berg – kennt man die Zahl der Toten recht genau, sie war niedrig, während die Seuchen, die am Ende der Sommermonate mit ziemlicher Regelmäßigkeit ausbrachen, eine beträchtliche Anzahl von Toten hinterließen. Dass im 17. Jahrhundert die Mehrzahl der Opfer Seuchentote waren, ist daher sicher verbürgt und seit langem bekannt. „Ebenso wie im I. Weltkrieg die Grippeepidemie hat auch im Dreißigjährigen Kriege die Pest die meisten Opfer gefordert", schreibt der Historiker Günther Franz, wobei die Aussage über die Grippe nur im weltweiten Maßstab zutreffend ist.[9]

Schwieriger ist es, die Größe der Bevölkerung genau zu benennen. Dies liegt daran, dass diese Frage in der Vergangenheit von der Forschung lange Zeit sträflich vernachlässigt wurde. Hinzu kommt, dass die Heere – wie auch die Zivilisten – sich hin und her bewegten, was die Einschätzung erschwerte oder gar unmöglich machte. Die Fluchtbewegungen haben ja unter anderem zur Folge gehabt, dass in einer Stadt tatsächlich mehr Menschen verstorben sein konnten, als diese Stadt ursprünglich Einwohner hatte. Gesichert ist aber, dass Deutschland am Ende dieses Krieges, im Jahr 1648, deutlich weniger Einwohner hatte als dreißig Jahre zuvor.

Die Mehrheit der Historiker nimmt heute an, dass die deutsche Bevölkerung von 15 oder 16 Millionen anno 1618 auf weniger als 12 Millionen am Ende des Krieges absank. Genauere Zahlen sind derzeit nicht möglich. Wichtiger ist die Ursache des Bevölkerungsrückganges, und die liegt in dem Zusammenwirken von Seuchen, schlechten Ernten und Hungersnöten, von niedriger Geburtenziffer und den Gräueln einer – nicht selten landfremden – Soldateska.

Man darf dabei aber auf keinen Fall übersehen, dass die einzelnen Regionen sehr unterschiedlich betroffen waren: Ein breites Band mit hohen Verlustraten zieht sich diagonal durch Deutschland, vom äußersten Südwesten bis in den Nordosten des Deutschen Reiches; der Nordwesten hatte kaum Verluste zu verzeichnen.

PEST UND KRIEG UND TOD 1633–35

Weite Teile Europas, nicht etwa nur Deutschland, wurden in den Jahren nach 1630 von der Pest heimgesucht. Es wüteten „die schwersten Pestepidemien", die Mitteleuropa seit dem 14. Jahrhundert durchzustehen hatte (Neithard Bulst).[10] Vielleicht spielte dabei auch die Witterung eine Rolle, denn diese war ab 1630 freundlicher, es war wärmer als zuvor. Vor allem die Sommer der Jahre 1630 und 1631 waren warm und trocken. Die anhaltenden Kämpfe, neuerdings vom schwedischen Heer unter ihrem König Gustav II. Adolf angeführt, hinterließen eine breite Blutspur und fachten die Feindseligkeiten wieder an. Die umherziehenden Heere begünstigten zugleich die Verbreitung von Seuchen.

Im Jahr 1632, auf seinem Zug nach Süddeutschland, stieß der Schwedenkönig unweit von Nürnberg mit der kaiserlichen Armee Wallensteins zusammen. Im nördlichen Franken breiteten sich Seuchen aus, das Bistum Bamberg und die Markgrafschaft Bayreuth wurden davon schwer in Mitleidenschaft gezogen. Nürnberg hatte, zuverlässigen Schätzungen zufolge, am Ende der 1620er Jahre, bevor die großen Katastrophen des Dreißigjährigen Krieges die Stadt heimsuchten, rund 40 000 Einwohner. In dem kurzen Zeitraum zwischen 1632 und 1634 starben in Nürnberg – dies bezieht sich allerdings keineswegs nur auf die Bewohner der Stadt – an die 25 000 Menschen an Seuchen, die allermeisten an Pest und Fleckfieberepidemien, die im Gefolge der Heeresdurchzüge auftraten.

Die Jahre 1633 bis 1635 brachten Deutschland die schwersten Pestjahre. Ein breiter Streifen von Vergänglichkeit zieht sich wie ein Leichentuch quer durch das ganze Land, vom Südwesten nach Nordosten. Wo immer man hinschaut, überall wüten mit den Heeren auch die Seuchen. – Vielerorts war die Bevölkerungszahl schon vor diesem Krieg gesunken. Auch die Bevölkerung Nördlingens zeigte schon davor eine sinkende Tendenz, so zwischen 11 000 und 9000. Die große Trendwende kam ab 1630. Aber während die Sterblichkeit in den Jahren nach 1629 nur etwa doppelt so hoch war wie davor, sprang sie 1634 – unter dem Einfluss einer verheerenden Pestepidemie – auf das Sechsfache empor. In Nördlingen starben vor dem Jahr 1629 jährlich zwischen 200 und 350 Menschen; zwischen 1629 und 1633 lag diese Zahl bei 500 bis 600, obwohl die Wohnbevölkerung inzwischen schon abgenommen hatte; jetzt sprang sie bis auf 1800 empor. Schon im Juni 1634 hatte daher der Totengräber eine Erhöhung seines Lohnes verlangt, weil er in den fünfeinhalb Monaten davor 1134 Tote hatte begraben müssen, statt der zuvor üblichen rund 300.

Die Freie Reichsstadt Nördlingen war protestantisch. So empfing die Bevölkerung den Schwedenkönig Gustav Adolf mit Jubel; sie bereitete dem „Löwen von Mitternacht“ einen überaus herzlichen Empfang. Anfang August 1634 wurde Nördlingen dann von den Kaiserlichen Truppen, verstärkt durch bayerische Soldaten, belagert. Die Kaiserlichen schossen heftige Bombardements in die Stadt, die seit langem Hunger litt. Nördlingen hielt drei Wochen aus, wissend, dass die Schweden etwas weiter westlich lagen und bald herbeikommen würden. Ende August kam es zu einer Schlacht zwischen den Kaiserlichen und den angreifenden Schweden, doch die Schweden, unterlegen an Zahl, denn die Kaiserlichen hatten Verstärkung durch Spanier, wurden besiegt. Jetzt kam auch die Pest.[11]

Pest und Krieg, das sind die beiden schrecklichsten der vier apokalyptischen Reiter. Die Schlacht von Nördlingen, im September 1634, kostete gerade 350 Soldaten das Leben. Aber bald kamen weitere Tausende Tote hinzu, die Opfer der schweren Pest.

Seit September, und bis November 1634, hatte Nördlingen eine sehr hohe Zahl von Verstorbenen. In dem Jahr vor September 1634 waren in jeder Vier-Monatsperiode durchschnittlich 146 Menschen gestorben; doch in den letzten vier Monaten des Jahres 1634 waren es neunmal so viel, nämlich 1273. In Nördlingen starben in diesem Jahr 1549 Stadtbewohner, darüber hinaus noch viele Fremde: Flüchtlinge und Soldaten. Die Zahl der Haushalte in der Stadt halbierte sich zwischen 1627 und 1640.[12]

Unter den verstorbenen Nördlingern des Jahres 1634 ist sowohl bei den Erwachsenen wie auch bei den Kindern ein deutliches Übergewicht der weiblichen Toten festzustellen; nur bei den Säuglingen überwogen gering die Buben. Manche Familie starb vollkommen aus, viele andere verloren zwei oder drei Mitglieder. Zurück blieben Witwen und Waisen – was einen Aufschwung der Heiraten im folgenden Jahr nach sich zog, und wiederum ein Jahr später kamen die Kinder aus diesen neuen Ehen zur Welt.

Einige große Städte Süddeutschlands verloren in diesen Jahren die Hälfte ihrer Bewohner und erreichten die Einwohnerzahl der Jahre um 1630 erst wieder nach der Mitte des 19. Jahrhunderts, also mehr als zweihundert Jahre später. Nördlingen zählte einige Jahre nach dem Friedensschluss von Münster und Osnabrück, anno 1652, knapp halb so viele Bewohner wie vor dem Krieg. Der Bevölkerungsstand von 1618 wurde erst im Jahr 1939 wieder erreicht.[13]

In Nürnberg, das im Jahr 1620 mit 50 000 seinen Höhepunkt an Einwohnern für lange Zeit erreichte, starben allein in den Jahren 1634/35 an die 18 000 Menschen. 50 000 Einwohner zählte Nürnberg erst wieder anno 1845.

Die Bevölkerungsverluste infolge der Pest und anderer Seuchen waren regional sehr unterschiedlich. Am stärksten waren die Verluste innerhalb eines breiten Pestgürtels, der Deutschland von Südwesten nach Nordosten durchzog, also entlang der Länder Baden und Württemberg, Franken, Thüringen, Sachsen und hinauf bis Pommern. Der Sozialhistoriker Wolfgang von Hippel hält es für „glaubwürdig, dass die Gesamtbevölkerung Württembergs 1639 nur noch knapp ein Viertel, 1645 noch nicht 30 Prozent des Bestandes von 1634 betrug".[14] Auch das angrenzende Franken wurde von der Pest schwer heimgesucht und erlitt hohe Verluste. „Im Durchschnitt muss mit einem Bevölkerungsverlust von zwanzig bis vierzig Prozent gerechnet werden", schreibt der Historiker Rudolf Endres. „In manchen Gebieten, wie zum Beispiel dem Coburger Raum, erreichen die Verlust siebzig bis achtzig Prozent der Bevölkerung. Am stärksten wurden die Städte und Märkte betroffen, da die den Kriegsereignissen folgenden Hungersnöte und Seuchen erst eigentlich die Bevölkerung dezimierten. [...] In den offenen Durchzugsgebieten lagen nachweislich sechzig bis achtzig Prozent der Höfe wüst, während in entlegeneren Gebieten, abseits der Heerstraßen, wesentlich geringere Verluste zu verzeichnen waren."[15]

SEUCHENTOD – WARUM?

„Nun wird immer wieder gesagt, dass nicht die Schlachten, sondern die Pest die großen Verluste verursachte", schreibt der Historiker Wolfgang Behringer zu Recht.[16] Warum tritt die Pest in diesem Zeitraum so schrecklich auf? Infolge der lang andauernden kriegerischen Ereignisse konnten die Zeitgenossen ihrer persönlichen Hygiene weniger Aufmerksamkeit schenken, der Feldarbeit weniger Zeit einräumen. Pest und Fleckfieber werden aber beide durch Ungeziefer übertragen. Andererseits ist anzunehmen, dass durch Ernährungskrise und Hunger die Menschen auch anfälliger waren.

Der Schriftsteller Hermann Hesse lässt im 13. Kapitel seines Romans „Narziß und Goldmund" seine Gestalt Goldmund durch eine Landschaft stapfen, in der gerade die Pest wütet. Die Szene spielt im Mittelalter, aber sie würde wohl besser in die Zeit des Dreißigjährigen Krieges passen: „Im Weiterwandern stießen sie bald überall auf den Schwarzen Tod, der im Land regierte. Manche Dörfer ließen keinen Fremden ein, in anderen konnten sie ungehindert durch alle Gassen gehen. Viele Höfe standen verlassen, viele unbeerdigte Tote verwesten auf dem Felde oder in den Stuben. In den Ställen brüllten ungemolken oder hungernd die Kühe, oder das Vieh lief wild im Felde. Sie molken und fütterten manche Kuh und Ziege, sie schlachteten am Waldrand manches Zicklein und Ferkel und tranken Wein und Most aus manchem herrenlos gewordenen Keller. Sie hatten ein gutes Leben, es herrschte Überfluss."

Fremde Völker mischten sich ein, schürten den Krieg noch: Dänen, Schweden, Franzosen und andere. Man hat Seuchen damals wie später gern mit fremden Menschen in Beziehung gebracht. Fremde brachten Neues mit, auch neue Erreger.

Der Dreißigjährige Krieg hatte schreckliche Folgen, ganz ohne Zweifel – und nicht nur die hohen demographischen Verluste, die von den Historikern mit etwa einem Drittel beziffert werden. Er hat darüber hinaus weit reichende Erschütterungen im Bewusstsein der Deutschen hervorgerufen, wohl deshalb, weil viele Jahrzehnte lang Fremde auf deutschem Boden kämpften, nicht wenige Slowaken oder „Krawaten" (Kroaten) darunter in deutschem Auftrag, gegen deutsche Bezahlung. Kein Geringerer als Henry Kissinger, Historiker und Diplomat, hat vor kurzem darauf hingewiesen, dass die fremdenfeindlichen und andere unschöne Verhaltensweisen der Deutschen vielleicht darauf zurückzuführen seien. Der Dreißigjährige Krieg, schreibt er, „muss zu den gewalttätigsten, brutalsten und zerstörerischsten Kriegen der Geschichte gezählt werden. [...] Als der Krieg 1648 endete, war Mitteleuropa verwüstet. Deutschland hatte fast ein Drittel seiner Bevölkerung verloren." Und er fährt fort: „Als sich die Gelegenheit schließlich bot, sorgte Richelieu um so entschlossener dafür, dass der Krieg nicht endete, bevor Mitteleuropa ausgeblutet war. [...] Richelieus Einwirken auf die Geschichte Mitteleuropas war die Kehrseite der Leistungen, die er zugunsten Frankreichs vollbrachte. Er fürchtete ein vereintes Mitteleuropa und verhinderte sein Entstehen. Die deutsche Einheit hat er wohl um etwa zwei Jahrhunderte verzögert. [...] Deutschland gelang es nicht, ein Nationalstaat zu werden. Zerstückelt und von kleinlichen dynastischen Streitigkeiten aufgezehrt, kehrte es sich nach innen. Das Ergebnis dieser Vorgänge war, dass Deutschland keine nationale politische Kultur entwickelte, sondern in einem engstirnigen Provinzialismus erstarrte. Erst im neunzehnten Jahrhundert konnte es sich davon lösen, zu jener Zeit, da Bismarck es vereinte. Deutschland wurde zum Schlachtfeld der meisten europäischen Kriege, nicht wenige davon durch Frankreich ausgelöst, und versäumte die erste Welle der europäischen Kolonisation in Übersee. Und als das Land sich schließlich vereinigte, fiel ihm die Definition seines nationalen Interesses so schwer, dass es im Verlauf dieses Prozesses die schlimmsten Tragödien dieses Jahrhunderts bewirkte."[17]

Der Dreißigjährige Krieg mit seinen Millionen von Toten, von Pesttoten, hinterließ ein schweres Trauma, er wurde zu *dem* Trauma der Deutschen. Der demographische Rückgang der deutschen Bevölkerung in diesem langen, verlustreichen Krieg wurde ganz richtig den Seuchen angelastet, allen voran der Pest. In späterer Zeit, als die Pest aus Mitteleuropa verschwunden war, im ausgehenden 18., im 19. und im 20. Jahrhundert, hat man mit Schaudern an diese Seuche gedacht. Die Pest wurde den Deutschen zur tödlichsten aller Seuchen.

Unter den Eingeweihten, vor allem natürlich unter Ärzten, scheint die Angst vor der Pest zumindest im 19. Jahrhundert abgenommen zu haben. Aber auch gewöhnliche europäische Reisende waren damals durchaus bereit, Länder aufzusuchen, von denen sie wussten, dass dort die Pest umging. Deutsche Ärzte zogen in solche Länder aus, um dort für längere Zeit zu leben und um die Pest zu studieren, namentlich in das Land am Nil, nach Ägypten. Sie machten dort ganz andere Erfahrungen, ja einige begannen sich ernsthaft zu fragen, ob denn die Pest tatsächlich eine ansteckende Krankheit sei.

ERSTE BEMÜHUNGEN UM AUFKLÄRUNG: DIE PEST IM ORIENT

„Wie beschämend und traurig aber ist das Bild, das uns diese Völker von unserer Kindheit geben.“
Friedrich Schiller, Was heißt und zu welchem Ende studiert man Universalgeschichte (1789)

Am Ausgang des 18. Jahrhunderts führte der französische Feldherr Napoleon Bonaparte ein Heer nach Ägypten. Europa lernte das alte Ägypten neu kennen, die Wissenschaft der Ägyptologie erhielt wichtige Impulse. Aber die Franzosen erfuhren hier auch von einer Seuche, die im westlichen Europa seit mehr als einem Menschenalter nicht mehr aufgetreten war, von der Pest.

Die französische Armee traf im Juli 1798 in Ägypten ein, wenige Monate später begann die Pest sich von Alexandria aus über das Nildelta auszubreiten. Wie die Franzosen von den Einheimischen erfuhren, herrschte diese Krankheit alljährlich vom Herbst bis zur ersten Sommerhitze an der gesamten ägyptischen Mittelmeerküste. Die Ärzte im französischen Expeditionsheer suchten den Namen ‚Pest‘ allerdings zu vermeiden, um ihre Soldaten nicht zu erschrecken; sie bezeichneten die Krankheit mit Begriffen wie ‚Beulenfieber‘ oder ‚Pestartiges Fieber‘.

Die Pest traf schon im folgenden Winter 1798/99 die Mittelmeerstadt Alexandria heftig. Die Franzosen verhängten eine Quarantäne, um einer Ausbreitung der Seuche wirksam zu begegnen. Kairo, das keine zweihundert Kilometer entfernt ist, blieb lange Zeit verschont. Erst im Februar 1801 kam die Pest auch nach Kairo, im April 1801 starben dort von einer Bevölkerung von etwa 300 000 Personen fast 3000 an der Pest. Weiter südlich, in Oberägypten, in der Stadt Assiut, soll zu diesem Zeitpunkt vor allem die Lungenpest gewütet haben, an ihr sollen täglich bis zu 600 Personen verstorben sein, eine unerhört hohe Zahl.[1]

Tatsächlich war der gesamte Orient, auch Ägypten, seit langem mit der Pest vertraut. Ägypten, am Übergang von Afrika zu Asien gelegen, vereinigte in sich gleichsam die beiden Kontinente, aus denen so viele parasitische Krankheiten kamen.

Das Land am Nil gehörte seit fast dreihundert Jahren dem großen Osmanischen Reich an, das über den größten Teil des östlichen Mittelmeeres herrschte und dessen Besitzungen tief in den Mittleren Osten reichten. Die osmanischen Türken kamen selbst aus dem Osten, dem Herzland Asiens, dort waren immer wieder Seuchen ausgegangen und nach Westen gezogen.

Je weiter man ins Innere Asiens vordrang, desto größer wurde die Gefahr, der Pest und anderen Seuchen zu begegnen. Ein englischer Arzt, Patrick Russell, hat im 18. Jahrhundert, während die Pest westlich der Weichsel letztmals epidemisch auftrat, die Seuche aufmerksam studiert und dabei auch die Pest im Orient betrachtet. Er untersuchte ihr Auftreten in verschiedenen Ländern und Klimazonen, sowie die Sterblichkeit innerhalb der verschiedenen Volksgruppen eines Reiches. Russells Abhandlung ist deshalb so aufschlussreich, weil ihr Verfasser die Erfahrungen mit Pestkranken zu verschiedenen Zeiten und an verschiedenen Orten miteinander vergleicht. So beobachtet Russell, dass medizinische Hilfspersonen nur selten von dieser Plage angesteckt wurden. Er zitiert den russischen Arzt und Gelehrten Daniel Samoilowitz, der von einem Pestspital in Moskau mit 80 Wärtern berichtet, in dem kein einziger sich die Seuche zuzog. „Die Frage, ob die Pest eine ansteckende Krankheit sey, ist in den vergangenen Zeiten oft aufgeworfen worden", schreibt Russell. Er erwähnt einen englischen Gelehrten, der es für offensichtlich hielt, dass die Luft das Hauptwerkzeug der Fortpflanzung wie auch des Verschwindens der Pest bildet. Auch Russell vertritt diese Meinung. Selbst wenn man die Pest „von einer belebten Ursache, z. B. von unsichtbaren Insekten", herleitet, schreibt er, „so muss die Konstitution der Luft ihrer Fortpflanzung [doch] günstig seyn."

Russell konnte nicht ahnen, wie nahe er mit diesen Worten dem tatsächlichen Sachverhalt kam. Was er etwas allgemein als eine ‚belebte Ursache' bezeichnet, würde man besser das Pestbakterium nennen; und was er ‚unsichtbare Insekten' nennt, sind die Überträger des Bakteriums, die seit mehr als hundert Jahren bekannt sind, nämlich die Flöhe.

So ganz neu war diese Vermutung auch im 18. Jahrhundert nicht, Theorien von Kleinstlebewesen hatte schon im 17. Jahrhundert der gelehrte Athanasius Kircher geäußert; er will solche „Lebewesen" (*animalcules*) unter einem einfachen Mikroskop gesehen haben. Allerdings darf man nicht vergessen, dass die Mikroskope dieser Zeit nur wenig Vergrößerung boten, da blieb den zeitgenössischen Forschern, die sich mit Insekten beschäftigten, vieles verborgen.

Russell betrachtete auch das spontane Aufhören einer Epidemie, ja es interessierte ihn kaum weniger als der Beginn. „Das erste und merkwürdigste Zeichen der Veränderung der Luft ist das plötzliche Stocken der Pest am Johannistage", schreibt er. „Diesem Grundsatze [d.h. dem muslimischen Prädestinationsglauben] getreu bringen sie sogleich nach dem Johannistage auf den Marktplatz die Kleidungsstücke von den vielen Tausenden, welche an der dießmaligen Pest gestorben sind. All diese Kleidungsstücke saugen die feuchte Abend- und Morgenluft ein; sie werden in die Hände genommen, gekauft, angezogen und getragen, ohne daß man eine Gefahr besorgt; und ob sie gleich aus Pelzwerk, Baumwolle, Seide und Wolle bestehen, worin das Pestgift am längsten zu bleiben pflegt, so widerfährt doch denen, welche sie zuversichtlich tragen, nichts schlimmes."

Warum kam die Seuche am Johannistag in Kairo zum Erlöschen? Russell wußte darauf keine plausible Antwort; er glaubte, dass die Ursache in der Atmosphäre oder im Wesen der Pest zu suchen sei. „Inzwischen geben alle zu, daß um den vier und zwanzigsten Junius in Kairo eine merkwürdige schnelle Aenderung in der ansteckenden Natur der Pest sowohl, als in der Bösartigkeit der Seuche selbst vorgeht, von welcher Ursache selbige auch herrühren mag."

In anderen Breiten nahm sie Ende Juni noch kein Ende, das wusste er aus seinen Studien über die Pest von 1720 in Marseille. Er glaubte den Unterschied in der „Verschiedenheit der Lage und des Himmelsstrichs" zu finden. Allerdings bezweifelte er auch, ob die Orientalen spätere Pestfälle tatsächlich korrekt anzeigten. „Indessen scheint in der Levante die Pest zuweilen schneller aufzuhören, als in der That geschieht, weil die Eingebohrnen die Pestfälle zu verheimlich suchen, wenn sie selten werden".[2]

KONSTANTINOPEL UM 1825

Mitte der 1820er Jahre unternahm der österreichische Edelmann Anton Ritter von Prokesch eine Orientreise, die ihn zunächst in die Hauptstadt des Osmanischen Reiches führte. Hier begegnete er der Pest. Neugierig beobachtete er das Verhalten der Einheimischen in Zeiten dieser Seuche. In einem Brief vom 16. November 1824 schrieb er, dass die meisten Reisenden aus dem Westen die Furcht vor der Pest ein bisschen zu weit trieben, die Orientalen seien da deutlich mutiger. „In Konstantinopel ist Jahr aus Jahr ein diese Geißel Gottes thätig – und nichts desto weniger fällt es Niemanden ein, sich deßhalb von seinen Geschäften abhalten zu lassen. Es versteht sich, daß die Europäer die Vorsicht da nicht aus dem Auge lassen. [...] ‚Berühren Sie Niemand!' bekommt man als Mitgabe und erste Regel zu jedem Gange auf den Weg, und muß nun in engen volkerfüllten Straßen über diese Besorgniß ängstlich wachen."

Prokesch schilderte ausgiebig, wie sich die Türken verhielten, wenn die Pest regierte. Es gab feststehende Regeln, die sie, wie auch die Reisenden, beachteten. Wenn man ausgeht, um etwas einzukaufen, schreibt er, „pflegt man nichts zu kaufen, ohne sich an den gedrängten Buden zu beeilen – ohne mit Zängelchen langsam und ungeschickt die Sache zu fassen und umzuwenden. Bei aller Vorsicht geschieht es doch jeden Tag, daß, wenn auch Du an Niemand stoßtest, die Andern an Dich stoßen, und Du hast nun den Genuß, in Bangen und Zweifel zu harren, ob irgend ein Zeichen der Verpestung sich kund gebe. Kaum kommt man nach Hause, so muß man, berührt oder nicht, sich umkleiden."

Zu Zeiten der Pest war die öffentliche Stimmung gedrückt, auch dort, wo man durchaus Erfahrung mit der Seuche besaß. „Da die Pest außerdem das tägliche Gespräch in Konstantinopel ist, und dermalen wenigstens, die Zahl der täglich an dieser Krankheit Sterbenden selten unter einige Hundert kommt; da noch außerdem von Zeit zu Zeit höchst traurige Fälle auch den Unbefangenen aus seiner Ruhe und Zuversicht reißen, und das Unenträthselte der Ansteckung hart vor die Augen halten, so ist sie wahrlich wie ein böser Traum, ein Alp, der während der ganzen Zeit seines Aufenthaltes in Konstantinopel den Reisenden drückt", schreibt Prokesch. „Ich bin in mehrere Häuser gegangen, worin Pestkranke sich befanden; ich trieb mich unter Leuten herum, von denen man wußte, daß darunter täglich bei einigen die Pest sich erklärt; ja der Spaziergang [durch den Stadtteil] von Pera führt unter den Fenstern des Pestspitals vorüber; Du siehst also, daß die Ansteckung nicht so häufig ist, und daß man sich um ihretwillen nicht vergräbt, aber man trägt die Furcht vor ihr wie einen Dornengürtel, der bei jedem Schritte sich fühlen macht. Die geringste Uebelkeit, die man empfindet, versetzt in Angst."[3]

Über die wahren Ursachen der Pest wusste man damals noch nichts. Natürlich wurde beobachtet, dass sich die Seuche ausbreitete, aber niemand wusste den Grund dafür zu nennen. Krankheiten können auch zunehmen, vermuteten die Zeitgenossen, wenn die atmosphärischen Bedingungen dafür vorteilhaft sind.

Nicht wenige zeitgenössische Ärzte bestritten, dass die Pest ansteckend sei. Der französische Arzt Antoine-Bartolème Clot, der sich seit Mitte der 1820er Jahr in Ägypten aufhielt und für seine Verdienste um das Land den Zusatz Bey bekam, den er fortan seinem Namen anhängen durfte, berichtete von einer schrecklichen Epidemie im Jahr 1824, als in Kairo mehr als 30 000 Menschen an der Pest starben, derweil Alexandria nur wenige Krankheitsfälle und ein paar Pesttote zu beklagen hatte. Dabei verlief der Verkehr zwischen den beiden Städten gänzlich unbehindert.

Das waren alte Erfahrungen aus dem Orient: Der eine Stadtteil war von der Seuche betroffen, während der benachbarte völlig frei blieb. Pestkranke Mütter stillten ihre Kinder bis zu ihrem Tod – ohne dass der Säugling an ihrer Brust erkrankte. Ärzte berichteten davon, dass in ein und demselben Spital in dem einen Zimmer Pestkranke lagen, im Nachbarzimmer andere Kranke, und dennoch gelangte die Krankheit nicht von einem Raum in den andern.[4] Man verstand den Modus der Übertragung nicht, soweit die Ärzte überhaupt daran glaubten, dass eine Übertragung möglich war. Und nicht alle glaubten es: Prokesch berichtete von einem deutschen Arzt namens Rosenfeld, der die kühnsten Versuche unternahm, um die

Ansteckungstheorie zu widerlegen, der dann allerdings selbst ein Opfer seiner eigenwilligen Versuche wurde und an der Pest starb.[5]

GRIECHENLAND ZUR ZEIT SEINES UNABHÄNGIGKEITSKAMPFES

Aber es gab auch ganz andere Erfahrungen, solche nämlich, die durchaus auf eine Übertragbarkeit der Krankheit hindeuteten. So zeigte sich damals die Pest im äußersten Süden der Balkanhalbinsel, in Griechenland, an der Südspitze der Peloponnes. Wie kam es dazu? Die Griechen standen seit 1821 im Kampf um ihre Unabhängigkeit gegen die Türken, die seit Jahrhunderten die Balkanhalbinsel beherrschten. Im Kampf gegen die Aufständischen befahl nun der Sultan in Konstantinopel, die Armee des ägyptischen Vizekönigs solle von Ägypten nach Griechenland übersetzen und den Aufstand niederschlagen. 1827 kam es an der Südwestspitze der Peloponnes zur Seeschlacht von Navarino. Im selben Jahr brach in Griechenland die Pest aus, offenbar herangeschafft von den ägyptischen Soldaten, denn zuvor war Griechenland lange Zeit frei gewesen von dem Übel.

Die Pest setzte in Griechenland im Winter 1827/28 ein, zunächst nur mit wenigen Fällen. Vom äußersten Süden der Peloponnes gelangte sie Anfang Juni 1828 nach Nauplia, auf dem Seeweg vom äußersten Südwesten der Halbinsel nach Nordosten befördert. „Sie äußerte sich namentlich in Gestalt von schwarzen Flecken und Beulen und verbreitete sich langsam durch unmittelbare Ansteckung in einigen Familien“, schreibt der französische Arzt L.A. Gosse, der die Seuche an Ort und Stelle in Augenschein nahm. „Ein arabischer Gefangener in Nauplia, der Kranke aufsuchte, erkannte in dieser Seuche sogleich eine Krankheit, die man in Alexandria als ‚die Pest der Armen‘ bezeichnete“. Gosse bemerkte, dass den Kranken ein Geruch entströmte, der ihn an den von Mäusen oder an den durchdringenden Geruch eines absterbenden Körperglieds erinnerte.

Gosse scheint mit Pestkranken noch keine Erfahrung gehabt zu haben. Dennoch bemerkte auch er, dass es sich bei den Pestbeulen um entzündete, angeschwollene Lymphknoten handelte, die sich in enger Nachbarschaft zu den schwarzen Flecken befanden. Zwischen der Lage dieser Flecken und den Beulen gab es einen Zusammenhang: Waren die Flecken am Bauch oder nahe den Genitalien, dann befand sich die Pestbeule in der Leiste oder weit oben am Oberschenkel; waren die Flecken am Oberkörper, dann waren die Lymphknoten in der Achselhöhlen angeschwollen.

Die Seuche stand in ihrer Ausbreitung in engster Beziehung zum Meer und zu den Seeleuten, sie trat mit andern Worten in Orten an der griechischen Küste auf. Die Sterblichkeit war hoch – wer sich die Krankheit zuzog, starb fast unweigerlich. Der Tod erfolgte oft schon am dritten Krankheitstag. Nach dem Tod eines

Kranken behielt die Leiche erstaunlich lange ihre Wärme bei, befand Gosse, auch die blutunterlaufenen dunklen Flecken blieben lange sichtbar.

Gosse glaubte fest, dass die Pest in irgendeiner Form übertragbar sei. Er versuchte sich darüber klar zu werden, wie dies im einzelnen geschah. Aufschlussreich fand er zum Beispiel, dass sich die Krankheit in einer Familie mit tageweisen Unterbrechungen fortsetzte. Gosse unterschied zwei Formen der Ansteckung, nämlich einmal die unmittelbare Übertragung der Krankheit von einem Kranken auf einen Gesunden; aber er hielt es auch für möglich, dass etwa ungünstige atmosphärische oder andere Umstände eine Ausbreitung der Seuche nach sich zogen.[6]

MOHAMMED ALIS ÄGYPTEN

Ägypten war zu Beginn des 19. Jahrhunderts ein Bauernland. Die Bevölkerung des Landes, zweieinhalb bis drei Millionen Menschen, vielleicht sogar noch etwas mehr, lebte zum allergrößten Teil von der Landwirtschaft. Die landwirtschaftlich nutzbare Fläche Ägyptens war klein, sie erstreckte sich zu beiden Seiten des Nils und machte gerade vier Prozent des gesamten Territoriums aus. Aber dank der Überschwemmungen des Nils war diese Fläche außerordentlich fruchtbar und erlaubte den Fellachen mehrere Ernten im Jahr.

In Ägypten regierte seit dem Jahr 1805, eingesetzt vom Sultan in Konstantinopel, ein sehr tatkräftiger Vizekönig namens Mohammed Ali. Dieser war ein echter Reformer, der in fast allen Bereichen des öffentlichen Lebens Neuerungen durchzusetzen suchte. Mohammed Ali führte auch die Pockenschutzimpfung in seinem Land ein, wie sie seit kurzem in Europa von einigen wenigen fortschrittlichen Staaten praktiziert wurde. Und er gründete eine europäischen Modellen nachgebildete Medizinische Schule zur Ausbildung ägyptischer Ärzte. Dazu holte er sich etliche Fachleute aus Europa ins Land. In diesem Zusammenhang kam der französische Arzt Dr. Antoine-Bartholème Clot nach Ägypten, der die Grundlage für diese Einrichtung legte.

Die ägyptische Regierung führte damals eine Art maritimer Quarantäne gegen Pest und Cholera ein; sie beruhte letztendlich auf der europäischen Vorstellung, dass man sich vor Krankheiten schützen könne, indem man verdächtige Personen, vor allem Seereisende, eine Zeit lang isoliert hielt um abzuwarten, ob eine Krankheit bei ihnen ausbrach. Es waren vor allem italienische Ärzte, die den ägyptischen Herrscher davon überzeugten, dass man Schiffe aus Konstantinopel besser nicht in ägyptische Häfen einfahren ließ, wenn und solange in der Hauptstadt die Pest herrschte. Die Schiffe mussten dann umkehren.

Mohammed Ali war ein Erneuerer, ein Entwicklungsdiktator, der versuchte, sein Land dem fortschrittlichen Europa ähnlich zu machen. Ein deutscher Ägypten-Reisender der 1830er Jahre, Fürst von Pückler-Muskau, bewunderte ihn für seine Anstrengungen und verglich ihn in seiner Bedeutung mit dem Zaren Peter dem Großen, der gleichfalls bestrebt gewesen war, das Russland seiner Zeit zu reformieren, um es innerlich zu stärken.

Fürst Pückler-Muskau beschrieb das Ägypten dieser Zeit ausführlich. Er verstand, dass sein Zustand dem des mittelalterlichen Europa ähnelte. Um so mehr bewunderte er den Herrscher, Mohammed Ali, für seine Reformen in den Bereichen Justiz und Verwaltung, für seine Toleranz, für seine Bemühungen, den Anbau von Baumwolle, Zuckerrohr und Indigo zu fördern. „Er hat mehr gebaut und mehr gemeinnützige Anstalten ins Leben gerufen als irgendein Beherrscher Ägyptens seit Saladins Zeiten," schrieb er bewundernd.

Mohammed Ali wollte auch den Handel mit ägyptischen Erzeugnissen fördern und mehr und mehr landwirtschaftliche Produkte aus Ägypten nach Europa ausführen. Er trieb den Außenhandel machtvoll voran. Vor allem seit den frühen 1820er Jahren ließ er die Baumwolle, die bislang in der ägyptischen Landwirtschaft keine große Rolle gespielt hatte, im Großen anbauen. Pückler-Muskau schrieb von den „unabsehbare[n] Baumwollfelder[n] mit flockigen Früchten bedeckt", die man entlang des Nils sehen konnte.[7]

Vor allem die Kaufleute profitierten bald vom Anbau der erstklassigen, langfaserigen ägyptischen Baumwolle, denn die rasch wachsende Bevölkerung in den europäischen Ländern nahm diesen Rohstoff begierig auf. Gerade in England blühte seinerzeit die maschinelle Baumwollverarbeitung auf. In Ägypten gedieh die Baumwolle prächtig. 1824 exportierte das Land am Nil schon mehr als 11 000 Tonnen Baumwolle, etwa die Hälfte der ägyptischen Ausfuhr bestand aus Baumwolle. In den vierzig Jahren nach 1840 verzehnfachte sich der Anbau noch einmal, Baumwolle nahm bald soviel Ackerfläche ein, dass Ägypten Getreide importieren musste.

Mohammed Ali vergrößerte die staatlichen Einkünfte in den 35 Jahren nach 1805 unermüdlich. Er richtete Armee und Marine ein und verband die Wirtschaft Ägyptens mit der europäischen; er zog auch europäische Importe an. Seine Versuche nach mehr politischer Selbständigkeit scheiterten allerdings.

Die Reformen des ägyptischen Vizekönigs beförderten zwar die Wirtschaft und die staatliche Verwaltung, doch das Verständnis von öffentlicher und privater Hygiene blieb davon so gut wie unberührt. Seine Maßnahmen, vor allem der vermehrte Handel mit Baumwolle und die Zunahme der Außenkontakte, könnten sogar die Pest noch gefördert haben, denn der Außenhandel mit Baumwolle und Getreide verstärkte auch die Kontakte mit Regionen, in denen die Seuche herrschte. Im 18. Jahrhundert verzeichnete Ägypten in der ersten wie in der zweiten Hälfte jeweils 22 Pestepidemien; in der ersten Hälfte des 19. Jahrhunderts waren es 28.[8] Tatsächlich waren das wichtigste Exportgut, die Baumwolle, ein problematisches Gut, denn es zog die Tiere an, die am pestempfindlichsten waren, die Ratten. Allerdings spielen sie in den schriftlichen Äußerungen von europäischen Ärzte in Ägypten zunächst keine Rolle.

PEST UND CHOLERA IN DEN 30ER JAHREN

Die ägyptische Hauptstadt hatte es Pückler-Muskau angetan. Wer eine „romantische Ader" hat, schrieb er, der werde diese Stadt großartig finden, „wahrhaft verführerisch und hinreißend." Er lernte hier den französischen Arzt Louis Aubert kennen, der sich im Verlauf der Pestepidemie durch seine Furchtlosigkeit große Ehre erworben hatte. „Er versicherte uns, dass er den Tod der Pestkranken für einen der angenehmsten halte, denn wenig Schmerz und heitere Phantasien führten den Kranken sanft hinüber in das unbekannte Land. Übrigens verlässt die Pest Alexandrien fast nie ganz, und auch jetzt ereigneten sich mehrere Fälle dieser Art, obgleich die eigentliche Epidemie längst aufgehört hat. Glücklicherweise ist die Pest von allen ansteckenden Krankheiten diejenige, deren man sich durch Vorsicht am leichtesten erwehren kann; weit fürchterlicher in jeder Hinsicht erscheint ihre grausame Schwester, die Cholera."[9]

Zwei mörderische Seuchen zogen damals gleichzeitig durch den Orient, die Cholera asiatica und die Pest. Die Cholera war erst kurz zuvor, im Jahre 1831, aus Hinterindien erstmals so weit nach Westen vorgedrungen und grassierte nun in Nordostafrika und Westeuropa. Diese neue Krankheit, die mit verseuchtem Trinkwasser übertragen wird, verbreitete in Ägypten großen Schrecken, denn über die Möglichkeiten, sich gegen dieses Seuchenübel zu schützen, wusste man rein gar nichts. Die Ägypter entnahmen ihr Trinkwasser zum allergrößten Teil dem Nil – dass sich die Cholera asiatica auf diese Weise verbreitete, ahnte niemand. 1831 starben in Ägypten an die 150 000 Einwohner an Cholera, allein in Kairo wurden 36 000 Menschen dahingerafft. Die Cholera wütete auch noch in späteren Jahrzehnten heftig am Nil. Nur langsam wurde erkannt, dass Pilger die Krankheit aus der heiligen Stadt Mekka mitbrachten.

Die Hafenstadt Alexandria erlebte unter den modernisierenden Reformen von Mohammed Ali einen ungeahnten Bevölkerungsaufschwung. Der Herrscher förderte den Außenhandel, da gab es in dieser Küstenstadt plötzlich viele neue Arbeitsplätze. Hatte die Stadt im Jahr 1820 erst etwa 20 000 Einwohner, so waren es zehn Jahre später schon mehr als fünfmal soviel, gut 100 000. Nicht weniger schnell, so darf man folgern, obschon die Beschreibungen europäischer Ärzte dazu nichts sagen, nahm die Zahl der Ratten zu.[10] Es ist anzunehmen, dass der Stand der öffentlichen wie der privaten Hygiene niedrig war in dieser Stadt.

In den nördlichen Teilen Ägyptens wütete Mitte der 1830er Jahre eine schwere Pestepidemie. Sie war eine der tödlichsten Seuchen, die Ägypten im 19. Jahrhundert durchmachen musste. Sie begann im November 1834 in Alexandria. Die Behörden trafen sogleich Vorsichtsmaßnahmen; sie richteten Quarantäneanstalten ein, um den ankommenden Seeverkehr zu kontrollieren. Die Europäer in der Stadt verschanzten sich in ihren Häusern, die sie für die Dauer der Seuche nicht mehr verließen. Sie vermieden eine Zeit lang jeden Kontakt mit der Außenwelt. Besorgungen ließen sie von einheimischen Boten verrichten.

Die Seuche setzte langsam ein. Im Dezember stand die Zahl der täglichen Pesttoten in Alexandria bei etwas über hundert. Einige Menschen starben buchstäblich auf der Straße, ihre Leichen blieben dort eine Zeit lang liegen. Ihren Höhepunkt erreichte die Sterblichkeit im März 1835, als pro Tag 180 bis 200 Tote gezählt wurden.

Ungewöhnlich war an dieser Pestseuche, dass sie sich so weit ausbreitete. Sie drang südwärts, nach Oberägypten, bis in die Stadt Theben vor, westwärts bis in die Oase Fayyum, die bei früheren Pestzügen stets verschont geblieben war. Dass sie auch Kairo erreichte, war hingegen nicht ganz ungewöhnlich. In Kairo starben im April 1835, als die Sterblichkeit ihren Gipfel erreichte, 600 bis 1000 Menschen am Tag, an die 60 000 bis 80 000 Bewohner insgesamt, das war etwa ein Viertel der Einwohnerschaft der Stadt. Hohe Sterblichkeit bestand auch an andern Orten, einige Dörfer sollen die Hälfte ihrer Bewohner verloren haben, Gizeh, ein Stück westlich von Kairo gelegen, fast drei Viertel. In ganz Ägypten sollen etwa 200 000 Personen gestorben sein, mehr als fünf Prozent der Bewohner.[11]

CARL IGNAZ LORINSERS BESCHREIBUNG DER PEST

Carl Ignaz Lorinser, ein deutscher Arzt, hat die Symptome dieser Seuche ausgezeichnet beschrieben. „Die Menschen, welche von der Pest im höheren Grade ergriffen werden, leiden zuerst an einer allgemeinen und plötzlichen Schwäche in allen Gliedern, mit deren Eintritt sich zugleich die Eßlust verliert. Sie bekommen einen Kopfschmerz, welcher öfter die Stirngegend als das Hinterhaupt einnimmt und von kalten Schauern im Rückgrat und überlaufender Hitze begleitet wird. Das Athmen fängt an beklemmt zu werden, und den Kranken befällt eine Unruhe, die ihn zu beständigen Bewegungen treibt. Allmählig nimmt das Kopfleiden überhand, entweder als heftiger Schmerz, oder als dumpfe Schwere und Betäubung [...], die Augen erscheinen glänzend und zeigen in den innern Winkeln rothe Stellen, wie Blutstreifen anzusehn; der Blick ist unstät, oder stier und unbeweglich, dem der Irren und Hydrophobischen [d. h. an Tollwut Leidenden] ähnlich. Der Kranke wird gewöhnlich schon im Anfang von einem beängstigenden Druck in der Herzgrube, von Ekel und Würgen befallen, worauf ein Erbrechen grüner Galle, zuweilen auch Durchfall erfolgt. [...] Der Puls ist verschieden, meistens häufig, bei manchen

Kranken hart, bei andern weich, bald voll und stark, bald schwach und kaum wahrnehmbar, überhaupt sehr ungleich und veränderlich. Die Zunge, welche im Anfange noch weiß und feucht erschien, wird trocken und mit einem gelben oder schwarzbraunen Ueberzuge bedeckt; der Durst ist bald sehr heftig, bald gering."

Lorinsers Schilderungen besitzen den unschätzbaren Vorteil, dass sie aus erster Hand stammen, denn er war Augenzeuge dieser Epidemie. Er fährt fort: „Nachdem die Eßlust verloren und eine allgemeine Abspannung des ganzen Körpers vorangegangen war, stellte sich ein Fieber ein, welches den ersten Tag noch mäßig, mit leichtem Kopfschmerz, Neigung zum Erbrechen, rother Zunge, trockener heißer Haut, und hartem häufigen Pulse verbunden war. Den zweiten oder dritten Tag begannen die Leistendrüsen unter lebhaften Schmerzen anzuschwellen, und das ganze lymphatische System schien an dem Leiden Antheil zu nehmen. Den vierten Tag fand in der Regel ein Nachlaß statt, und wenn gegen den fünften der Kranke nicht genas, so war sein Aufkommen zweifelhaft. Zuweilen hielt das Fieber noch länger an und es gesellten sich Friesel und Petechien hinzu; dann erfolgte der Tod unfehlbar den siebenten Tag. In der ersten Zeit waren die Kranken von Angst und Unruh', in der letzten von Betäubung und Schlafsucht befallen; nicht selten waren sie bei einem kürzern Verlauf des Uebels schon nach vier und zwanzig oder sechs und dreißig Stunden todt. In den Monaten Januar und Februar wurden die Symptome noch durch Erbrechen von schwarzen und grünlichen Stoffen, durch erschöpfenden Durchfall und Delirien vermehrt. Die meisten Leichen zeigten am Unterleibe blaue Flecken, an einigen jedoch wurde äußerlich nichts Auffallendes bemerkt. [...] Wenn keine Bubonen erschienen, lief die Krankheit allemal tödtlich ab, gewöhnlich aber bildeten sich die Beulen in der Leistengegend, in der Achselhöhle, an den Ohrdrüsen und am Arm."

Lorinsers Worten zufolge zerteilen sich die Pestbeulen etwas später oder sie gingen in Eiterung über, seltener in Verhärtung, oder sie wurden im schlimmsten Falle brandig. Manchmal könnten sie sich gar nicht richtig ausbilden, schrieb er, so rasch setzte der Tod ein, dann gewahrte man an den Leichen nicht Beulen, sondern nur Petechien, d. h. blutunterlaufene Flecken, oder Striemen.

Ein Pestfall dauerte nicht lange, die meisten Kranken starben zwischen dem zweiten und dem sechsten Tag nach Ausbruch der Krankheit. Wer den achten Tag erlebte, durfte hoffen dem Tod zu entgehen. Für günstig hielt Lorinser die Prognose dann, wenn das erste Stadium ohne kalte Schauer und brennende Fieberhitze vorüberging und der Kranke im Schlaf nicht sehr unruhig war. Je früher hingegen das Delirium einsetzte und die Bubonen sich zeigten, desto früher war der Tod zu erwarten. Allerdings war die Krankheit unberechenbar – es starben auch Kranke, sagt er, „die schon die Glückwünsche zu ihrer Genesung empfangen hatten."

Lorinser ging auch auf das Aussehen der Pestleichen in. Sie wirken oft entstellt, schreibt er, „zumal wenn Carbunkel, Luftgeschwülste und schwarzblaue Flecken und Striemen vorhanden sind". Europäische Ärzte des 18. Jahrhunderts und der Zeit davor waren mit der Pest wohl vertraut. Sie wussten auch von den „schwarzblauen Flecken" auf der Haut der Pestkranken. Allerdings hat man, vielleicht aus oberflächlichen Schilderungen von Reisenden, lange Zeit angenommen, dass im Orient die Pestbeule, der Bubo, im Vordergrund der Symptome stand. Dies traf nicht zu: Lorinser und viele andere Ärzte des 19. Jahrhunderts haben in Ägypten – wie später andere Ärzte in Indien – auch auf die Vielzahl von dunklen Flecken und die Karbunkel hingewiesen.

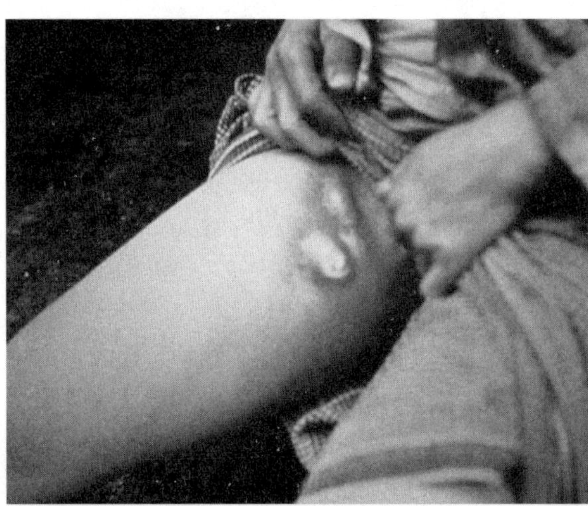

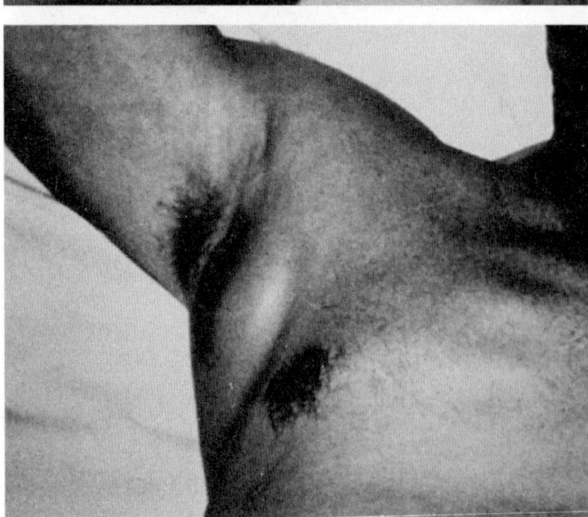

Die Pestbeulen, die geschwollenen Lymphknoten, konnten an verschiedenen Stellen auftreten. Am häufigsten zeigten sie sich in der Leistenbeuge oder am Oberschenkel, weil der infizierte Floh das Pestbakterium oft am Unterschenkel injizierte, seltener in der Achselhöhle. – Fotos 1962, 1993.

Lorinser hat aber nicht nur die sichtbaren Symptome der Krankheit beschrieben, er hat sich auch mit der Epidemiologie der Pest beschäftigt. Er hielt auch das äußere Geschehen fest: die Jahreszeit und derlei Dinge, die für eine Infektionskrankheit so aufschlussreich sind. Er hat viele Fragen beantwortet, die von Belang sind, etwa: Sind beide Geschlechter gleichermaßen betroffen? In welcher Weise sind verschiedene Altersgruppen betroffen? verschiedene soziale Schichten? verschiedene Berufssparten? verschiedene ethnische Gruppen?

Die Pest trat in Ägypten alle paar Jahre epidemisch auf. Irgendwo im Land wird sie aber fast immer gewütet haben. Andererseits konnte es im 19. Jahrhundert vorkommen, dass einzelne Städte – selbst eine so große Stadt wie Kairo – auch einmal für lange Zeit verschont blieben. Auch traf die Pest verschiedene Bevölkerungsgruppen – in verschiedenen Wohnquartieren – unterschiedlich hart, zumal diese ja ziemlich unterschiedliche Lebensgewohnheiten hatten. „Zu Damitte beschränkte sich die Seuche vom Jahre 1800 vorzugsweise auf die Franzosen und Griechen, obgleich daselbst die Zahl der Türken und Griechen viel größer war. Auf hundert kranke Franzosen und Griechen wurden kaum acht Erkrankungen unter Türken gezählt." Angeblich war auch der Anteil der Toten unterschiedlich groß: Unter Türken starben im Durchschnitt zwei Drittel, unter Europäern überlebte nur einer von sechs Pestkranken das Übel.

Was war die Heimat der Pest, woher kam sie? Dass sie auf eine noch immer nicht durchschaute Weise aus dem Orient ins Abendland gelangte, wusste man bereits. „In Europa bricht die Krankheit [Pest] immer zuerst in irgend einem Orte unfern der Meeresküste aus, nachdem sie durch Schiffe aus der Levante eingeführt worden; dasselbe ist auch in Syrien, Kleinasien und der Berberei der Fall, wenn das Contagium nicht auf dem Landwege durch Karavanen gebracht wird", schrieb Lorinser.

Aber wie und von wo kam sie nach Ägypten?

EIN UNGELÖSTES RÄTSEL: DIE ÜBERTRAGBARKEIT

Vieles an dieser Krankheit war rätselhaft. Dass sie in Kairo spätestens am 22. Juni verschwindet, an der Mittelmeerküste ein paar Tage später, wusste Lorinser. Aber eigentümlicher fand er, dass „um dieselbe Zeit auch alle verpestete Sachen ihre ansteckende Kraft verlieren, die während der Epidemie verschwundenen sporadischen Krankheiten wiederkehren, und in den Monaten Juni, Juli und August nach der Versicherung der Eingeborenen die Pest sich niemals" zeigt. Das erstaunte ihn. Es gab etliche unerklärliche Erscheinungen. So hatte man beispielsweise bemerkt, dass auch die Gegenstände eines Erkrankten, vor allem seine Kleidungsstücke, imstande waren, seine Krankheit einem Gesunden mitzuteilen. Lorinser berichtet von einem solchen Fall: Ein Arzt aus Rosetta war nach Alexandria gekommen und dort an der Pest gestorben. Nach seinem Tod schickte man seine Sachen in einer Kiste zurück an seinen Heimatort, und nach wenigen Tagen erkrankten auch die Empfänger an der Pest.

Lorinser selbst war ein Anhänger der kontagionistischen Partei, er glaubte an die Übertragbarkeit der Krankheit. Er meinte allerdings, dass die Berührung eines Kranken oder seine Atemluft nicht imstande sei, „die Krankheit auf sehr beträchtliche Entfernungen weiter zu verbreiten, vielmehr geschieht diese fast immer durch jene Zwischenträger, welche, den Kranken umgebend oder seiner nächsten Atmosphäre ausgesetzt, das Contagium [d.h. den Ansteckungsstoff] aufnehmen und eine Zeitlang beherbergen [...], vorzüglich Wäsche, Kleider, Decken, Bettgeräth und solche Gegenstände, die wegen ihrer weichen, porösen, haarigen und faltigen Beschaffenheit die verschiedensten Dünste im höheren Grade anzuziehen und zurückzuhalten geeignet sind. [...] Auf solche Weise kann das Contagium [sich] Wochen und Monate lang wirksam erhalten, aus einem Ort in den andern gebracht und nahen und entfernten Ländern zugetragen werden. Und deshalb sind die Kleider und Gepäcke, welche aus pestverdächtigen Gegenden kommen, nach dem einstimmigen Urtheil aller Sachverständigen immer viel mehr zu fürchten, als die Reisenden selbst."

Aber – und das fand er seltsam – einige Zeit nach Erlöschen der Seuche galt dies offenbar nicht mehr, da verloren offenbar auch Gegenstände wie Textilien, die man vorher nicht straflos hatte berühren dürfen, ihre Ansteckungskraft.

Die Übertragungsweise der Plage war rätselhaft. Die Ärzteschaft war gespalten; einige glaubten, dass Pestkranke Stoffe an sich hatten, eben ein „Contagium", die bei einem anderen dieselbe Krankheit hervorrufen konnte, andere bestritten es ganz entschieden. Lorinser erwähnt einen Arzt, der den Pestbeulen eines Kranken den Eiter entnahm und sich damit die Hände und Arme einrieb. 22 Tage später brach bei ihm die Pest aus. Trotzdem hielt Lorinser dafür, dass man die Dauer der Quarantäne auf zehn bis fünfzehn Tage begrenzen sollte, diese Frist sei ausreichend lange, um vor der Pest geschützt zu sein.[12]

FRANZ PRUNERS BEITRAG ZUR ERFORSCHUNG DER SEUCHE

Die Frage der Übertragung und Ausbreitung der Pest hat auch den jungen Arzt Franz Pruner sehr beschäftigt. Franz Pruner, geboren 1808 in Pfreimd, einem kleinen Ort in der Oberpfalz, hatte in München Medizin studiert. Er hatte erfahren, dass anno 1817, als er Schüler war, in Süditalien noch immer die Pest wütete, eine vermeintlich dem Mittelalter angehörende Infektionskrankheit. 1830 erlangte Pruner die Doktorwürde und ging im Jahr darauf im Auftrag der französischen Regierung nach Ägypten, um dort Studien über die Beulenpest vorzunehmen. Im selben Jahr erteilte ihm die medizinische Schule von Abuzabel bei Kairo einen Ruf, eine glänzende Karriere tat sich ihm auf. 1839 erhielt er für seine Verdienste um das ägyptische Volk den Titel und Rang eines Bey und wurde zum Leibarzt des ägyptischen Vizekönigs ernannt. Nach einer kleineren Arbeit mit dem Titel „Ist denn die Pest wirklich ein ansteckendes Übel" (1837) – was der Verfasser bezweifelte – veröffentlichte er 1847 das Buch „Die Krankheiten des Orients vom Standpunkte der vergleichenden Nosologie betrachtet", in dem er vor allem die großen Seuchen des Orients untersuchte. Darin schenkt er der Pest breiten Raum.

Heute erscheint es erstaunlich, dass ein Arzt wie Franz Pruner, der selbst viele Pestkranke gesehen hatte, die Übertragbarkeit der Pest bezweifelte. Man darf dabei allerdings nicht übersehen, dass die Bakteriologie als eigener Zweig der medizinischen Wissenschaft damals noch nicht bestand und dass es noch an einer Theorie dafür fehlte, wie diese Übertragung – wovon eigentlich? – überhaupt vor sich gehen konnte. Pruner hatte keine Vorstellung, dass Insekten als Zwischenträger fungieren könnten.

Pruner sah die ersten Pestfälle bereits in den Jahren 1831/32, als zugleich die Cholera in Ägypten umging. Auch in den folgenden Jahren verschwand die Pest aus Ägypten niemals ganz. Wie sie verbreitet wurde, war ihm offenbar nicht klar. Sie trat auch in anderen Teilen des Osmanischen Reiches um diese Zeit auf.

Auch Pruner hat sich mit der Epidemiologie der Pest beschäftigt. Über den Zeitpunkt ihres Auftretens schrieb er: „Sie fing im Februar an, stieg auf den höchsten Punkt im Mai, und dauerte bis August. Sie raffte in Bagdad zwei Dritttheile und im ganzen Paschalik ein Dritttheil der Bevölkerung hinweg.“ Sie soll anfangs mehr Juden als Muslime getroffen haben. „Ganze Dörfer starben aus.“ Im Jahr 1815 richtete sie in Mekka großen Schaden an. „In den Nilländern überschreitet sie, wie bekannt, nie den 24.° Breitegrad,“ nach Süden hin.

Ägypten besitzt eine Minderheit von koptischen Christen; die große Mehrheit der Ägypter bekennt sich zum Islam. Im muslimischen Morgenland aber waren Leichenöffnungen zu dieser Zeit noch immer eine heikle Angelegenheit. Doch im Verlauf der schweren Pestepidemie von 1834/35 wurden in Kairo einige Sektionen an Pestleichen durchgeführt, auch durch Dr. Pruner, der bereits zuvor im Rahmen seiner medizinischen Ausbildung in München Leichen seziert hatte. Erstaunt konstatiert er, er habe Jahre zuvor in der Heimat an Leichen Veränderungen bemerkt, die man im Orient als Zeichen der Pest deuten würde.

Im Frühjahr 1841 begannen sich in Alexandria die Fälle von Pest wieder zu häufen. Die Sterblichkeit hielt sich vorläufig noch in Grenzen, es starben „blos bei 800 Individuen, während im Jahr 1835 im März und April ihr bei 7000 Opfer gefallen“.

In der ägyptischen Hauptstadt Kairo zeigten sich die ersten Symptome von Pest Anfang Februar 1841, „und zwar an der Leiche eines plötzlich gestorbenen Veteranen [...]. Einige Tage später entdeckten wir die ersten Fälle in unserer Stadtpraxis, und zwar an einem arabischen Knaben unfern von unserer eigenen Wohnung [...] Wir können nicht umhin, zu bemerken, dass die meisten Kranken, welche wir nach dem Monate März in der Stadt behandelten, gerade solche waren, welche sich vermittelst der Quarantäne abgesperrt hatten“, bemerkte Pruner. Er gewahrte solche Vorfälle mit Interesse, denn er fand gerade die Frage nach der Ausbreitung so wichtig. Auch in Oberägypten beobachtete man in diesem Spätwinter einzelne Pestfälle, und zwar „vom Dezember bis März nur an einzelnen, sehr ungünstig gelegenen Orten, unter armen, schlecht genährten Menschen“.

Aufschlussreich sind bis heute auch Fragen nach den klimatischen Umständen des Auftretens und Erlöschens einer Seuche. Pruner bemerkte, dass „das Uebel im

Dezember in Oberägypten und in Unterägypten zugleich ausgebrochen" war, und es „verlor seine epidemische Gewalt überall mit der Sommerhitze am Ende Juni's, welche dieses Jahr bedeutend war". Später konnte er dann nur noch einzelne Fälle beobachten.

In Unterägypten wütete die Pest in diesem Jahr besonders heftig: „Von den 5 europäischen Aerzten, welche Dienst thaten, starben 4. [...] Viele Familien und Dörfer starben aus. [Eine] Provinz verlor bei 20 000, Mansura allein 7000 Menschen."

Franz Pruner hat sich vor allem mit der Frage nach der Übertragung der Pest beschäftigt. „Dass die Berührung der Pestkranken das Uebel mittheile, dagegen liegen Tausende von negativen Thatsachen, aber keine einzige positive vor", schrieb er. „Die sporadischen Pestfälle fallen häufig in dieselbe Jahresepoche wie die Epidemien, und ungeachtet eines sehr ausgebreiteten Kontaktes breitet sich die Krankheit nicht aus." Pruner glaubte daher, „dass es nicht ein Contagium, sondern der Zusammenfluss gewisser Umstände ist, dem die Pest ihr Entstehen verdankt". Aber welche Umstände waren das, und wie wirkten sie? An ein Einschleppen oder eine Übermittlung durch Waren, Kleider oder Personen glaubte er nicht, aber er wusste, dass öffentliche Versammlungen und das Zusammentreffen vieler Menschen geeignet waren, einen Pestfall auszulösen: „Viele erkrankten unter solchen Umständen, z. B. nach dem Besuch überfüllter Kirchen. Die warmen Bäder, besonders in geheizten Lokalen schienen uns in ähnlicher Art manchmal den Ausbruch der Pest zu begünstigen."

Franz Pruner war erstaunt, in welch verschiedenartigen Symptomen sich die Pest äußerte. Er hatte beobachtet, dass es gerade in den schwersten Fällen an gut erkennbaren Zeichen mangelte. „In jenem Falle gehen Schwindel, Eingenommenheit des Kopfes, veränderte, gewöhnlich welke Gesichtszüge mit einem matten, unsteten Blicke, Schwäche, Schlaf- und Appetitlosigkeit oft mit vermehrter Hautausdünstung voraus." Pruner begegnete auch Pestkranken, die nur gering erhöhte Temperatur oder gar kein Fieber hatten.

Viel häufiger sahen die ersten Symptome der Pest jedoch so aus: „Da trat plötzlich nach kurzem Froste und mit folgender brennender Hitze Schwindel und Kopfschmerzen in allen Fällen ein, dazu gesellten sich manchmal Lenden- und Gliederschmerz, Reiz zum Erbrechen oder wirkliches Erbrechen. Der Puls war in solchen Fällen stark, schnell und beschleunigt." Die Patienten waren benommen, hielten die Augen lieber geschlossen; sie waren unruhig und voller Angst, ihr Gang war schwankend, der Blick stier wie bei einem Betrunkenen. Sehr früh zeigten sich die typischen Pestbubonen und die dunklen Flecken auf der Haut; sie zeigten dem Fachmann erst, dass es sich um einen Fall von Pest handelte. „Es kann bei diesem Eintritte des Uebels schon in der ersten Nacht der Puls platt, weich und unregelmässig werden, leichtes Irrereden mit Coma wechseln, tiefes Sinken der Kräfte mit Unruhe, so dass die Zunge herausgestreckt wird, ohne zurückgezogen zu werden,

Stammeln und Schwerhörigkeit, ein steifes, verdummtes Aussehen, wobei die Augen offen und ohne Blick sind, eintreten, ein ebenfalls erschienener Bubo einsinken, Carbunkeln und Petechien ausbrechen und der Kranke asphyktisch [mit einem Herz- und Kreislaufversagen] vor dem Ende des 2ten Tages verscheiden." Die Zunge der Pestkranken war übrigens niemals trocken, sie wirkte platt und weiß-rötlich oder rötlich an den Rändern. Die Bubonen brauchten oft Monate bis zur Heilung.

Franz Pruner hat sich auch mit der Frage beschäftigt, welche Prognose der Heilkundige bei diesen oder jenen Symptomen stellen könne und welche Personenkreise am leichtesten von dem Übel befallen werden. Die Aussichten auf Heilung seien „immer ungünstiger bei der epidemischen Pest, als bei der sporadischen", schreibt er, „bei Negern und Ausländern überhaupt als bei den Eingeborenen. [...] Starkes Coma ist immer schlimmer als wüthendes Delirium." Seine Erfahrung lautete, dass Erbrechen günstiger sei als die Diarrhöe, die häufiger tödlich ende.

Er hatte beobachtet, dass Kleinkinder und Personen, die das fünfzigste Lebensjahr vollendet hatten, seltener von der Pest ergriffen wurden als Jugendliche und Erwachsene. „Es ist jedoch dieses nicht bei allen Epidemien gleich", schreibt er. „Die Pest verschont übrigens eben so wenig die Frucht im Leibe als den Säugling an der gesunden Mutter Brust." Er hatte allerdings einzelne Fälle gesehen, wo eine Schwangere sich die Pest zugezogen hatte, ohne ihre Leibesfrucht zu verlieren. „In der Epidemie des Jahrs 1841 haben wir Säuglinge von 3 bis 6 Monaten unter dem Ausbruche von Bubonen an dem Halse und unter der Achsel, mit Konvulsionen in 24 bis 48 Stunden sterben sehen. Das der Pest zugänglichste Alter ist wohl das der Kraft, vom 18ten bis 40sten Lebensjahre. Männer und Frauen schienen uns so ziemlich gleich empfänglich für die Pest zu seyn."

Die Medizin stand den schweren Infektionskrankheiten wie der Pest noch vollkommen ohnmächtig, ohne eine wirklich wirksame Therapie gegenüber; die Ärzte wie Pruner konnten lediglich die äußeren Umstände des Auftretens dieser Seuche studieren, um damit vielleicht dem „Genius epidemicus" auf die Spur zu kommen. Die topographischen und ökologischen Beobachtungen sind für die Enträtselung des Pestgeheimnisses zweifellos von großem Interesse. „Die Pest ist aber auf ägyptischem Boden häufiger im Delta als in Oberägypten und den Oasen. Sie hat auch dort als epidemische ihre regelmässige Epoche des Lebens und der Kraft, indem sie im Winter beginnt und mit dem Monate Juni in Unter-, früher schon in Oberägypten erstirbt. Die Zeit ihres Wachsthums und ihres Vergehens ist etwas später an dem kühleren Küstenstriche, wo man überdies kleinere Epidemien selbst im Sommer beobachtet."

Pruner hatte, wie zuvor schon andere Ärzte, bemerkt, dass weiter nördlich, in Syrien etwa oder in der Hauptstadt des Osmanischen Reiches, Konstantinopel, die Seuche zu einem anderen Zeitpunkt ihren Höhepunkt erreichte. Je weiter nördlich, desto später. Pestepidemien benötigten also gewisse Temperaturen, so etwa zwischen 21 und 28 Grad Celsius. „Wo die mittlere Temperatur des Jahres das angegebene Maas überschreitet, fasst die Pest keinen Fuss", schrieb er. Außerdem benötige sie ein bestimmtes Maß an Luftfeuchtigkeit. „In den Wüsten entsteht unter denselben Breitegraden keine Pest, wohl aber manchmal in den Oasen, wohin Wasser durch Regen oder Kanäle gelangt. Die Pest folgt in der Regel in Mittel- und Oberägypten auf ausserordentliche Ueberschwemmungen oder Regen."

Pruner hat sich auch über die Frage der Immunität den Kopf zerbrochen. Er wusste, „dass es dieselbe Person nicht blos einmal im Leben, sondern auch während der nämlichen Epidemie öfter befallen kann". Die Pest hinterlässt, wie so viele andere von Bakterien verursachte Infektionskrankheiten, eine relativ kurze Immunität, sie dauert meist nur sechs bis zehn Jahre. Das ist auch der Grund, warum nach Ablauf etwa dieses Zeitraumes wieder eine richtige Epidemie auftrat: Dann waren genügend Personen nachgewachsen, andererseits hatten diejenigen, die die Pest überstanden hatten, die erworbene Immunität wieder verloren. Zwischen den Jahren, in denen sich die Einzelfälle zu einer Epidemie verdichteten, war die Plage aber kei-

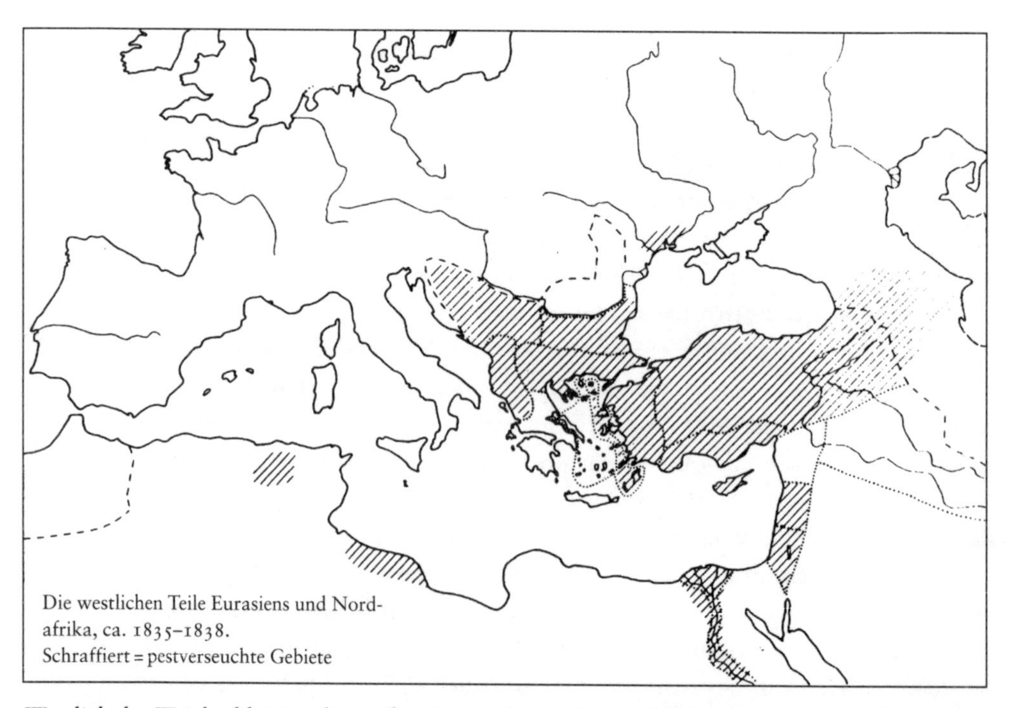

Die westlichen Teile Eurasiens und Nordafrika, ca. 1835–1838.
Schraffiert = pestverseuchte Gebiete

Westlich der Weichsel hörten die großen Pestepidemien im 18. Jahrhundert auf, danach kam es noch zu einzelnen Epidemien. Hingegen blieb das weitläufige Osmanische Reich, auch in seinen europäischen Teilen, noch im frühen 19. Jahrhundert pestverseucht. Die damalige Bezeichnung „Der kranke Mann am Bosporus" traf nicht nur in übertragener Bedeutung zu, sie war auch konkret gemeint.

neswegs ganz erloschen. Pruner wusste, dass die Pest in Ägypten nicht nur alle zehn Jahre auftrat, „kleinere und sporadische Fälle mangeln dort selten."

Pruner hat sich auch gefragt, warum die Pest in Ägypten noch immer umging, während sie doch aus seiner Heimat Westeuropa inzwischen verschwunden war. Er erkannte ganz richtig, dass die Pest an ein bestimmtes Niveau der Zivilisation gebunden war. „Uebrigens ist es keinem Zweifel unterworfen, dass die Pest seit der Epoche namentlich aus Europa verschwunden sey, als die Strassen von London, Paris, Marseille u.s.w. aufhörten Kloaken zu seyn, womit natürlich auch viele andere vortheilhafte Veränderungen im ganzen Lebenskreise eintraten. [...] Noch viel wichtiger jedoch scheint uns gehöriges Regimen in der Anlage, dem Bau und der Reinlichkeit im Inneren der menschlichen Wohnungen zu seyn. Die Beschränkung des Schmutzes, des Elendes und die Sorge für hinreichende Nahrung sind gewiss endlich von nicht minderem Einflusse: denn wenn Theuerung [der Nahrungsmittel] auch nicht direkt die Pest erzeugt, so bereitet sie doch den menschlichen Organismus zur Disposition dazu vor, ja sie vermag vielleicht allein die Empfänglichkeit zu schaffen."[13]

DIE FRANZÖSISCHEN ÄRZTE AUBERT, BULARD UND CLOT IN ÄGYPTEN

Einige französische Ärzte waren in diesen Jahren gleichfalls in Ägypten forschend tätig, wenigstens drei von ihnen – Aubert, Bulard und Clot – hinterließen detaillierte Bücher über die Pest. Am ausführlichsten hat der Franzose Antoine-Barthołème Clot darüber berichtet. Clot war schon seit Mitte der 1820er Jahre in Ägypten, sein Buch erschien 1840. Auch ihm war die Frage wichtig, ob die Pest ansteckend sei oder nicht, daher nannte er viele Ärzte namentlich und gab an, ob sie dem einen oder mehr dem andern Standpunkt zuneigten. Von Pruner sagt er, dass er kein Kontagionist sei, wenngleich dann auch er die Auffassung Pruners zustimmend vorträgt, dass die Pest zwei Formen der Entstehung kenne: Sie könne sporadisch oder epidemisch auftreten, die sporadische Form sei nicht übertragbar; doch werde die zweite Form unter bestimmten Bedingungen weitergegeben.

Clot neigte also selber einer antikontagonistischen Auffassung zu. Er berichtet von der Epidemie von 1824 in Kairo, die mehr als 30 000 Todesopfer gekostet habe, aber nur einige wenige in Alexandria, obschon doch der Verkehr zwischen diesen beiden großen Städten ungehindert geflossen sei. Er berichtet von vielerlei Versuchen von Ärzte, die absichtlich mit den Ausscheidungen von Pestkranken in Berührung kamen, um diese Frage zu klären. Auch hatte man in Ägypten zum Tod verurteilte Verbrecher mit dem Eiter aus Pestbeulen zu infizieren versucht, ohne damit jedoch einen Ausbruch der Krankheit herbeizuführen. Clot berichtet aus

Ägypten auch von Versuchen, Haustiere mit der Krankheit zu infizieren, gleichfalls ohne den erwarteten Erfolg. Sich selbst hatte Clot dreimal das Blut eines Pestkranken eingeimpft, ohne zu erkranken. Etwas erstaunt berichtet er, dass so viele glaubten, Gegenstände wie Strohsäcke, Matratzen, Baumwollgewebe könnten den Erreger dieser Krankheit für längere Zeit in sich bewahren. Von Pelztieren sage man, schreibt er, sie könnten die Pest von einem Kranken zu einem Gesunden bringen. Verdächtig erscheinen ihm Insekten, vor allem so bewegliche – und überall anzutreffende – wie Fliegen. Clot glaubte nicht, dass die Isolierung in Pestzeiten einen absoluten Schutz bieten könne.

Clot beschäftigte sich in seinem Buch über die Pest, ähnlich wie Pruner, aber vor allem mit Fragen der Epidemiologie, etwa mit dem Verlauf der Sterblichkeit, weniger mit klinischen Erscheinungen. Wie er schreibt, starben bei der letzten Pestepidemie in der Stadt Marseille, 1720/21, 40 000 von 90 000 Einwohnern; in Arles waren es gar 8110 von 12 000, also mehr als zwei Drittel. In Ägypten zählte man – wie er zu berichten weiß – 1834/35 rund 50 000 Pesttote, das wären bei einer Bevölkerung von gut drei Millionen knapp zwei Prozent. Dann gibt er ein Vielzahl von sehr kurz gehaltenen Krankengeschichten sowie einige Sektionsberichte.

Nur ganz kurz erwähnt er die Symptome der Pest: Bemerkenswert erscheint ihm dabei, dass bei den Kranken in Ägypten die Petechien buchstäblich überall anzutreffen waren, selbst auf der Zunge, aber vor allem an Hals, Brust und den Extremitäten; viel seltener im Gesicht.

Was sind die Ursachen der Pest? Clot vermutet, ganz allgemein, dass Luft, Wind, Zersetzung organischer Materie und ähnliche atmosphärische oder physikalische Erscheinungen daran Anteil haben. Er dachte auch an die Gestirne oder an den Chamsin, den Wind aus dem südlichen Afrika. Was hat es zu besagen, fragte er sich, dass die Pest immer aus dem Orient nach Europa kam.[14]

VON HELMUT VON MOLTKE BIS ALFRED BREHM: ORIENTREISENDE BERICHTEN

In Ägypten hielten sich damals auch einige Reisende aus dem Westen auf, die über das Land am Nil berichteten. Sie blieben, anders als heute üblich, nicht nur ein paar Tage an ihrem Zielort, sondern Wochen oder sogar Monate.

Ein solcher Reisender war der deutsche Militär Helmuth von Moltke, der Land und Leute auf dem Balkan und im alten Osmanischen Reich ausführlich würdigte. Er berichtete auch über die Pest. In seinen Briefen von seiner Reise durch den Balkan in die Stadt Konstantinopel schildert er zuerst die Brände, die von Zeit zu Zeit größere Städte verwüsteten, solange eben die Häuser bevorzugt aus Holz errichtet wurden. Unter dem 22. Februar 1837 schreibt er aus Konstantinopel: „Ob die Pest aus Ägypten oder aus Trebisonde [Trapezunt] kommt, oder wie sie und wo sie sonst entsteht, darüber will ich Dir nichts sagen, weil ich und weil kein Mensch das weiß. Die Pest ist ein noch unerklärtes Geheimnis; [...] Es ist sehr wahrscheinlich, dass alle die großen enggebauten Städte des Orients innerhalb gewisser Breitengrade die wahren Herde der Pest sind."

Moltke sinnierte auch über die Ansteckung, nicht aus der Sicht des Heilkundigen und Forschenden, sondern aus dem Blickwinkel des praktisch denkenden Reisenden, der sich einfach vor dem Übel schützen möchte. Er erzählte von einem katholischen Priester, der lange Zeit im Pesthospital der Franken zu Pera lebte und den Erkrankten nicht nur geistlichen Beistand leistete, sondern sie auch anfasste, umkleidete, pflegte und begrub. „Dieser brave Mann ist dick und fett, und ich gestehe, dass eine mutige, wahrhaft religiöse Ergebung mir heldenmütiger erscheint als so manche gefeierte Waffentat. Der Priester glaubt, in früher Jugend die Pest gehabt zu haben, aber es ist erwiesen, dass das nicht gegen neue Erkrankung schützt."

Moltke wollte auch wissen, wie die Krankheit von einem zum andern überging. „Die meisten Fälle entstehen aus gekauften Gegenständen", schrieb er, „alten Kleidern und baumwollenen Waren, welche die Juden umhertragen. Es gehört gewiss eine besondere Konkurrenz von unglücklichen Umständen dazu, um durch bloßes Begegnen eines Kranken angesteckt zu werden. Während der diesjährigen Pest, der heftigsten, die seit einem Vierteljahrhundert hier gewütet, bin ich ganze Tage in den engsten Winkeln der Stadt und der Vorstädte umhergegangen, bin in die Spitäler selbst eingetreten, gewöhnlich umgeben von Neugierigen, bin Toten und Sterbenden begegnet und lebe der Überzeugung, mich einer sehr geringen Gefahr ausgesetzt zu haben." Frische Luft und Sauberkeit hielt er für besonders wichtig. „Das große Arcanum ist Reinlichkeit; sobald ich nach Hause kam, wechselte ich von Kopf bis Fuß Wäsche und Kleider, und letztere blieben die Nacht durch im offenen Fenster aufgehängt. Wie sehr überhaupt die einfachste Vorsicht schützt, dies beweist die geringe Zahl von Opfern, welche die Pest unter der fränkischen Bevölkerung dahin rafft, indes die Türken und die Rajahs zu Tausenden sterben. Trotz der großen Verbreitung und Bösartigkeit der diesjährigen Pest, die seit 1812 ihresgleichen nicht gehabt hat, sind etwa acht oder zwölf fränkische Familien heimgesucht worden, und dann waren es fast immer die Domestiken und die Kinder. [...]

Mehr als einmal begegnete ich den Soldaten, welche soeben einen Kameraden eingescharrt, das Leichentuch über die Schulter geschlungen, harmlos singend nach Hause schlenderten. Dort teilten sie die Erbschaft unter sich und waren sehr vergnügt über eine Jacke oder ein Paar Beinkleider, die ihnen mit größter Wahrscheinlichkeit binnen dreimal vierundzwanzig Stunden den Tod brachten. Die furchtbare Sterblichkeit, die täglich sich erneuernden Beispiele, die offen daliegenden Beweise der Ansteckung, nichts entreißt diesen Leuten ihren Glauben."[15] Das war Helmuth von Moltke, der ältere Moltke, wie er in der deutschen Geschichtsschreibung meist genannt wird, um ihn von einem nachgebornen Vetter zu unterscheiden. Seine Erfahrungen hätten damals viele Orientreisende unterzeichnet.

Der englische Reisende Alexander W. Kinglake wurde ebenfalls zum Augenzeugen der schweren Epidemie, die Mitte der 1830er Jahre in Ägypten grassierte. Er hatte reichlich Gelegenheit, ihr Wüten zu beobachten. Während seines mehrwöchigen Aufenthaltes in Kairo herrschte dort die Pest. Sie schlug die Stadt so sehr in ihren Bann, dass Kinglake Kairo und die Pest gedanklich nicht mehr voneinander trennen konnte. „Als ich ankam, beschränkte sich die Zahl der täglichen Krankheitsfälle durch die Pest aus einer Bevölkerungszahl von 200 000 auf nicht mehr als 400 oder 500", schrieb er, „als ich aber vor der Abreise stand, wurden die Toten auf 1200 am Tage geschätzt. [...] Ich konnte nicht umhin zu bemerken, daß die Zahl der Toten tagtäglich zunahm."

In einem Punkt fand Kinglake das Verhalten der muslimischen Bevölkerung Kairo erstaunlich: „Während ich in Kairo war, habe ich nicht einmal gehört, daß ein Gebet zur Linderung der Pest in einer Moschee gesprochen wurde", schrieb er. Er glaubte, dass die Muslime „darauf bedacht sind, mit ihren Klagen den Himmel nicht zu belästigen, es sei denn, die Pest wütet über eine lange Zeit hin. Dann beten sie zu Gott, nicht daß die Pest aufhören, sondern eine andere Stadt befallen möge."[16]

Für Muselmanen galten in Pestzeiten andere Regeln als für Christen, obgleich beide Religionen doch eigentlich dieselbe Ursache hinter einer Seuche sahen, nämlich die Strafe Gottes für eine sündige Menschheit. Trotzdem, Muslime hielten es für ihre Pflicht, nicht vor dem Übel zu fliehen, sie nahmen die Pest als ein von Gott gesandtes Martyrium hin, dem man nicht ausweichen sollte. Wer der Pest erlag, ging sofort ins Paradies ein. Eine auf natürlichen Wegen verursachte Ansteckung gab es für sie nicht.[17]

Einer der Orientreisenden war eine Frau, Ida Pfeiffer. Ihre Sehnsucht nach dem Morgenland war so groß, dass sie sich unter höchst abenteuerlichen Umständen, als Mann verkleidet, auf den Weg in Richtung Orient wagte. Sie kam von Österreich her, auf dem Landweg durch das Heilige Land und schreibt unter dem Juli 1842: „Dies war die erste Pestkranke, die ich sah [...]. Sie war auf einen Esel gebunden, schien in ihr Schicksal ergeben und stierte uns mit ihren tiefliegenden matten Augen ganz teilnahmslos an. Von Spuren der Krankheit bemerkte ich nichts an ihr als eine auffallend gelbe Gesichtsfarbe. Der Soldat, welcher sie eskortierte, schien bei diesem Geschäft ebenso kaltblütig und gefühllos zu sein, als ob er neben einer gesunden Person wandelte.

In den Tälern des Libanon war die Pest ziemlich herrschend, wir waren dadurch öfters genötigt, kleine Umwege zu machen, um die von ihr heimgesuchten Dörfer zu vermeiden, und mußten auch gewöhnlich unser Nachtquartier etwas entfernt von denselben im Freien aufschlagen."

Der französische Dichter Gérard de Nerval, hielt sich in den 1840er Jahren im Orient auf. Seine kleine Reisegruppe kam im Winter 1842/43 in der ägyptischen Hafenstadt Damiette an. „Wir verbrachten die Nacht vor Mansura", schreibt er. „Beim Erwachen vernahm ich eine schlechte Nachricht: Die gelbe Fahne der Pest wehte über Mansura [...]. Wir mußten bis zum nächsten Morgen warten, ehe wir, die wir völlig gesund waren, uns zu erkennen geben und die Erlaubnis erhalten konnten, diese kranke Stadt zu betreten."

Nerval führte einen Brief für den französischen Konsul mit sich. Also stellte er sich im Konsulat ein und bat um einen Gesprächstermin. Daraufhin „holte mich der Janitschar und legte mir größte Vorsicht ans Herz, niemanden zu berühren und mich unterwegs von niemandem berühren zu lassen. Er ging vor mir her und trieb mit seinem silberbeknauften Stock die Neugierigen auseinander. Schließlich kamen wir zu einem großen Steinbau hinter riesigen verschlossen Toren, der wie ein *Okel* oder eine Karawanserei aussah. Es war jedoch die Behausung des Konsuls. [...]

Ich trete in die Kanzlei in, der Janitschar führt mich zu seinem Herrn, und ich will ihm gerade in aller Harmlosigkeit meinen Brief überreichen. ‚Aspetta!', Warten Sie, sagt er [...] und schiebt mich mit dem weißen Stock in seiner Hand zurück. [...] Ohne ein Wort zu sagen verläßt der Konsul kurz das Zimmer und kommt mit einer Pinzette zurück. Er ergreift damit den Brief, schiebt eine Ecke davon unter seinen Fuß, öffnet mit der Spitze der Pinzette geschickt den Umschlag und entfaltet sodann das Blatt, das er mit Hilfe des nämlichen Geräts weit von sich hält. [...]

Sodann trugen Diener, die auf allen Seiten des großen Saals standen, für uns auf, die gleichen Gerichte, aber in verschiedenen Geschirren, und man erklärte mir, daß die auf meiner Seite befindlichen nicht in Quarantäne waren, ich indes nichts zu befürchten hätte, wenn sie etwa versehentlich meine Kleidung berührten. Es wollte mir nicht einleuchten, wie es, in einer von der Pest verseuchten Stadt, Menschen geben konnte, die sich vor der Ansteckung so gänzlich schützen konnten. Dabei war ich doch selbst ein Beispiel dafür."

Der Hamburger Zoologe Alfred Brehm hat Ägypten seit der Mitte des 19. Jahrhunderts mehrmals bereist, er hat auch über die vielen Pestausbrüche berichtet. „Das schreckliche Uebel, welches von Zeit zu Zeit Egypten heimsucht und nie ganz verschwindet, ist unstreitig die Pest", schreibt er. „Entmuthigend ist der Anblick im Innern einer von dieser furchtbaren Seuche heimgesuchten Stadt. Die Kaufläden sind geschlossen, die Basare verödet; lange Reihen von Särgen mit Leichen der Wohlhabenderen, denen Züge von Kamelen, beladen mit den nackten Leichnamen der Aermeren folgen, ersetzen das geschäftige Gewühl, welches in gesunden Tagen die Straßen belebt; die frohen Lieder sind verstummt, kein Jauchzen ausgelassener Freude wird mehr gehört und nur die eintönigen Weisen der Klagegesänge, nur das

Wehgeheul der Klageweiber und weiblichen Verwandten der Getöteten durchschallen schaurig die todesschwangere Luft."

Brehm war kein Mediziner, aber er war Naturwissenschaftler und Reisender und er hat auch die Symptome der Pest ausführlich geschildert. „Sie äußert sich zunächst in heftigen Kopfschmerzen und in Uebelkeit, dann folgt starkes und anhaltendes Delirium, die Lymphdrüsen in den Weichen oder die in den Achselhöhlen schwellen an (Bubonen), es zeigen sich lokale, krebsartige Geschwüre von dunkler Farbe (Karbunkel) sowie dunkelrothe Flecken und Streifen (Petechien) auf der Oberfläche des Körpers, die Zunge ist trocken und zeigt in der Mitte und der Länge nach einen scharlachblauen Streifen; der Athem wird im höchsten Grade übelriechend, ebenso die Exkremente, welche nur schmierig und gleichsam wie verkohlt ausgestoßen werden. Dann und wann finden von Letzterem Ausnahmen statt, indem eine starke Diarrhoe eintritt.

Der Verlauf der Krankheit ist mehr oder minder rapid, je nach der Konstitution des von ihr Befallenen; starke Personen erliegen gewöhnlich am schnellsten, oft schon nach vierundzwanzig Stunden, während schwächere oft erst am siebenten Tage dem Tode anheimfallen. So lange die Seuche an einem Ort zunimmt, steigert sich auch ihre Heftigkeit, sie endet dann immer mit dem Tode; je mehr sie abnimmt, um so länger ist auch ihre Dauer und umso häufiger sind die Fälle von Genesung. Wie heftig sie den ganzen Organismus angreift, zeigt die lange Dauer der Rekonvaleszenz; der Genesene braucht ein ganzes Jahr und oft noch mehr, um seine Kräfte wieder zu erlangen, die aufgebrochenen Bubonen und Karbunkel schließen sich erst nach einem halben Jahre und hinterlassen große und tiefe Narben.

Man hat die Beobachtung gemacht, daß das epidemische Auftreten der Pest sich nach Verlauf gewisser Zeiträume wiederholt und zwar nach zehn, zwölf oder fünfzehn Jahren."[18]

Bei einer seiner Afrikareisen hat Brehm auch den jungen Theodor Bilharz kennen gelernt; dieser diente seiner Gruppe kurze Zeit als wissenschaftlicher Reisebegleiter. Bilharz lebte zwölf Jahre in Ägypten und machte dort wichtige medizinische Entdeckungen, beschäftigte sich aber mit anderen Dingen als mit der Pest, die während seiner Zeit in Afrika ihren Stachel verlor. Er fand im Land am Nil den Erreger der nach ihm benannten Bilharziose. Bilharz war 1825 in Sigmaringen geboren; er starb 1862 in Ägypten am Typhus.

WILHELM GRIESINGERS RESÜMEE

An letzter Stelle sei hier der aus dem südwestlichen Deutschland stammende Arzt Wilhelm Griesinger genannt, der sich seit den 1840er Jahren längere Zeit in Ägypten aufhielt. Er war es, der seinen Landsmann Theodor Bilharz aufforderte, mit ihm nach Ägypten zu gehen. Griesinger schrieb nach seiner Rückkehr aus dem Orient für das von Rudolf Virchow herausgegebene „Handbuch der speciellen Pathologie und Therapie“ einen langen Beitrag über die Pest. Darin fasst er noch einmal zusammen, was Ärzte seinerzeit darüber wussten, also lange bevor der Erreger und die Übertragungsweise dieser alten Krankheit wirklich durchschaut waren. Das macht diese Arbeit so interessant. Viele spätere Mediziner, die über die Pest schrieben, wussten zwar viel mehr über den Erreger und den Übertragungsmodus, hatten aber niemals einen Pestkranken gesehen.

Auch dieser Beitrag ist stark systematisch gehalten, er spiegelt im wesentlichen denselben Kenntnisstand wider, den auch die oben genannten Autoren besaßen. Griesinger hielt es für wichtig, noch einmal klarzustellen, daß die Pest „eine ganz specifische Krankheit [sei], und ihre Ursachen müssen specifisch sein.“ Die vormals weit verbreitete Auffassung, dass eine Infektionskrankheit sich wandeln könne, also als Typhus beginnen und als Pest enden könne, hielt er aus gutem Grunde für widerlegt, obwohl die Erreger dieser Krankheiten damals noch nicht entdeckt waren.

Griesinger hielt zunächst alles fest, was mit der Pest zu tun hatte, und zog auch Vergleiche mit früheren Epidemien in Westeuropa: mit der Pest in Marseille von 1720, in Moskau 1770/72, in Korfu 1812, in Griechenland in den Jahren nach 1827. Auch die geographische Ausbreitung solcher Seuchen fand sein Interesse. Ob die früheren Pestseuchen allesamt aus dem Orient nach Europa eingeschleppt wurden, wisse er – wie er schreibt – nicht zu sagen, aber bei den Epidemien in den letzten hundert Jahren, also seit 1750, sei dies ganz bestimmt der Fall.

Die Hintergründe für das Ausbrechen einer Epidemie durchschaute er sehr gut. Orientalische Länder zögen derlei Seuchen leicht an, meinte er. „Allgemeines Elend der Population in Bezug auf Wohnung, Nahrung und Kleidung, bis auf die neueste Zeit gänzlicher Mangel aller Sanitätspolicei, Vernachlässigung der Bodencultur, überall massenhafte Ansammlung faulender organischer Substanzen, an vielen Orten Sümpfe neben andern Quellen von Feuchtigkeit der Luft und des Bodens und neben hoher Temperatur. Unter-Egypten namentlich, das Land, wo immer vorzugsweise die Pest spontan zu entstehen schien, zeichnet sich aus durch Elend, Schmutz und Barbarei des unglaublichsten Grades“. Griesinger äußerte sich auch über die tieferen Ursache der Pest. „Die Pest, wie wir sie aus dem Orient und aus Europa kennen, *ist eine contagiöse Krankheit.*“ Er hebt dies hervor, weil es in den Jahrzehnten davor immer wieder von einzelnen Ärzten bestritten und auch durch den Streit um die Bedeutung der Begriffe ‚Infection‘ und ‚Contagion‘ verdunkelt wurde. Bei den Epidemien der letzten Jahrzehnte, die gut erforscht sind, sei sie nachweislich von außen hereingebracht worden, dann sei die langsame Ausbreitung von Mann zu Mann, von Familie zu Familie erfolgt. „Bei strenger Isolirung der von der Pest Befallenen verbreitet sich die eingeschleppte Krankheit nicht weiter, wie diess eben die zahlreichen Erfahrungen der europäischen Quarantänen lehren, während umgekehrt bei offenem Verkehr derselben mit Gesunden die Krankheit weite Verbreitung findet. [...] Wenn in abgeschlossenen Häusern auf der Höhe der Epidemien dennoch nicht selten Pestfälle vorkommen, so ist vor Allem daran zu denken, dass oft die Abschliessung nur gegen die unmittelbare körperliche Berührung von Menschen und Effecten gerichtet ist, nicht aber auch gegen Ausdünstungen schützte, [...] dass sich aber auch allerdings zuweilen auf der Acme [dem Höhepunkt] der Epidemien eine allgemeine Pestatmosphäre zu bilden scheint, gegen die keine Absperrung mehr schützt."

Griesinger glaubte also an Ansteckung, ohne dass dazu eine unmittelbare Berührung des Kranken notwendig war, irgendwie durch die Luft. Er hielt dies für die häufigste Form der Übertragung. „Auch die von den Kranken benützten Effecten, Betten, Wäsche und dergl. können ein Contagium aufnehmen und an bisher pestfreie Orte bringen."

Griesinger hat sich lange in Ägypten aufgehalten, er konnte auch ganz ungewöhnliche Fälle schildern. So schreibt er von Totengräbern, die mit bloßen Füßen arbeiteten: Sie seien auch barfüßig in der Verwesungsflüssigkeit herumgetreten, sodass sie „zuerst Schmerzen in den Waden, dann Leistenbubonen bekamen, dann in Delirium verfielen und schnell starben". Er berichtete von einem Arzt, der bemerkt hatte, „dass die Krankenwärter, welche barfuss gehen, oft Carbunkel an den Füssen bekommen". Er erwähnt einen Fall, „wo ein Krankenwärter von einem Pestkranken ein Geldstück nahm und in den Mund steckte; er bekam gegen Abend geschwollene Unterkieferdrüsen und starb am folgenden Tag." Griesinger erwähnt weiterhin den russischen Arzt Daniel Samoilowitz, der in seinen Schriften über die Pest in Moskau feststellt, dass „bei jüngeren Kindern der gewöhnliche Sitz des Bubo am Unterkiefer, selten in der Achselhöhle, fast nie in der Inguinalgegend" sei. Sollte der Grund hierfür nicht darin liegen, fragt Griesinger, „dass die Kinder noch nicht auf dem Boden gehen, aber vieles in den Mund stecken?"

Griesinger erwähnt Umstände, die ihm unerklärlich waren, die man heute freilich, mit allen Kenntnissen der ökologischen Umstände, welche die Pest begleiten, leicht deuten kann. So berichtet er zum Beispiel, dass nach der Zerstörung von Wohnhäusern Pestfälle nicht selten in der Umgebung auftraten, wusste aber nicht, wie sich das zusammenreimte. Von Ratten und Rattensterben sagt er nichts.

Er hat auch bemerkt, dass die Pest in Ägypten vor allem nach dem Anschwellen des Nils auftrat. An die Einwirkung der Sterne glaubte er nicht. Er wusste, dass die Pest an einem Ort sein konnte, derweil der Nachbarort verschont blieb; aber das sei – wie er schrieb – nicht abhängig von irgendwelchen Kometen.

Auch die Dauer von Epidemien hat Griesinger beobachtet; er wusste, dass sie sehr verschieden lang anhielten. Eine Epidemie konnte wenige Wochen dauern oder einige Jahre – „mehr für die kürzeren Epidemien kann die Beobachtung gelten, dass die Intensität der Erkrankungen Anfangs eine ungemein heftige sei, im Verlauf der Seuche milder und gegen ihr Ende um vieles leichter und gutartiger werde; in anderen Epidemien ist die Sterblichkeit im Verhältnis zur Krankenzahl von Anfang bis zu Ende gleich. [...] Die Epidemien der Pest stehen an manchen Orten in einer ziemlich markirten Weise unter dem Einfluss der Jahrszeiten und der Temperatur." Er wusste, dass sie in den kühleren Klimata im Sommer stattfinden. Von sehr hohen Temperaturen nahm er an, dass in ihnen „das Pestgift geradezu vernichtet zu werden scheint". Er hatte auch bemerkt, dass einige Berufsgruppen eine ihm unverständliche Immunität besaßen, zum Beispiel die „Oelträger im Orient mit ihrem impermeablen Ueberzug von Fett und Schmutz".

Zutreffend ist auch seine Beobachtung, dass beide Geschlechter gleichermaßen empfänglich sind für diese Krankheit. Auch mehrmalige Erkrankung eines Individuums komme vor; selbst Schwangerschaft böte keinen Schutz. Insgesamt aber trete die Pest bei älteren Menschen doch seltener auf als bei jüngeren. Warum einzelne Berufsgruppen seltener befallen werden, konnte er nicht erklären. „Eine sonderbare Immunität einzelner Beschäftigungsweisen wird von mehreren Seiten ziemlich übereinstimmend versichert", schreibt er. „Leute, die viel mit Wasser zu thun haben, Wasserträger, Badediener etc., noch mehr aber die Oelträger, Oel- und Fetthändler sollen, wie beim Fleckfieber, nur sehr selten befallen werden."

Griesinger kam mit seinen Ausführungen einem Verstehen des Übels sehr nahe, ja aus späterer Sicht erscheint es fast unverständlich, dass er die wichtigsten Dinge der Übertragung – das belebte Bakterium und den Überträger, nämlich ein Insekt – nicht in Beziehung zueinander brachte. Aber man darf aus der Sicht des Nachgeborenen auch nicht übersehen, wie komplex der Sachverhalt war.

Griesinger gibt eine ausführliche Beschreibung der Pestsymptome. Die Krankheit kenne kaum Vorboten, sagt er, sie beginne aus voller Gesundheit heraus. „Die Kranken verfallen in die grösste Mattigkeit, bekommen heftigen dumpfen Kopfschmerz und fühlen eine Eingenommenheit und Schwere des Kopfs, welche man öfters der Wirkung eines starken Ofendunstes vergleichen hört; das bald blasse, erschlaffte Gesicht, die matten hohlen Augen, der leere, starre Blick, die schwere, stotternde Sprache, der wankende taumelnde Gang, die Stumpfheit der Sinne und des Geistes geben dem Kranken bei starker Entwicklung dieser Invasionssymptome schon früher den Ausdruck wie bei einer schweren Berauschung: Es stellt sich Ekel und öfter Erbrechen ein und der Kranke bekommt vorübergehende Schauder mit dem Gefühl innerer Hitze oder wirkliche Fröste; der Puls ist noch wenig beschleunigt und weich, öfter klein und irregulär. Oft zeigt sich schon jetzt Injection der Conjunctiva [Bindehautentzündung] am innern Augenwinkel, Erweiterung der Pupille und eine gänzlich Entstellung der Gesichtszüge. Diese erste Gruppe von Erscheinungen ist mitunter bloss angedeutet und wenige Stunden dauernd; häufig ist sie stark entwickelt und dauert einen ganzen Tag, ja selbst bis zu 3 Tagen."

Die Pestkranken zeigten sich zu diesem Zeitpunkt ohne jede Dynamik, schlaff, unsagbar müde. „In den günstigsten Fällen nimmt gewöhnlich nach Ausbildung der Localisationen um den 3.–4. Tag das Fieber bedeutend ab, unter Eintreten reichlicher Schweisse stellt sich erquickender Schlaf ein und der Kranke fühlt sich in hohem Grade erleichtert." Griesinger hielt starke Schweißausbrüche für ein sehr günstigstes Zeichen, „ohne sie soll keine Besserung Vertrauen verdienen und bedeutende allgemeine Nachlässe der Symptome, ohne vorhergegangenen Schweiss, sollen oft gerade dem tödtlichen Ende vorangehen."

Oft sind die Pestkranken aber auch höchst „unruhig und wälzen sich rastlos hin und her. Der staunende, verwirrte Blick von Anfang an und die gläsernen, bald injicirten Augen sollen charakteristisch sein. Delirien fehlen in vielen Fällen ganz [...]; manche Kranke werden bald ganz sprachlos."

Die Pestkranken, schreibt er, wiesen bisweilen pockenartige Exantheme auf oder einen Ausschlag in etwas anderer Gestalt. „Die wahren Petechien sind keine so häufige Erscheinung, als man nach manchen ältern Angaben glauben könnte, und gehören durchaus schweren, fast immer tödtlich verlaufen Fällen an, kommen auch meistens erst kurz vor dem Tode."

Am charakteristischen sind aber die Pestbeulen, die man am häufigsten in der Leistengegend findet, an zweiter Stelle in der Axilla, seltener am Mundwinkel und im Nacken, nur ausnahmsweise einmal auch am Ellenbogen oder in der Kniekehle. „In der Leistengegend sind weit weniger die ganz oberflächlichen und höher liegenden, wie beim syphilitischen Bubo, weit öfter und mehr die weiter abwärts, 2–3 Finger breit unter dem Schenkelring", schreibt Griesinger. Der Bubo sei für den Pestkranken schmerzhaft, anfangs noch klein, von der Größe einer Hasel- oder einer Walnuss, später könne er auch so groß wie ein Hühnerei werden. Wenn der Kranke die Pest überstehe, so sei der Zerfall des Pestbubo meist unproblematisch, es könne aber auch zu Nachwirkungen führen. Von dem trockenen Husten der Pestkranken vermutet Griesinger, er rühre von der Schwellung der Lymphdrüsen in der Brust her.

Pestkarbunkel finden sich etwa in einem Viertel oder Fünftel aller Fälle, „sie kommen an allen Körperstellen mit Ausnahme des behaarten Kopfes, der Hohlhand und Fussohlen, am häufigsten aber an den unteren Extremitäten, am Gesäss, im Nacken vor; sie sind meistens einfach, zuweilen sind es ihrer 5–6", aber es könnten auch zwanzig bis dreißig sein. Anfangs seien das einfach bräunliche Flecken auf der Haut, „zuerst nur wie ein Flohstich, bald aber zunehmend, auf dem sich alsbald eine kleine Blase oder mehrere Bläschen bilden; während ihr nächster Umkreis hart anschwillt, mortificirt im Centrum die Basis der Bläschen zu einem schwarzen Schorf." Von diesen Karbunkeln sagte er weiter, dass sie „meistens erst nach den Bubonen [sichtbar werden], zuweilen aber auch ohne solche; sie entwickeln sich am häufigsten an den Beinen, am Hals oder Rücken."

Im Verlauf der Krankheit werden die Patienten unruhiger, „die Haut bald brennend heiss, das Gesicht etwas gedunsen, das Auge injicirt, lebhaft glänzend, aber stier, die Pupillen meistens erweitert, das Gehör geschwächt; die Lippen und die Zunge weiss, wie kreidig belegt [...] bald trocken, schmerzhafte Hitzeempfindungen im Magen und Unterleib werden durch gieriges Trinken nicht gelöscht. Die Kranken sind so kraftlos und benommen, dass sie auch bei hellem Bewusstsein kaum zu antworten vermögen. Manche deuten auf den Kopf und die Magengegend als Sitz von Schmerzen und sind dann wie überwältigt von der Anstrengung."

Milz und Leber zeigen sich bei der ärztlichen Untersuchung geschwollen. „Das Erbrechen dauert oft lebhaft fort, der Urin ist sehr sparsam, oft blutig oder ganz unterdrückt, öfters stellt sich etwa Bronichalcatarrh, öfters auch Nasenbluten ein. Am zweiten bis vierten Krankheitstage erscheint unter Schmerzen ein Bubo [...]; es können deren mehrere oder nur einer, sie können klein oder von Anfang an voluminös sein."

Die Kranken verfallen in Depression, sie werden schläfrig, stumm oder gar ohnmächtig. Das Gesicht ist bleifarben, leichenartig. Öfter zu beobachten seien gelbe Verfärbung der Haut, Nasenbluten und blutiges Erbrechen und eine vollkommene Harnverhaltung.

Als die mittlere Dauer der eigentlichen Pesterkrankung nennt Griesinger sechs bis acht Tage, die Erkrankung könne sich aber auch vier Wochen hinziehen. Der Tod kann schon nach ein, zwei Tagen eintreten; in den meisten Fällen sterbe der Pestkranke zwischen dem 3. und dem 5. Tag. Wenn der Kranke den 8. Tag erlebt, sei meistens Genesung zu erwarten. Die Sterblichkeit ist hoch: „Im Beginn der Epidemien beträgt die Mortalität manchmal 70–90 Procent der Befallenen, sonst oft 60 Procent". Auch bei Kindern ist die Sterblichkeit hoch. Es könne zu Folgekrankheiten kommen, aber nicht sehr häufig, in Gestalt von langwierigen Drüsenvereiterungen, partiellen Lähmungen, Stummheit, Geistesstörungen, Vereiterung der Ohren.

Die Pest kann auch anderen Infektionskrankheiten ähneln, wie sie überhaupt gerade am Anfang nicht sogleich zu erkennen ist. Griesinger als ein Arzt des 19. Jahrhunderts musste an den Milzbrand denken; einen Pestfall von Milzbrand zu unterscheiden sei „oft sehr schwierig", sagt er. Bei diesem fehlten die rauschartigen Zustände am Anfang.

Sehr kurz fasst er sich bei der Therapie. Viel gab es da aber auch nicht zu tun: frische Luft, Reinlichkeit, milde Diät, reichlich Flüssigkeit, eigentlich konnte der Arzt nur die Symptome behandeln. Griesinger riet dazu, die Bubonen einfach mit warmen Umschlägen zu behandeln, mit Kataplasmen; er empfahl auch, sie zu öffnen. Das wichtigste Schutzmaßregel sei die Vorbeugung.[19]

Griesinger berichtet auch von den Sektionen, die seinerzeit an Pestleichen vorgenommen wurden. Leichenöffnungen waren vor der Epidemie von 1834/35 selten, später aber wurden wohl mehrere hundert vorgenommen, von Ärzten aus verschiedenen Nationen und Schulen. Auf der Haut der Leichen fanden sich oft Petechien und Karbunkel. Die Milz der Pestpatienten war auf die 2- bis 4fache Größe angeschwollen. Am stärksten betroffen zeigte sich der lymphatische Apparat.

NOCH EINMAL ALEXANDRIA

Die Pest nahm in Ägypten gegen Mitte des 19. Jahrhunderts zu, man könnte auch sagen: in der Regierungszeit Mohammed Alis. Das hat vermutlich mit dessen Förderung von Handel und Baumwollanbau zu tun. „Handel mit Getreide und Baumwolle war in der Vergangenheit das wichtigste Vehikel für die Ausbreitung der Pest.“[20] Das Tier, das den wichtigsten Pestüberträger beherbergt, die Ratte, liebt Getreide. Getreide ist für Ratten eine bevorzugte Speise, und die Baumwollhülsen bilden ideale Nistplätze für die Rattenflöhe. In ungesponnenem Zustand ist Baumwolle ein ideales Medium für den Transport von Flöhen, die sich im Baumwollsamen emsig vermehren. Aber auch die Ratten selber fühlen sich in der Baumwolle wohl.

Nach 1850 ließ die Pest in Ägypten nach, und sie nahm selbst nach der Eröffnung des Suezkanals 1869 keineswegs wieder zu, was etwas erstaunlich ist, denn Verkehr – namentlich Seeverkehr – hatte das Übel in der Vergangenheit stets begünstigt. Eine Epidemie zeigte sich noch einmal in Alexandria am Ende des 19. Jahrhunderts; interessant ist sie vor allem, weil das Geheimnis der Pest kurz zuvor gelüftet worden war und weil ein bedeutender deutscher Bakteriologe, Emil Gotschlich, sie untersucht und dargestellt hat. Die Pest begann im April 1899, sie war wohl, wie Gotschlich vermutete, von griechischen Händlern aus Jeddah eingeschleppt worden.

Die Pest aus Indien breitete sich mit dem Dampfschiff aus, auch nach Westen, in die Häfen des Roten Meeres, nach Jeddah, dem nächstgelegenen Hafen für die Muslime, die die Pilgerschaft nach Mekka antraten. Von dort scheint sie auch in die ägyptische Hafenstadt Alexandria gekommen zu sein, damals eine Stadt mit 320 000 Einwohnern und 110 Ärzten.

Gotschlich wurden 96 Pestfälle bekannt, davon 46 Todesfälle, wobei die Mortalität anfangs niedrig war und dann anstieg. Von rund 800 im medizinischen Bereich tätigen Personen erkrankte keine einzige.

Als erfahrener Bakteriologe wusste Gotschlich natürlich, worauf zu achten war, auf die Ratten. Die anderen medizinisch Kundigen, die im Verlauf des 19. Jahrhunderts über die Pest in Ägypten berichtet hatten, erwähnten die Ratten – und ihr massenweises Sterben – nicht; wobei allerdings nicht klar ist, ob es tatsächlich stattgefunden hat. Diese Epidemie von Alexandria aber ging von Ratten aus, sie waren ihre ersten Opfer. „Die Ratten kamen ohne Scheue vor den Menschen in den Speisesaal, taumelten wie betrunken umher und fielen unter Zuckungen mitten im Zimmer todt nieder; auch liessen sie sich leicht lebend mit den Händen greifen", schreibt Gotschlich.

Die verschiedenen Bevölkerungsschichten und ethnischen Gruppen Alexandrias erkrankten mit unterschiedlicher Häufigkeit. Bei den Griechen, häufig Händler, war der Anteil, der von der Pest ergriffen wurde, viel größer als unter der einheimischen arabischen Bevölkerung oder unter anderen Europäern. Auch waren viel mehr Männer betroffen als Frauen, gemessen an ihrem Bevölkerungsanteil mehr als dreimal soviel.

Gotschlich nennt ausführlich die Symptome, welche die Kranken aufwiesen. Bei der arabischen Bevölkerung von Alexandria fand man viel häufiger den Bubo in der Axilla als bei den Europäern, die ihn in der Leiste hatten, ein Zeichen dafür, dass der infizierende Floh sich bei ihnen vom Boden näherte. Gotschlich ließ Eiter aus den Bubonen bakteriologisch untersuchen und fand heraus, dass der Bubo nur selten Pesterreger enthielt.[21]

Die Epidemie am Ende des 19. Jahrhunderts war lediglich der Abgesang, ein Nachhall der früheren und sehr viel verlustreicheren Pestepidemien Ägyptens. Ganz frei von der Seuche war das Land allerdings auch in den folgenden Jahren keineswegs, selbst in den ersten Jahrzehnten des 20. Jahrhunderts quälte die Pest noch immer die Bewohner Ägyptens. Die größeren Epidemien fanden um die Jahrhundertwende aber viel weiter östlich statt, in Indien.

DIE ENTRÄTSELUNG DER KRANKHEIT: DIE PEST IN ASIEN

„Diejenige Seuche, welche augenblicklich im Vordergrunde des Interesses steht, die Bubonenpest, kann für uns in mehrfacher Beziehung lehrreich sein."
Robert Koch, 1901

Im 19. Jahrhundert, im Zeitalter des Imperialismus und Kolonialismus, als der Verkehr zwischen den Staaten sprunghaft zuzunehmen begann, grassierte die Pest in weiten Teilen Asiens, im Kaiserreich China und bald auch in Britisch-Indien. Nach Auffassung vieler Sinologen war die Pest im Chinesischen Reich in der Vergangenheit immer wieder einmal aufgeflackert, irgendwo in diesem großen Reich, die Chinesen waren also vertraut mit der Seuche. Möglicherweise hatte sogar die große Pestpandemie, die in der Mitte des 14. Jahrhunderts Westeuropa erreichte, ihren Ursprung im Reich der Mitte.[1]

DIE PEST IN CHINA

Es ist fraglich, wie lange das Kaiserreich pestfrei gewesen war; in jedem Fall war China dies seit dem ausgehenden 18. Jahrhundert nicht mehr. Damals brach im Süden des alten Reiches, in der Küstenprovinz Jünnan, die Pest aus, in den Jahren nach 1770. In den folgenden Jahrzehnten schob sie sich langsam nach Süden und Westen vor. Einzelne Provinzen Chinas waren während des gesamten 19. Jahrhunderts von diesem Übel betroffen.

Die Provinzen im südlichen China besitzen eine tropische und subtropische Vegetation mit vielen und vielfältigen Arten von Tieren, besonders von Insekten. Hier gab es neben der Pest Herde von Malaria und Schistosomiasis, wie sie auch Ägypten plagten. In Jünnan grassierte die Pest, anders als in Unterägypten, allerdings während des gesamten Jahres. Neue Ausbrüche begannen hier stets im Sommer, die Peststerblichkeit erreichte im Spätsommer ihren Höhepunkt.

Im Reich der Mitte war bekannt, dass in den von der Pest berührten Regionen die Ratten massenhaft starben, bevor das Sterben unter den Menschen einsetzte. Dabei herrschte in China eine eigentümliche Art von Ratten vor, die gelbbrüstige Ratte (*Rattus flavipectus*). Sie lebt während der Erntezeiten in der Nähe der Felder und frisst dort das reife Getreide; in der anderen Zeit hält sie sich am liebsten in der Nähe menschlicher Siedlungen auf. Diese Ratten werden selbst von Ektoparasiten gequält, von Rattenflöhen (*Xenopsylla cheopis*). Das von der Pest verursachte Rattensterben heißt in China „shuyi", was wörtlich ‚Rattenepidemie' bedeutet.[2]

Gegen Mitte des 19. Jahrhunderts setzten in China politische und soziale Entwicklungen ein, die die Ausbreitung der Seuche noch begünstigten. Schon in den späten 1830er Jahren hatten einige europäische Mächte, allen voran Großbritannien, begonnen, gegenüber China immer aggressiver und fordernder aufzutreten. England führte zweimal gegen das Chinesische Reich Krieg, die sogenannten Opi-

Der Süden des Chinesischen Reiches war im 19. Jahrhundert ein bedeutender Pestherd; die große Pestepidemie, die seit dem Ende des Jahrhunderts auf dem Indischen Subkontinent wütete, nahm in China ihren Ursprung. Auch hier ging der Verbreitung der Pest unter den Menschen ein Rattensterben voraus. Die Chinesen brachten die Pest, wie zuvor schon die Europäer, mit der Luft in Verbindung. Die Schriftzeichen auf dem Holzschnitt haben folgende Bedeutung: „Anfangs, beim Ausbruch der Seuche, starben in allen Haushalten die Ratten ganz plötzlich und ohne ersichtlichen Grund. Ihre Kadaver wurden ohne jede Vorsichtsmaßnahme in die Latrinen und Abwassergräben geworfen. Nach einigen Tagen stieg das faule qi *in die Luft auf. Wer mit diesem* qi *in Berührung kam, zog sich unweigerlich die Krankheit zu und starb daran." – Zeitgenössischer Holzschnitt.*

umkriege. In den 1850er Jahren gesellten sich zu diesen von außen bedingten Unruhen noch die Taiping-Rebellion, ein Aufstand gegen die chinesische Zentralregierung, der fast alle Provinzen Chinas berührte. Der Taiping-Aufstand dauerte fünfzehn Jahre, bis 1864, und kostete an die 30 Millionen Menschenleben, die an der Pest Verstorbenen eingerechnet. Kriege und unruhige innere Entwicklungen dieser Art haben in der Vergangenheit mörderische Seuchen stets begünstigt, weil die Heere Krankheitskeime umhertrugen und verbreiteten, während die Zivilisten in solchen Notzeiten ihre persönliche Hygiene vernachlässigten. Diese hohen demographischen Verluste drosselten das chinesische Bevölkerungswachstum merklich: Das Chinesische Reich hatte 1740 nur 143 Millionen Einwohner, gut hundert Jahren später, um 1850, aber bereits 430 Millionen.[3] In den dann folgenden hundert Jahren, also bis zur Machtübernahme durch die Kommunisten im Jahre 1949, nahm seine Einwohnerzahl dann wieder kaum mehr zu. Seuchen und Bürgerkriege, später auch die Besetzung und der Krieg gegen Japan, dürften dafür verantwortlich sein.

In China hatten sich früh in der Neuzeit und mehr noch im Verlauf des 19. Jahrhunderts europäische Mächte festgesetzt und das Reich der Mitte zur Halbkolonie erniedrigt. Einige Mächte hatten sich große Räume reserviert, die sie als ihre Einflussgebiete betrachteten und beherrschten. An der Spitze dieser Eindringlinge standen Großbritannien und Frankreich, beide verfügten auf dem chinesischen Festland über größere Herrschaftsräume. Großbritannien regierte unter anderem über die Stadt Hongkong; deren Nachbarstadt, Macao, beherrschten seit dem Zeitalter der großen Entdeckungen die Portugiesen.

Als die Pest auch in diesen europäischen Besitzungen ihr Gesicht zeigte, schickten sich europäische Ärzte an, nach Ostasien zu reisen, um den Ursprung und das Wesen der Pest zu erforschen. Aus Westeuropa war die Pest damals so gut wie völlig verschwunden; die Ärzte hatten also keinerlei Erfahrungen mit ihr. Der Wunsch, den Schleier des Geheimnisses dieser altbekannten Krankheit zu lüften, war aber groß; ein paar Jahre zuvor, 1878/79, als nach dem Russisch-Türkischen Krieg im Süden Russlands eine schwere Pestepidemie umging, hatte sogar der deutsche Reichskanzler Otto von Bismarck Fachleute ausgesandt, um die Pest wissenschaftlich zu erforschen.

ALEXANDRE YERSIN IN HONGKONG (1894)

Im Jahr 1894 begann der junge Tropenarzt Alexandre Yersin in einem Labor in Hongkong den Erreger der Pest zu suchen. Yersin war gebürtiger Schweizer, aus dem Kanton Waadtland, seine medizinische Ausbildung hatte er zunächst in Marburg und später in Paris absolviert. Ihm gelang es bald, den Erreger der Pest aufzufinden. Es handelte sich um ein längliches, plumpes, häufig ovalförmiges, gramnegatives, unbewegliches und unbegeißeltes 1–2 μ langes und 0,5–0,7 μ breites Stäbchen, das keine Sporen bildet; ein Bakterium, dessen beide Enden sich mit den üblichen Laborfarben gut anfärben lassen. Der Pesterreger stellt wenig Ansprüche an seine Umgebung; aber er hält starke Sonneneinstrahlung nicht aus.[4]

Der schweizerische Tropenarzt Alexandre Yersin (1863-1943). – Foto, um 1900.

Wie und warum tötet ein solches mikroskopisch kleines Lebewesen einen Menschen? Das Pestbakterium scheidet ein eiweißhaltiges Gift aus, und es ist dieses Gift, das bei dem Wirt den Tod herbeiführt. Die Resistenz gegen das Bakterium ist gering; allerdings scheinen Leprakranke, da das Pestbakterium dem Erreger der Lepra ähnelt, der Pest eine gewisse Resistenz entgegenzubringen.

Alexandre Yersin, der so gute Verbindungen zu dem bald nach Louis Pasteur benannten bakteriologischen Institut in Paris hatte, blieb nach seiner Entdeckung in Ostasien. Er ließ sich in einem Teil des französischen Kolonialreiches nieder, in Französisch-Indochina, in Annam, an der Küste des Südchinesischen Meeres, wo das Institut Pasteur eine Außenstelle unterhielt, in der Stadt Nha Trang. Dort verbrachte er die letzten Jahrzehnte seines Lebens als Forscher. Französisch-Indochina wurde nach dem Fall Frankreichs von japanischen Streitkräften besetzt. In Nha Trang ist Yersin in der Nacht zum 1. März 1943 gestorben, hier liegt er auch begraben. Ein kleines Museum erinnert heute an den Wissenschaftler.

Es ist seither viel darüber diskutiert worden, wer als erster das Pest-Bakterium identifiziert und beschrieben hat: der Schweizer Alexandre Yersin, nach dem der Pesterreger und eine ganze Gattung von Bakterien, die Yersinien, benannt sind – bis in die frühen 1970er Jahre trug der Erreger (*Yersinia pestis*) offiziell noch den Namen *Pasteurella pestis* –, oder der japanische Bakteriologe Shibasaburo Kitasato. In vielen wissenschaftlichen Publikationen ist zu lesen, beide Forscher hätten etwa zeitgleich, aber unabhängig voneinander das Pest-Bakterium gefunden. Andere schreiben, Yersin habe den richtigen Erreger, ein gramnegatives Bakterium isoliert, Kitasato hingegen ein ganz anderes, nämlich grampositives, das nicht der Erreger war. Nationalistische Motive mischten sich in die Diskussion: Yersin hatte einen Teil seiner Ausbildung in Paris genossen und konnte von Frankreich bean-

Yersins Schreibtisch in Nha Trang, wo er ein Pasteur-Institut begründete. – Foto, 2002.

L'INSTITUT PASTEUR DE NHA TRANG
PASTEUR INSTITUTE OF NHA TRANG

ALEXANDRE YERSIN
1863 - 1943

ENTRÉE / ENTRY
MUSÉE ALEXANDRE YERSIN 001610
ALEXANDRE YERSIN MUSEUM
BILLET D'ENTRÉE
ENTRY TICKET: 26.000 VNĐ

Eintrittskarte für das kleine Alexandre-Yersin-Museum in Nha Trang.

sprucht werden; Kitasato dagegen hatte lange Zeit in Berlin unter Robert Koch gearbeitet, der mit Pasteur zerstritten war. Solche Erwägungen kann man hier beiseite lassen, wichtig ist die Entdeckung des Pesterregers im Jahr 1894 – und das Wüten der Seuche im südlichen Asien in den folgenden Jahrzehnten.[5]

Der Schuldige, der Pesterreger, war nun bekannt. Was konnte man damit anfangen? Den Medizinern war inzwischen auch bekannt, dass bei vielen Krankheiten ein Mensch gegen diese Krankheit immun wird, wenn er sie einmal durchgemacht hat, und dazu genügte auch eine Impfung. Wenige Jahre davor hatte die Medizin gegen einige Infektionskrankheiten – wie Diphtherie – damit große Erfolge erzielt. Gestützt auf solche Einsichten versuchte der russische Arzt Waldemar Mordecai Haffkine, aus abgetöteten Pestkeimen einen Impfstoff zu gewinnen. Dieser neue Impfstoff wurde im Verlauf der Pandemie in Indien eingesetzt, allerdings mit so zweifelhaftem Erfolg, dass man bald wieder davon abließ.

DIE PEST GEHT AUF DIE REISE

Die Pest breitete sich aus, vor allem entlang der Küsten nach Westen, in Richtung Indien und südwärts nach Südostasien. Seit 1896 waren Singapur und Bombay von dem Übel befallen. Von dort reiste die Pest auf britischen Dampfschiffen rund um den Erdball. Es dauerte nur wenige Jahre, bis sie sämtliche Kontinente erreichte und vor allem die großen Hafenstädte wie Sydney, Honolulu, San Francisco, Vera Cruz, Lima, Asunción, Buenos Aires, Rio de Janeiro, Alexandria, Kapstadt, Porto und Glasgow terrorisierte.[6]

Am heftigsten traf sie Indien, und hier wiederum die Präsidentschaft Bombay, sehr viel weniger Kalkutta und den Osten. In dieser Zeit, am Ende des 19. Jahrhunderts, stand England schon seit rund zweihundertfünfzig Jahren in Indien und hatte das große Land, nach einem vergeblichen Aufstand der Einheimischen anno 1857, unter Kontrolle.

In Indien wütete die Pest so heftig, weil dort die naturräumlichen Faktoren für die Pest wie geschaffen waren. Indien besaß alles, wessen die Pest bedurfte: Die indische Bevölkerung saß, vor allem in den großen Städten, eng aufeinander, was die Ausbreitung der Seuche durch Ansteckung erleichterte. Die indische Bevölkerung war zudem außerordentlich tolerant gegenüber Ratten, und Ratten sind der erste und beliebteste Wirt des Pestflohs. Außerdem hat Indien lange Zeit hohe Temperaturen und zumindest in Teilen des Landes, vor allem entlang der Küsten, eine hohe Luftfeuchtigkeit, was die Beweglichkeit der Pestüberträger – der Flöhe – stark begünstigt.

Aber es hatte in Indien, vor allem seit der Niederschlagung des Aufstands von 1857 durch britische Streitkräfte, auch eine Vielzahl von Neuerungen gegeben, die imstande waren, das Übel zu befördern: Indien war, wie China, in den Strudel des Kolonialismus hineingeraten, der in beiden Staaten viel Unruhe hervorrief. Indien hatte darüber hinaus von Großbritannien zahlreiche modernisierende Impulse erhalten. Auf dem Subkontinent waren ständig Pilger unterwegs zu den vielen heiligen Stätten, und England brachte neue Verkehrsmittel ins Land, die diese Unternehmungen erleichterten. Indien war das erste Land in Asien, das eine Eisenbahn erhielt – das Eisenbahnzeitalter begann hier bereits im Jahr 1853. Indien hatte aber auch sehr früh etwas von dem Elend erfahren, das dann herrscht, wenn Völker sich auf den Weg der Industrialisierung begeben. Die Wohnbedingungen der breiten Massen waren erbärmlich. Während der Hungersnot von 1877 stieg die allgemeine Sterblichkeit in Bombay auf 40 Promille an, doch unter den Ärmsten der Armen sprang sie in diesen Jahren auf einen jährlichen Durchschnittswert von über 90 Promille: Einer von elf Armen starb im Verlauf der Hungersnot. Die Folge all dieser

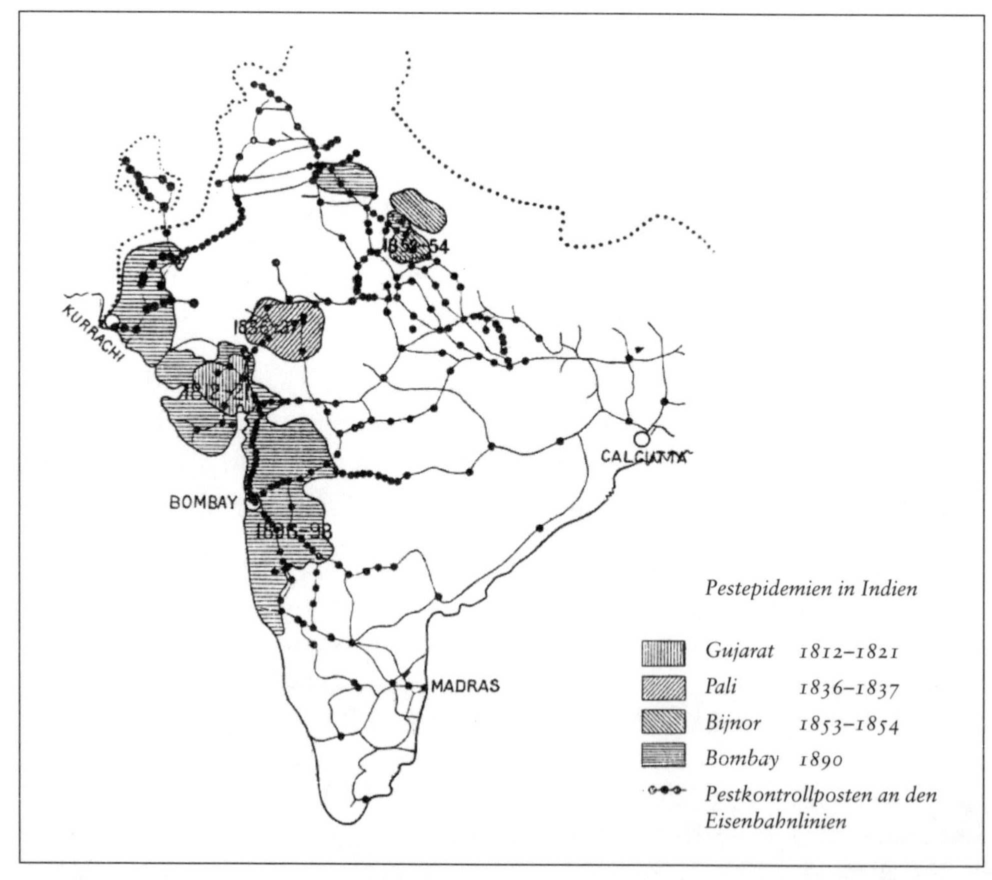

Der Westen des Indischen Subkontinents war seit 1896 sehr stark von der Pest befallen. Infolge der Durchdringung Indiens durch die Briten besaß Indien schon seit 1853 Eisenbahnen. Sie halfen, die Seuche auszubreiten.

Faktoren war, dass Indien in den Jahrzehnten nach 1895 mehrere Millionen Menschen einbüßte; sie wurden Opfer der Pest.

In Indien hatte es zwischen dem 11. und dem 17. Jahrhundert zwar immer wieder Pestepidemien gegeben; aber einzelne Regionen, auch die Stadt Bombay, waren vor 1896 lange Zeit pestfrei gewesen. Die ersten Fälle von Pest traten in Bombay im September 1896 auf, unter Speicherarbeitern, die in Getreidelagern tätig waren. 1896 starben in Bombay 2000 Menschen an der Krankheit, im Jahr darauf gab es 11 000 und 1898 fast 17 000 Pesttote.

DIE DEUTSCHE PESTKOMMISSION IN BOMBAY (1897)

Die Pest wütete schon seit mehreren Monaten in Indien, als die deutsche Regierung eine wissenschaftliche Kommission entsandte, die die näheren Umstände dieser Seuche studieren sollte. An die Spitze dieser wissenschaftlichen Forschergruppe sollte Robert Koch treten, der bedeutendste Bakteriologe Deutschlands. Koch hatte in diesem jungen Spezialfach der Medizin seit den 1870er Jahren Großes geleistet: Er hatte als junger Landarzt in der preußischen Provinz Posen die Methoden der Bakteriologie um Labortechniken bereichert, die es erlaubten, Bakterienstämme in Reinkultur zu züchten. Er war auch der erste, der von Bakterien Mikrophotographien anfertigte und sie veröffentlichte. Im Jahre 1876 hatte Koch den Erreger des Milzbrandes entdeckt. Großes Aufsehen erregte er, als er einige Jahre später auch den Erreger der Tuberkulose identifizierte. Robert Koch wurde daraufhin zum Leiter des Kaiserlichen Gesundheitsamtes in Berlin ernannt. 1883 führte er eine wissenschaftliche Expedition auf der Suche nach dem Choleraerreger nach Ägypten; und als sie dort den Erreger nicht fanden, weil sich die Seuche bereits im Abklingen befand, waren sie weitergereist nach Kalkutta. Dort hatte Robert Koch das Choleravibrio entdeckt, ein kommaförmiges Bakterium, das in erster Linie das Wasser verseucht. Nach seiner Rückkehr im Jahre 1884 übernahm er in Berlin den Lehrstuhl für Hygiene; die Leitung des Kaiserlichen Gesundheitsamtes gab er damals auf, sein Nachfolger wurde sein Schüler Georg Gaffky, der ihm später noch in anderen Ämtern nachfolgte.[7]

Als die Regierung im März 1897 die Indienkommission ernannte, befand sich Robert Koch gerade zu Forschungszwecken im südlichen Afrika, wo er die Rinderpest erforschte, die – wie auch die Schweinepest oder die Geflügelpest – mit der wirklichen Pest nur den Namen gemein hat; in Wahrheit handelt es sich um eine von einem ganz anderen Erreger, einem Virus, verursachte Krankheit. Gaffky vertrat ihn daher zunächst, bis Koch selbst die Führung in Bombay übernehmen konnte. Den großen wissenschaftlichen Bericht, den die Kommission nach ihrer Tätigkeit in Indien erstellte, verfasste im wesentlichen Gaffky; als weitere Autoren dieses Berichtes zeichnen Richard Pfeiffer vom Berliner Institut für Infektionskrankheiten, der Privatdozent Georg Sticker von der Universität Gießen und Adolf Dieudonné vom Kaiserlichen Gesundheitsamt in Berlin. Sticker zog sich als einziger aus diesem Kreis die Pest zu, überlebte sie aber.

Koch wurde also gebeten, sich von seinem Ort in Südostafrika so schnell wie möglich auf direktem Wege nach Indien zu begeben. Das war allerdings nicht so einfach, denn die Dampferverbindung zwischen Südafrika und der indischen Westküste war infolge der Seuche eingestellt: in Bombay herrschte Quarantäne und aus Südfrika verlangten nur wenige nach dieser Reisemöglichkeit. Die Kochs mussten so einen Umweg über Moçambique, Sansibar und Aden machen. Als sie an der indischen Westküste eintrafen, war das deutsche Team mit Gaffky schon an der Arbeit.

In der großen alten Hafenstadt Bombay gab es inzwischen viele Todesfälle. Man konnte die von der Pest heimgesuchten Häuser an besonderen Markierungen erkennen. In Deutschland hatte man in der frühen Neuzeit dazu quer stehende Kreuze verwendet, hier sollten Kreise das Wüten der Krankheit anzeigen. Wo es Pesttote gegeben hatte, wurden einfache Kreise an die Wände gemalt, bei Todesfällen mit andern oder unklaren Ursachen ein Kreis und ein Kreuz; so war es von den indischen Behörden angeordnet worden. „Da sah man denn nicht selten einzelne Häuser mit 20, 30 und mehr Kreisen als wahre Pestherde gekennzeichnet, während unmittelbar daneben gelegene Häuser oft nicht ein einziges der ominösen Zeichen aufwiesen. Das Wohnen in derartig von der Seuche bevorzugten Gebäuden war offenbar überaus gefährlich“, heißt es in dem Bericht der deutschen Pestkommission. Wenn man die Bewohner solcher von der Pest heimgesuchter Häuser in provisorisch errichtete Hütten verlegte, pflegte die Pest in diesem Personenkreis rasch abzunehmen oder ganz zu erlöschen. Blieben sie aber in ihren Wohnungen, waren sie stärker gefährdet als in einem Pestspital. Die Pest, so formuliert es der Bericht, „haftete in ausgesprochenem Maße an der Lokalität“.

Den europäischen Forschern war nicht entgangen, dass die Pest, in den Straßen, von Haus zu Haus vorrückte. Sie konnten anfangs nur mutmaßen, warum dies in dieser Form geschah, warum sich die Krankheit nicht sofort über weitere Teile der Stadt ausbreitete. „Physikalische Vorgänge, welche sich im Boden abspielen, können es nicht sein, da sich diese Erscheinung auf Boden von der verschiedensten Beschaffenheit wiederholt“, schrieb ein Mitglied der deutschen Pestkommission. „Das Einzige, was vorläufig abgesehen von der Art des menschlichen Verkehrs zur Erklärung dienen kann, sind die eigenthümlichen Beziehungen von Ratten und ähnlichem Ungeziefer zur menschlichen Pest. Aus vielen Orten ist berichtet, daß dem Ausbruch der Pest eine seuchenartige Krankheit und massenhaftes Sterben der Ratten voranging.“[8]

DER SCHLÜSSEL DER ÜBERTRAGUNG: DIE RATTEN UND DIE PEST

Die Ratten und ihre Wohnstätten – mitten unter den menschlichen Bewohnern – zogen sogleich die Aufmerksamkeit der Mediziner auf sich. Die dunklen, schlecht gelüfteten und überfüllten Wohnungen der Inder erwiesen sich als hervorragende Brutstätten, als wahre Ratten- und Pestherde. „Namentlich der Mangel an Licht schien die Verbreitung der Seuche zu befördern; denn sehr oft handelte es sich um Räume, in welche das Tageslicht überhaupt nicht oder doch nur in äußerst beschränktem Maße Zutritt hatte. Daß derartige Wohnungen in Bombay in überaus großer Zahl vorhanden waren, braucht kaum gesagt zu werden. [...] Daß aber auch hier weniger die Überfüllung an sich als die Beschaffenheit der Wohnungen und ihrer Insassen für die Pestverbreitung in Betracht kam, zeigte sich mehrfach."

In vielen Fällen wurde offenkundig, dass dem Auftreten der Seuche unter den Bewohnern eines Hauses, eines Gehöftes oder Distriktes das Sterben von Ratten vorausging. „In einzelnen Wohnhäusern und namentlich in den im Unter- oder Kellergeschoß gelegenen Waaren-Räumen, den sogenannten ‚godowns', wurden wiederholt todte Ratten in erheblicher Zahl gefunden."[9] Die einheimische Bevölkerung wusste offenbar, dass das Rattensterben als Vorbote der Seuche aufzufassen sei.

Dass von den Ratten eine große Gefahr ausging, wurde auch von den Wissenschaftlern sehr bald vermutet. In einem Fall berichtete der englische Arzt E.-H. Hankin, wie in einer Mühle in Bombay etliche tote Ratten herumlagen. Zwanzig Kulis wurden beauftragt, die Ratten einzusammeln und wegzuschaffen. Von den zwanzig Kulis erkrankten zwölf, während die anderen Arbeiter dieser Mühle von der Pest verschont blieben.[10]

Ein deutscher Forscher berichtete von folgender Begebenheit: „In dem zum Hause eines Arztes gehörenden Stallgebäude hatte man todte Ratten gefunden. Obwohl aus diesem Anlaß das Gebäude und der Platz alsbald sorgfältig desinfizirt und zum Zwecke des Licht- und Lufteinlasses das Dach theilweise abgedeckt wurde, erkrankte doch drei Tage später ein Kutscher, welcher auf dem Estrich des Stalles geschlafen hatte, an der Pest und starb. Eine Betheiligung der Mäuse an der Pest hat sich in Bombay nicht feststellen lassen."

Der Zusammenhang zwischen der Beschaffenheit der Wohnhäuser, dem Vorkommen der Ratten und ihrem Sterben sowie der Pest war ziemlich offenkundig. Die englische „Indian Plague Research Commission" kam zu dem Schluss, dass die Bauweise mit Stein und Backstein im östlichen Bengalen und in der indischen Provinz Assam die Gründe dafür waren, warum diese Regionen von der Pest nur schwach heimgesucht wurden.[11] Sie kam auch dahinter, dass unter den Bewohnern eines Hauses selten Pestfälle auftraten, wenn man die Bewohner evakuierte, sobald

Slums und slumähnliche menschliche Wohnsiedlungen sind in vielen Teilen Südasiens weit verbreitet; hier hausen Ratten in engster Nachbarschaft mit den Slumbewohnern. – Foto aus Surat, Indien, 1994.

dort tote Ratten vorgefunden wurden.[12] Die europäischen Forscher bemerkten ferner, dass die Pestfälle sich in einigen Teilen einer Stadt stark verdichteten, während andere Stadtregionen unberührt blieben.

Natürlich machten sich die europäischen Wissenschaftler schon in diesem frühen Stadium Gedanken darüber, wie man sich die Übertragung der Pest und die Beteiligung der Ratten vorstellen müsse. „An der Gefährlichkeit der pestinfizirten Ratten für den Menschen läßt sich nicht zweifeln", schrieb der Verfasser des offiziellen deutschen Berichts. „Auf der anderen Seite dürfen aber auch die übrigen die Seuche begünstigenden Faktoren nicht unterschätzt werden. Bei der ganz außerordentlich großen Empfänglichkeit der Ratten für die Pest und ihrer Gewohnheit, die Kadaver ihrer verendenden Artgenossen anzunagen, wird die Epidemie [...] sehr stark unter diesen Thieren aufräumen müssen. Wenn dann, wie es thatsächlich der Fall gewesen ist, nach kurzer Zeit eine neue, noch schwerere Epidemie im nächsten Winter zum Ausbruch kommt, so deutet das wohl schon zur Genüge darauf hin, daß die Seuche auch ohne die Ratten unter günstigen Umständen ihre Wege zu finden weiß. Zu diesen günstigen Umständen gehören [...] die in Bombay reichlich vorhandenen, schlecht ventilirten und dabei überfüllten Wohnungen."[13]

Vieles an den indischen Lebensgewohnheiten begünstigte das Auftreten der Seuche und die hohe Sterblichkeit unter den Einheimischen. Die Inder, vor allem die Hindus, brachten allen Tieren, Ratten nicht ausgenommen, sehr viel Nachsicht entgegen. Die Wohnungen der meisten Inder befanden sich außerdem in einem unsauberen Zustand. Nicht wenige Bewohner alter und infizierter Wohnungen weigerten sich, ihre Wohnungen zu verlassen, auch wenn Todesfälle durch Pest in der Nachbarschaft aufgetreten waren. Allein die Kleidung der Einheimischen, vor allem aber der Umstand, dass die unteren Extremitäten so vollkommen ungeschützt waren und dass viele barfuß liefen, begünstigte eine Ansteckung. Diese Beobachtung machte auch der japanische Arzt Aoyama in China: Dort entwickelten sich bei den Chinesen, die fast alle barfuß gingen, „die ersten Pestbeulen in den Leisten, während pestkranke Japaner, die regelmäßig Schuhwerk tragen, zuerst Beulen in den Achseln bekommen".[14]

Im Stadtrat von Bombay saßen auch einige britische Kolonialbeamte. Nachdem die Pest in der Stadt ausgebrochen war, versuchten die Behörden, die Bewohner pestverseuchter Häuser zu evakuieren und sie in das Arthur Road Hospital zu überführen, das der einheimischen Bevölkerung als Pesthospital diente. Aber die Bevölkerung geriet über diese Evakuierungen in so große Aufregung, dass gegen Ende Oktober geradezu ein Aufstand bevorzustehen schien. Da die Behörden fürchteten, dass die dann folgenden Unruhen die Pest noch weiter verbreiten helfen würden, gaben sie nach. Man beschränkte sich in der Hauptsache darauf, für die Reinhaltung der Straßen und der städtischen Kanäle zu sorgen, die Häuser, in denen nachweislich Pestfälle vorgekommen waren, zu desinfizieren, Betten, Kleider und andere persönliche Dinge von Pestkranken zu verbrennen, den ungesunden infizierten Wohnungen durch Abheben der Dachziegel Luft und Licht zuzuführen, die allerschlechtesten Wohnstätten nach Möglichkeit zu beseitigen und massenhaft Karbolsäure zu versprühen. Beim Desinfizieren der Kanäle fand man nur wenige tote Ratten – diese hausten und starben offensichtlich in nächster Nähe zu den Häusern und Wohnungen der einheimischen Bevölkerung.

Die Art des Zusammenhangs zwischen dem Sterben der Ratten und dem Tod der Menschen war zwar längst noch nicht bewiesen, doch die Forscher vermuteten, dass zwischen beiden Erscheinungen eine enge Verbindung bestand. „Es darf als ganz sicher betrachtet werden", schrieb der deutsche Arzt Wilhelm Kolle, „dass – mit verhältnismäßig seltenen Ausnahmen – die Pestinfektionen innerhalb der Wohnungen erfolgen, nachdem der Krankheitskeim durch infizierte Menschen oder Ratten in dieselben gebracht ist. ... [Es ist anzunehmen, dass] Flöhe, Wanzen u[nd] d[er]gl[eichen] Ungeziefer bei der Verbreitung der Pest betheiligt sind, es werden auch für sie die Bedingungen am günstigsten in der kälteren Zeit [in Indien] liegen."[15]

TIERE IM LABORVERSUCH

Während die Seuche weiterhin unter der Bevölkerung wütete, unternahmen die europäischen Forscher eine Vielzahl von Experimenten mit verschiedenen Tierarten. So wurden die Versuchstiere mit pestinfizierten Materialien – beispielsweise mit Mäusen, die an der Pest verendet waren – gefüttert oder es wurde ihnen das

Blut von Pestkranken gespritzt. Die Versuchstiere zeigten sich höchst unterschiedlich anfällig für die Pest: Von allen Versuchstieren waren neben den grauen Hanumanaffen die Ratten am empfänglichsten. „Einfachste Impfungen mit den geringsten Mengen einer Kultur genügen, um eine in wenigen Tagen zum Tode führende Pest ausnahmslos zu erzeugen. Die Tiere verlieren ihre Freßlust, sitzen mit gesträubtem Haar matt und zusammengekauert in ihren Käfigen, fallen meist vor dem Tode auf eine Seite", heißt es im deutschen Bericht. „Bei der Sektion finden sich die zunächst den Impfstellen liegenden Drüsen geschwollen, in ein ödematöses, hämorrhagisch durchtränktes Gewebe eingebettet und von erstaunlichen Mengen von Pestbazillen durchsetzt. Auch die entfernter liegenden Drüsen sind oft in geringem Grade geröthet und geschwollen, Milz stark vergrößert, schwarzrot [...] enthält sie enorme Mengen von Bazillen, Lunge und Leber hyperämisch."

Sehr leicht gelingt auf diese Weise die Infektion der Ratten durch die Fütterung mit Kadavern von an Pest verendeten Artgenossen. Der Tod der Tiere erfolgte nach zwei bis drei Tagen. Mäuse sind etwas weniger empfänglich als Ratten. Aber auch bei ihnen kommt es zur Entstehung von kleinen Pestbeulen, sie sind rotmarmoriert und enthalten große Massen an Pesterregern. Gegen die Infektion über den Verdauungstrakt hingegen sind sie – anders als die Ratten – unempfindlich. Hochempfindlich gegen die Pest zeigten sich wiederum Eichhörnchen, Meerschweinchen und Kaninchen.

Ganz anders verliefen die Versuche mit Pferden und Rindern. Diese sind für die Pest so wenig empfänglich, dass selbst eine so schwere Infektion wie die subcutane Einspritzung einer Kultur von Pesterregern nur eine mäßige lokale Reaktion und ein mehrtägiges Fieber zur Folge hatte.

Stärker empfänglich zeigten sich die Ziegen. Katzen können an der Pest erkranken, aber die Krankheit entwickelt sich nicht vollkommen, und sie sterben selten daran. Auch Hunde erwiesen sich als nicht oder nur sehr wenig empfänglich. Sehr widerstandsfähig gegen den Pesterreger waren dagegen die Schweine. „Die indische Schweinrasse ist nach diesen Versuchen fast vollständig unempfänglich gegen die Pest", heißt es im abschließenden Bericht von diesen Versuchen. Hohe Immunität gegen die Pest zeigten namentlich die getesteten Vogelarten, nämlich Tauben, Hühner und Gänse. Sie überstanden den Angriff mit Pesterregern und erschienen den Experimentatoren völlig immun gegen die Pest.

Zusammenfassend hieß es dann in dem Bericht: Die Nager sind am stärksten empfänglich. „Fast ebenso empfänglich erweist sich der graue Affe, viel weniger für Pest disponirt erwiesen sich die Wiederkäuer, Pferd, Rinder, Schweine, Schaf und Ziegen, die bei experimenteller Einverleibung sehr großer Pestdosen zwar erkranken, aber so gut wie ausnahmslos die acquirirte Infektion überstanden. Es muß nach vorliegenden Resultaten die Möglichkeit einer spontanen Pesterkrankung dieser Tierspezies von vornherein sehr gering erscheinen und damit stimmt überein, daß der Commission während ihres Aufenthaltes in Indien auch nicht ein Fall von spontaner Übertragung der Pest auf die mit dem Menschen dort in sehr nahem Kontakt lebenden Haustieren bekannt geworden ist."[16]

Die Ergebnisse der Tierversuche, die 1897 von deutschen Medizinern in Bombay vorgenommen wurden, waren nicht ganz unumstritten. Andere Fachleute, vor allem Angehörige der österreichischen Pestkommission, stellten Experimente an, bei denen sie nicht in jedem Fall zu denselben Ergebnissen gelangten. So konnten zum Beispiel Katzen durchaus „erfolgreich" mit Pestkadavern gefüttert werden und bei einzelnen von ihnen entwickelten sich Symptome der Beulenpest: Allerdings war der Verlauf der Krankheit weniger ausgeprägt, und sie starben auch nur selten daran.[17] Bei Versuchen in Hongkong, die einige Jahre später vorgenommen wurden, erwiesen sich sogar Hühner, Truthähne, Tauben, Schweine und Geflügel als infizierbar, wenn man nur sehr intensive Versuche anstellte.[18] Offensichtlich gibt es bei den Lebewesen eine bedeutende Bandbreite von Reaktionen.

Es soll an dieser Stelle nicht der geringste Zweifel daran aufkommen, dass solche Versuche an Tieren, und zwar an vielerlei verschiedenen – auch großen Tieren wie Rindern und Pferden – schrecklich sind. Lebende Kühe mit ihren freundlichen großen Augen, arglos, hilflos, festgebunden auf Untersuchungstischen, das sind schreckliche Bilder. Aber diese Versuche wurden damals gemacht, die Ergebnisse liegen uns vor und wir wollen sie einfach zur Kenntnis nehmen.

UNTERSCHIEDLICHE ANFÄLLIGKEITEN

Die deutschen Forscher in Indien untersuchten auch die Anfälligkeit und die Sterblichkeit verschiedener sozialer Gruppen. Dabei stellten sie fest, dass verschiedene Berufsgruppen und Menschen mit unterschiedlichen Lebensweisen in unterschiedlicher Weise von der Pest heimgesucht wurden, ohne dass sie dafür sogleich eine Begründung anbieten konnten. Auffallend schwer betroffen erschienen ihnen die Korn- und Mehlhändler, dann die Bäcker und die Fruchthändler. Weitgehend verschont hingegen waren die Gerber – eine Erfahrung, die man auch an ganz entfernten Örtlichkeiten und zu einer anderen Zeit gemacht hatte: im Jahre 1348 in Italien.

Im Großen und Ganzen, so schien es, hatte die Seuche keinen allzu großen Bevölkerungsanteil dahingerafft, nicht einmal unter denen, die tagtäglich mit Pestkranken zu tun hatten, dem Pflegepersonal in den Spitälern. Und dabei ist zu bedenken, dass das Pflegepersonal in den indischen Hospitälern nicht die nötigen Kenntnisse besaß, wie man sich schützen konnte, und entsprechend sorglos war im Umgang mit den Kranken. Auch hauste dieses Wartpersonal selbst unter sehr schlechten sanitären Bedingungen. „Nur die *medical assistants* weisen im vierten

Quartal eine Zunahme der Todesfälle auf," hieß es in dem amtlichen deutschen Bericht, während die Ärzte und die sonst mit der Heilkunde und der Krankenpflege sich abgebenden Personen im vierten Quartal sogar noch auffallend günstig stehen.[19]

Ganz ähnlich waren die Erfahrungen in anderen Teilen Indiens mit der Pest. Es herrschte allenthalben die Beulenpest vor und sie erwies sich als „sehr wenig kontagiös". Infolgedessen erkrankten auch nur sehr wenige Pflegepersonen in den Pestspitälern: In einem der Spitäler gab es unter 140 Pflegern keinen einzigen Fall, anderswo infizierten sich von 784 Pflegepersonen nur 12.[20]

Die Peststerblichkeit war auch in einzelnen Bevölkerungsgruppen von Bombay unterschiedlich hoch. Unter Europäern gab es ohnehin nur wenige Pestfälle, und dies war bereits ein Indiz dafür, dass die Pest ursächlich mit bestimmten Lebensgewohnheiten und einem Mangel an Sauberkeit zu tun hatte. Am stärksten betroffen waren überall die Heranwachsenden und jungen Erwachsenen, weniger die Kinder unter fünf Jahren. Am häufigsten traf der Tod bei den Männern die jüngeren Menschen zwischen zehn und zwanzig und zwischen fünfundzwanzig und dreißig Jahren, bei den Frauen die zwischen zehn und vierzehn und von fünfundzwanzig bis dreißig Jahren.

Ein ganz erstaunliches Phänomen zeigte sich in Indien in dieser Zeit im hohen Anteil von Totgeburten, und zwar schon vor dem Ausbruch der Pest (1896) in Bombay. Er stand so um neun Prozent, stieg danach aber weiter an auf Werte um elf Prozent, wobei nicht ganz klar ist, ob dies unter dem Einfluss der Pest geschah.[21] Dies wäre aber möglich, immerhin ist ja bekannt, dass pestkranke Schwangere ihre Frucht in der Regel verlieren. In Deutschland war der Anteil der Totgeburten im 19. Jahrhundert, unter dem Eindruck der Industrialisierung, für europäische Verhältnisse gleichfalls relativ hoch und nach 1850 sogar noch ansteigend, allerdings nur zwischen drei und fünf Prozent, selten darüber.[22]

Die deutsche Pestkommission blieb nicht sehr lange in Indien, nur wenige Wochen. Sie warteten also nicht etwa das Ende der Pest ab. Forscher aus anderen Nationen, die viel länger dort tätig waren, erfuhren sehr viel mehr über die Pest. Schon innerhalb von zwei Jahren, zwischen September 1896 und August 1898, gab es offiziellen Schätzungen zufolge allein in der Stadt Bombay 30 800 Pestfälle, davon 26 423 Pesttote – allerdings meinten europäische Forscher, es dürften eher 38 000 Kranke und um die 32 000 Tote gewesen sein. Innerhalb der Stadt Bombay hatten die Getreide- und die Mehlhändler die höchsten Verluste zu erleiden.[23] Bei ihnen, so darf man folgern, fühlten sich die Ratten am wohlsten.

Die Ärzte aus Europa, die die Pest epidemiologisch erforschten, machten sich auch über die Ausbreitung der Krankheit Gedanken. Sie bemerkten, dass die Freunde und Bekannten eines Pestkranken nur selten von dieser Seuche befallen waren. Daraus konnte man folgern, dass die direkte Übertragung von Mensch zu

Mensch eher die Ausnahme war. Sie bemerkten weiterhin, dass die Dörfer ringsumher, etwa bis zu einer Entfernung von 35 bis 50 Kilometern, gleichfalls von der Pest berührt waren. Sie folgerten daraus, dass Menschen, die in Bombay arbeiteten und auf dem Dorf wohnten oder dort Verwandte hatten, den Erreger in irgendeiner Form dorthin schleppten. Der englischer Gelehrte E.-H. Hankin bemerkte schließlich, dass die Pest unter den Menschen einsetzte, noch bevor das Sterben unter den Ratten sein Ende nahm – und dass sich das Sterben unter den Menschen fortsetzte, nachdem das Rattensterben schon aufgehört hatte. Folglich mussten jetzt andere Vektoren die Übertragung vornehmen.[24]

SYMPTOME DER PEST

Welches Bild bot der Pestkranke in Indien dem Arzt dar? Diese Frage wurde bereits mit Blick auf die Pestkranken in einem anderen Teil der Welt, in Ägypten, beantwortet; trotzdem soll sie auch für Indien gestellt werden, denn es ist keineswegs selbstverständlich, dass die Merkmale unter so anders gearteten klimatischen wie ökologischen Umständen dieselben waren. Auch die deutschen Pestforscher haben sich diese Frage gestellt. Züsammenfassend heißt es über den Krankheitsausbruch der Pest in ihrem Bericht: „Das allgemeine Krankheitsbild der Pest ist ein plötzliches fieberhaftes Allgemeinleiden von dreitägiger Dauer unter höchster Entkräftung und besonderem Ergriffensein des Zirkulationsapparates. Das Fieber stieg rasch an, kontinuierlich oder staffelförmig, und blieb dann ziemlich hoch. Anfangs litten die Kranken unter Schüttelfrost oder Frösteln. Die Pestbeule, viel häufiger in der Leiste als in der Achselhöhle, begann zu schmerzen. Die Krankheit setzte nach einem kurzen, uncharakteristischen Prodromalstadium massiv ein, mit heftigen Reizerscheinungen an Magen und Darm, mit starkem Erbrechen, seltener unter Entleerung schwärzlicher Stuhlmassen. Weiterhin zeigten sich Blutharnen und Blutungen aus den weiblichen Genitalien."

In Indien machten die Forscher die Erfahrung, dass die Pestkranken nicht selten mehr als nur eine Pestbeule hatten – jedenfalls traf man hier mehr Kranke mit mehreren Pestbeulen als in Ägypten. Man nahm dies als Hinweis darauf, dass die Kranken an mehreren Stellen von pestinfizierten Insekten gestochen worden waren. Wo die Infektion am Hals oder im Gesicht erfolgte – wo etwa pestinfizierte Flöhe von Menschen mit den Zähnen zerbissen wurden –, zeigten sich dramatische Folgen: Die Lymphknoten am Hals konnten dann derart anschwellen, dass die Kranken erstickten.

Bei vielen Kranken war die Milz schmerzhaft und angeschwollen, auch die Hirnhäute waren bei vielen Kranken gereizt. Pestkranke schwangere Frauen verloren zumeist ihre Frucht im Verlauf der Erkrankung. Eine weitere Erfahrung besagte,

XCVI. Bubo femuralis. Tod am 5. Fiebertage.

Kasi Bin Haribhai, 50 Jahre alt, Hindu Brahmine.

Die Frau fühlt sich seit 5 Tagen krank, sehr matt, ohne Appetit, im Kopf benommen; hatte zeitweise Stechen in der rechten Schenkelbeuge. Am 20. April wurde sie Morgens beim Aufstehen plötzlich von Schwindel und starkem Schüttelfrost ergriffen, legte sich wieder hin, gerieth bald in große Hitze bei heftiger Steigerung des Kopfschmerzes. Da in der rechten Schenkelbeuge eine deutliche Geschwulst sich zeigt, bringt man die Frau Vormittags 10 Uhr nach Parel.

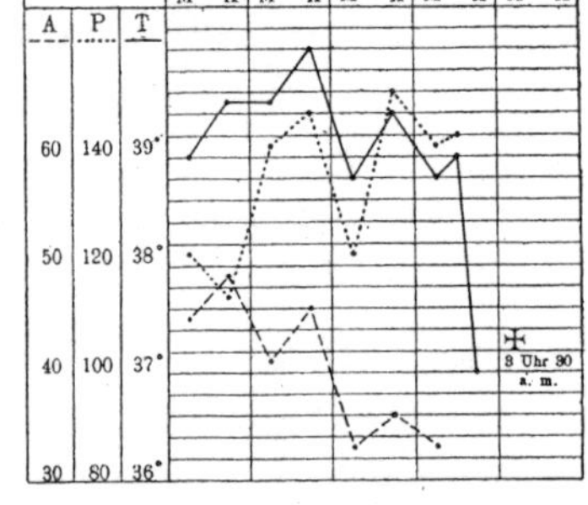

20. IV. Die mittelgroße, zarte Frau ist etwas somnolent, athmet sehr schnell, ängstlich, hat glänzende Augen, eine weißliche Zunge, starkes Pulsiren der Carotiden; pulslose kühle Extremitäten bei brennender Hitze des Rumpfes. In der rechten Schenkelkanalgegend eine taubeneigroße, sehr empfindliche Geschwulst unter etwas gerötheter gespannter Haut. Harn gelb, klar, giebt mit verdünnter Essigsäure eine schwache, mit kalter Salpetersäure eine etwas stärkere Trübung. Blut steril.

21. IV. Coma, stertoröse Athmung. Fuligo an Nase und Lippen.

22. IV. Das Bewußtsein kehrt auf Augenblicke zurück; die Kranke verlangt dringend nach Wasser, klagt über heftigen Stirnkopfschmerz und Schmerzen im Magen. — Abends stille Delirien. Der Radialpuls ist eben fühlbar, sehr weich und flach.

23. IV. Vermehrte Unruhe bei völliger Theilnahmlosigkeit. Tiefe seufzende Athmung; die Kranke macht häufige, vergebliche Versuche, sich vom Lager aufzurichten, wirft die Glieder hin und her. Abends zwei unwillkürliche flüssige Stuhlgänge. — Der Bubo ist eingesunken; in der rechten Bauchweiche ist der Druck sehr empfindlich.

24. IV. Morgens um $3^1/_2$ Uhr ist die Frau gestorben, nachdem seit Mitternacht ein lautes Rasseln auf der Brust bestanden hatte.

CCXIX. Bubo inguinalis. Serumbehandlung.
Tod am 2. Krankheitstage.

Rama Mukunda, 25 Jahre alt, Fabrikarbeiter, Hindu Mahratta.

Der schwächlich gebaute Mann ist in der Frühe bei Beginn der Arbeit plötzlich erkrankt; er wird in großer Prostration mit injizirten Konjunktiven, weiten Pupillen, schlaffen Extremitäten am 7. März Vormittags 9 Uhr in Parel aufgenommen. Der Puls ist sehr frequent, weich, flach. In der linken Leiste fühlt man eine mandelgroße, gegen Berührung sehr empfindliche Drüse. Nachmittags $5^1/_2$ Uhr werden 30 ccm Yersins Serum injizirt. Im Verlauf der Nacht tritt mehrmaliges Erbrechen auf, gegen Morgen stellt sich Unruhe und lautes Deliriren ein.

Am 8. März Morgens 8 Uhr wird die Injektion von 30 ccm Serum wiederholt. Abends 9 Uhr 50 Minuten stirbt der seit Mittag unbesinnlich gewordene Kranke in plötzlichem Collaps.

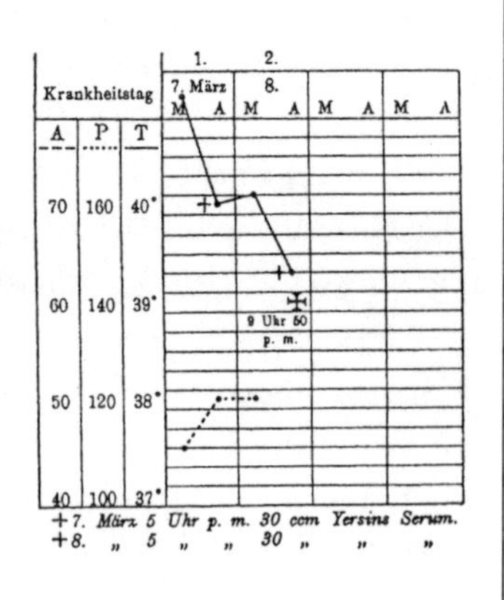

Diese authentischen Krankengeschichten aus Indien, 1897, dokumentieren den foudroyanten Verlauf der Beulenpest. Etwa zwei Drittel der Erkrankten starben innerhalb weniger Tage. – Aus dem Bericht der Kommission des kaiserlichen Gesundheitsamts zur Erforschung der Pest.

dass junge Menschen zwar häufiger erkrankten, aber auch leichter genasen als ältere.

Die indischen Pestkranken wiesen aber nicht nur die typische Pestbeule auf, viele hatten darüber hinaus auch Pestpusteln auf der Haut. „Unter heißem Stechen oder Jucken erscheint auf der Haut an irgend einer Stelle ein linsengroßer brauner Fleck, in dessen Umgebung die Haut hochroth und brennend wird. Aus ihm entwickelt sich ein Bläschen bis zu Haselnußgröße mit trübem Inhalt und dunkelrothem Rand. Unter der Blase entsteht ein schwarzes kraterförmiges Geschwür mit trocknem Boden. Sie kann ohne Bubonenbildung verlaufen, gelegentlich zur tieferen Furunkel- oder Karbunkelbildung gedeihen und schwere umfängliche Nekrosen bis zu Handgröße an Ort und Stelle hervorrufen. [...] Ihr Verlauf ist mitunter, von der lokalen Zerstörung abgesehen, gutartig, öfter unter sekundärer Bubonenbildung oder Verallgemeinerung der Infektion letal.“[25]

Außerdem gab es in Indien auch Fälle von Lungenpest, aber sie waren sehr viel seltener als die Erkrankungen an Beulenpest. Wie in Ägypten, so zeigte sich auch hier, dass der Tod bei einem Kranken jederzeit eintreten konnte, auch in einem Stadium scheinbarer Genesung. Wer jedoch den dritten Krankheitstag hinter sich gebracht hatte, dessen Aussichten, die Pest zu überleben, waren ganz gut.

DIE PESTSTERBLICHKEIT IN INDIEN

In Indien war die Zahl der Pesttoten außerordentlich hoch. Sie stieg nach 1896 Jahr für Jahr an und erreichte ihren Höhepunkt im Jahr 1903 mit 850 000 Pesttoten in diesem einen Jahr.

Dabei bemerkte der britische Mediziner E.-H. Hankin, dass die Sterblichkeit im umgekehrten Verhältnis zur Größe einer Siedlung stand. Je größer die Stadt, desto geringer die Pestmortalität.[26]

Peststerblichkeit in verschiedenen Städten Indiens

Ort	*Bevölkerung*	*Sterblichkeit (Promille)*
Bombay	806 000	20,1
Poona	161 000	31,2
Karachi	97 000	24,1
Sholapur	61 000	35,0
Kale	4400	104,9
Supne	2000	102,5
Ibrampur	1700	360,5

Hankin fand auch heraus, dass die Pest über größere Entfernungen von Menschen befördert wird, die selbst nicht einmal erkennbar erkrankt sein müssen, also beispielsweise von Händlern, die mit Textilien umherziehen und damit Handel treiben oder mit Getreide. Hier zeigte sich auch, dass die Seuche sich leicht von größeren menschlichen Siedlungen in die ländliche Umgebung verbreitet, aber sie gelangt dabei nicht sehr weit.[27]

Am stärksten war in Indien die Stadt Bombay betroffen. Vor dem Ausbruch der Pest im Jahr 1896 hatte die Sterblichkeit in dieser Stadt im Jahrfünft 1891/95 bei 30,1 Promille gelegen, etwas höher als im Jahrfünft davor. Aber mit dem Ausbruch der Pest schoss die Sterblichkeit jählings in die Höhe, auf 65,4 Promille im Jahrfünft 1896/1900 und auf 64,1 für das Lustrum 1901/05. Danach sank sie langsam wieder ab, auf 40,9 Promille.

Wie Ira Klein in ihrer Untersuchung der Sterblichkeit in Bombay gezeigt hat, machte die Peststerblichkeit auch in den Jahren, als die Seuche auf ihrem Höhepunkt stand, niemals die Hälfte der Gesamtsterblichkeit aus.[28]

Peststerblichkeit in Bombay

	Pesttote	Promille
1896	1936	2,6
1897	11 003	13,4
1898	18 185	22,4
1899	15 796	19,2
1900	13 285	16,2
1901	18 736	24,1
1902	13 820	17,8
1903	20 788	26,8
1904	13 388	17,4
1905	14 198	18,3
1906	10 823	11,1

Im Winter 1896/97 begann sich die Pest von Bombay langsam ostwärts ins Landesinnere vorzuschieben, derweil sie in Bombay schon zu Beginn der heißen Jahreszeit, im März 1897, vorübergehend abzunehmen begann.

Auf dem großen Subkontinent Indien waren keineswegs alle Regionen gleichermaßen von dem Übel betroffen. In der Himalaya-Region und unmittelbar südlich davon gab es sehr wenige Pestfälle. Hingegen hatte die indische Stadt Bangalore, eine Stadt im südwestlichen Binnenland, ohne Küstenschifffahrt, schwere Verluste infolge der Pest zu verzeichnen: Von seinen 70 000 Einwohnern verlor Bangalore im Verlauf von neun Jahren, zwischen 1901 und 1909, mehr als ein Fünftel – nämlich 15 000 Menschen – an die Pest.[29]

In Ballia, einer Stadt am Ganges, östlich von Benares, betrug die Peststerblichkeit in den Jahren 1906/08 56,72 Promille. In den Jahren 1909/10 stand sie bei 33 Promille, damit war sie noch immer etwas höher als die gewöhnliche Sterblichkeit in dieser Region. Die Peststerblichkeit erreichte hier jeweils im März ihren Höhepunkt. In diesem Monat standen die durchschnittlichen Temperaturen tagsüber bei 24 Grad Celsius, die Luftfeuchtigkeit bei 48 Prozent. Im Juli, wenn das Thermometer auf deutlich über 30 Grad Celsius anstieg, starb niemand mehr an der Pest.

In der Stadt Lucknow trat die Pest erstmals im Dezember 1902 auf. Hier zeigten verschiedene Stadtteile bezüglich der Peststerblichkeit beträchtliche Unterschiede. Man bemerkte, dass die Häufigkeit der Flöhe im März und April am größten war, danach nahm ihre Zahl ab. Auch waren die meisten Ratten in Lucknow im Frühjahr anzutreffen.[30] Auch in der Stadt Cawnpore fasste die Pest, nach einzelnen Fällen in den Jahren 1900 und 1901, erst 1902 richtig Fuß. Von diese Zeit an gab es kein Jahr mehr ohne eine Pestepidemie. Insgesamt litt Cawnpore mehr als Lucknow unter der Seuche. Studien in der großen Stadt Agra ergaben, dass die Pest in engem Zusammenhang stand mit der Luftfeuchtigkeit. Je feuchter dort die Luft war, desto mehr Fälle von Pest waren zu registrieren.[31]

Die Präsidentschaft Madras, die den gesamten indischen Süden, vor allem den Südosten umschließt, war wenigstens bis 1914 weit weniger von der Pest betroffen als andere Teile Indiens. Dabei ist Madras eine Hafenstadt am Indischen Ozean mit für die Pest geradezu idealen Temperaturen und einer hohen Luftfeuchtigkeit. In den Jahren 1898 bis 1910 aber wurden 90 Prozent der Pestfälle von Madras in den nördlichen Regionen registriert, die an andere Teile Indiens angrenzen und auch mit Bangalore eng verflochten sind. Der binnenländische westliche Landesteil der sehr großen Präsidentschaft Madras war viel stärker betroffen als der Osten, der am Indischen Ozean, an der Koromandelküste, gelegen ist. Man mutmaßte seinerzeit, dass dies eine Folge des Monsuns sein könnte, der aus dem Osten kommt und Indiens Südspitze zuerst trifft. Vielleicht hat das aber auch damit zu tun, dass die Stadt Madras vorsorglich gegen die Ratten vorging und im Jahr 1906 an die 100 000 der Nager töten ließ. Nur davor, in den Jahren 1905/06, gab es hier eine Pestepidemie, aber sie forderte auch nicht viele Opfer. In dem langen Zeitraum von 1898 bis 1910 hatte die Präsidentschaft Madras nur 72000 Pesttote zu beklagen; allerdings gab es in diesem Zeitraum eine hohe Sterblichkeit an Cholera und Pocken in dieser Region.

In einigen indischen Städten zeigte sich die Pest recht heftig, vor allem in Jahren, da die Temperaturen niedriger waren und die Luftfeuchtigkeit höher als normalerweise. An der indischen Ostküste aber war die Pest generell selten. Aber auch hier es gab überall genügend Ratten und Flöhe, daran kann es nicht gelegen haben – allerdings soll hier eine andere, weniger empfängliche Flohart vorherrschend gewesen sein, nämlich *Xenopsylla astri*.[32]

DIE FLÖHE UND DIE PEST

Während die Pest in Indien noch immer heftig grassierte und viele Millionen Menschen das Leben kostete, äußerten einige europäische Wissenschaftler, nämlich Alexandre Yersin und Émile Roux, die Auffassung, die Pest könnte in erster Linie eine Krankheit der Ratten sein, die erst später auf den Menschen übertragen werde. Im Jahr 1897 veröffentlichte der japanische Wissenschaftler Masanori Ogata, ein Bakteriologe in Tokio, einen wissenschaftlichen Aufsatz, in dem er forderte, dass man auch „Insekten wie den Flöhen Beachtung schenken solle, denn während die Ratte nach dem Tod erkaltet, verlassen diese ihren Gastgeber und können den Pesterreger von Mensch zu Mensch übertragen." Ogata hatte die Pest im Jahr 1895 auf der Insel Formosa untersucht, die in diesem Jahr, nach dem Ende des Japanisch-Chinesischen Krieges, von China zu Japan kam. Als Beweis führte er an, dass er Flöhe auf Erreger hin untersucht und diese auch gefunden habe.[33] Dies wurde von dem Franzosen Paul L. Simond weitergeführt, der im Jahr darauf die Pest in Ostasien erforschte und 1898 in den „Annales de l'Institut Pasteur" seine Ergebnisse veröffentlichte. Simond unternahm Experimente mit Flöhen und bestätigte, dass die Flöhe Erreger beherbergten und sie an ihre Opfer abgaben. Schließlich wurde der Rattenfloh gefunden und in seiner Bedeutung für die Übertragung der Pest er-

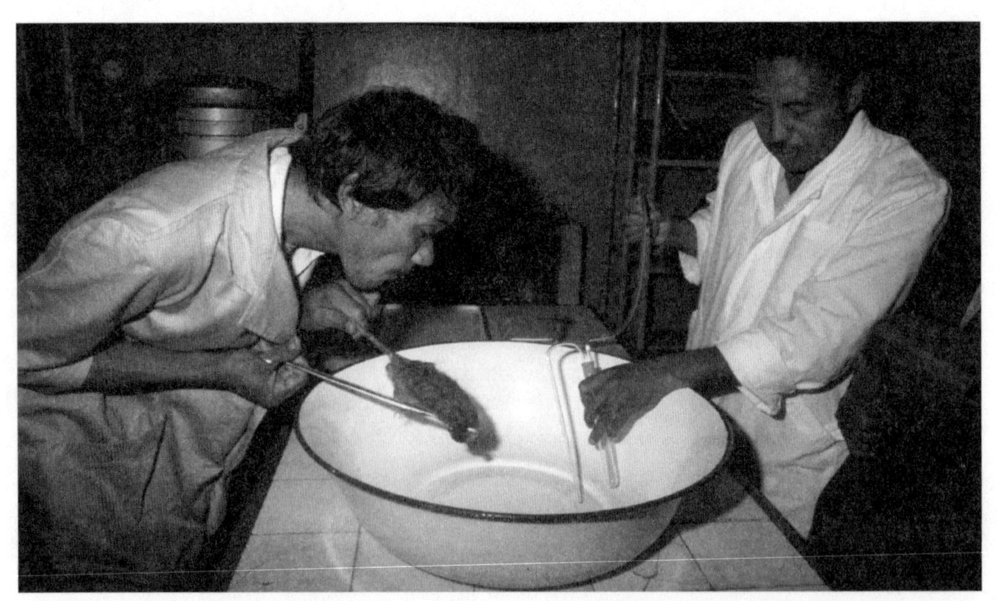

Das Pariser Pasteur-Institut unterhält in vielen vormaligen Kolonien Frankreichs weiterhin Forschungseinrichtungen, eine auch in Madagaskar. Während der Laborangestellte links in das Fell einer aus dem Kanalsystem von Tananarivo stammenden Ratte bläst, um die Flöhe zum Abspringen zu bewegen, hält der Angestellte rechts im Bild eine Vakuumtube bereit, um die Flöhe aufzunehmen und sie sodann auf Pestbakterien zu untersuchen. – Foto, 1983.

kannt. Den genauen Ablauf der Übertragung spürte 1906 der englische Entomologe Charles Rothschild auf. Er entdeckte, dass der Floh mit dem Blut, das er aus dem Gefäßsystem der pestkranken Ratte saugt, auch Pestkeime aufnimmt und sie dann weiterträgt.[34] Um 1900 wurde in buchstäblich jeder Richtung experimentell geforscht. Man fand dabei unter anderem heraus, dass die Rattenflöhe auch massenhaft Menschen anfielen.[35]

An dieser Stelle erscheint eine kurze Darstellung der Anatomie und Physiologie dieses Insekts angezeigt. Ausgewachsene Flöhe sind 1,5 bis 3 mm lang, die Männchen sind etwas kleiner als die Weibchen, auch sind ihre Fühler am Kopf anders gestaltet. Das chitinhaltige Außenskelett ist kräftig, daher bedarf es großen Drucks, einen Floh zu zerquetschen. Zwischen den Fingernägeln ist es möglich, aber selbst eine Katze tut sich schwer, einen Floh mit den Zähnen zu fassen und zu zerbeißen. Flöhe sind flügellos; ihr Körper ist, wie bei allen Insekten, in drei Segmente gegliedert. Sie sind seitlich stark abgeflacht. Diese Form und der kielförmige Kopf erleichtern es ihnen, sich durch dichtes Haarwerk hindurchzuzwängen. Sie schieben sich dabei kraftvoll mit ihren gutentwickelten Hinterbeinen voran. Wenn der Wirt nach ihnen greift oder beißt, sausen sie davon. Aus dem Blickwinkel eines Flohs ist das Fell eines Hundes oder das Kopfhaar eines Menschen wie ein Bambusdschungel. In diesem Dickicht springen die Flöhe nicht, hier laufen sie.

Flöhe halten sich nicht ständig auf ihrem Wirt auf, zeitweise verweilen sie auch in dessen Lager. Wenn sie es verlassen, geschieht das in gewaltigen Sprünge. Flöhe besitzen ein feines Wärmeempfinden, und sobald ein Warmblütler sich vorbeibewegt, springen sie ihn an. Sie besitzen ungewöhnlich starke Sprungbeine, die sich aus den Schienbeinen entwickelt haben. Die Muskulatur für ihre Sprungbeine steckt allerdings an anderer Stelle, in den frei beweglichen Hüften, und zwar in deren hinteren Teilen. Die Verlagerung der Sprungmuskulatur in die Hüften ist – unter den springenden Insekten – eine Eigentümlichkeit der Flöhe. Flöhe können unglaublich weit und hoch springen: Manche Arten springen bis zu 35 Zentimeter weit, also gut das 100-fache ihrer Körperlänge, und etwa 25 Zentimeter hoch, und dies mit hoher Beschleunigung. Wer mit Flöhen vertraut ist, wird wissen, dass sie sich gern auf helle Unterlagen setzen und sich dort wie ein winziger dunkler Strich ausnehmen. Wenn man den Strich betrachtet, kann man beobachten, wie er sich plötzlich in sich zusammenzieht – und dann ist er auf einmal verschwunden. Der Floh!

Flöhe ernähren sich ausschließlich von Blut, und zwar von strömendem Blut. Sie tragen am Kopf eine Reihe von Stechwerkzeugen, die sie abwechselnd durch die Haut des Wirtes vorantreiben. Zugleich geben sie Speichel ab, der Stoffe enthält, welche die Blutgerinnung verhindern, dem Wirt verursacht dies eine heftig juckende Quaddel. Wenn der Floh Gelegenheit dazu hat, saugt er mehrmals am Tag Blut. Wird er dabei gestört, flieht er und sticht an anderer Stelle erneut zu. Wäh-

*Die Übertragung des Pestbakteriums geschieht in der Regel durch Flöhe, am häufigsten wohl durch den Rattenfloh (*Xenopsylla cheopis*). Flöhe sind sehr bewegliche flügellose Insekten; aber sie benötigen eine warme Umgebung und hohe Luftfeuchtigkeit. In der alten europäischen Geschichte galt der September als der „Flohmonat“.*

rend des Saugens spritzt er Rückstände der letzten Blutmahlzeit aus. Diese Kotklümpchen sind zunächst dunkel, später werden sie weicher und rötlich. Während eines längeren Saugaktes fallen zehn bis zwanzig kleine Portionen Kot neben die Einstichstelle auf die Haut des Wirtes. Flöhe können, wenn sie nicht gestört werden, lange Zeit saugen, eine halbe Stunde und länger. Aber sie können auch lange Zeit ohne Nahrung auskommen: Wenn sie nichts zu fressen bekommen, gehen sie in unseren Breiten bei sommerlichen Temperaturen erst nach zwei bis drei Wochen ein.

Flöhe bevorzugen einen bestimmten Wirt, der Rattenfloh (*Xenopsylla cheopis*), den man bisweilen auch als Pestfloh bezeichnet, die Ratte. Aber die meisten Floharten wechseln in Notzeiten durchaus die Wirtsart, und so nimmt der Rattenfloh auch einmal mit einem anderen Warmblütler vorlieb, wenn er hungrig ist und gerade keine Ratte vorbeikommt. Eine Eigentümlichkeit des Rattenflohs besteht darin, dass er im Verdauungstrakt oberhalb des Magens noch einen Vormagen (*Proventriculus*) besitzt. Wenn nun dieser Floh von einem pestkranken Tier Blut saugt, nimmt er den Pesterreger in seinen Verdauungstrakt auf. Sticht er dann einen Menschen, so überträgt er ihm die Krankheit. Aber nicht nur der Rattenfloh vermag die Pest zu verbreiten, auch der Menschenfloh *(Pulex irritans)* ist dazu in der Lage, obwohl er einen solchen Vormagen nicht besitzt: Er scheidet nämlich den Erreger in seinem Blut-Kot aus, und der Gestochene reibt ihn sich dann in die juckende kleine Wunde.

Flöhe durchlaufen verschiedene Reifestadien. Der weibliche Floh legt etwa einen Tag nach der Begattung Eier ab, bei vielen Arten sind es nur vier bis acht – beim Menschenfloh können es bis zu vierhundert sein. Die Eiablage kann sich allerdings über etliche Wochen hinziehen. Diese Eier sind im Vergleich zum ausgereiften Tier recht groß, etwa einen halben Millimeter lang, elliptisch geformt. Aus diesen Eiern bilden sich Larven: madenförmige Gebilde von gelblicher oder weißlicher Farbe. Schon diese Larven bewegen sich eigenständig fort, kriechend, ähnlich wie die Schmetterlingsraupen. Ihre Nahrung besteht aus allerlei organischen Stoffen, wie sie im Lager ihres Wirtes üblicherweise vorkommen.

Auf das Larvenstadium folgt das der Puppe, es dauert – abhängig von der Außentemperatur und der Luftfeuchtigkeit – meist ein bis zwei Wochen. Für den Menschenfloh werden 7 Tage als kürzeste Frist geschildert, 239 Tage als längste. Am Ende dieser Zeit platzt die Puppenhaut vorne auf, der Floh kommt heraus, mit dem Kopfe voran, die Hülle bleibt liegen. Er ist hungrig zu diesem Zeitpunkt und befällt den erstbesten Wirt, der vorbeikommt. Die gesamte Entwicklungsdauer eines Menschenflohs beansprucht mithin von der Eiablage bis zum Schlüpfen des reifen Tieres in unseren Breiten wenigstens zwanzig Tage im Sommer und an die sechs Wochen und mehr im Winter. In den warmen Zonen ist sie naturgemäß kürzer.

Flöhe haben ein unglaublich zähes Leben; aber um ihre Tätigkeit voll zu entfalten, benötigen sie warme Außentemperaturen, am besten so um 27 Grad Celsius, und es darf nicht zu trocken sein. Sie sind sehr widerstandsfähig gegen Kälte: So können sie ohne weiteres viele Stunden unter dem Gefrierpunkt zubringen, allerdings können sie sich dann nicht bewegen. Ein Floh hat eine Lebenserwartung von vielen Monaten, selbst von einem Jahr und mehr.[36]

Einige Jahre später, als die Übertragung durch Flöhe bereits bekannt war, haben Wissenschaftler in Indien umfangreiche Laboruntersuchungen vorgenommen, um zu erfahren, wie lange die Pesterreger im Verdauungskanal der Flöhe am Leben bleiben könne. Ihre Antwort lautete: anderthalb Monate.[37]

NICHT ANDERS IN AFRIKA

Robert Koch und seine Frau blieben nur bis Juni 1897 in Indien, danach wurde es sehr heiß und unangenehm. Inzwischen waren auch Nachrichten eingegangen, dass auch in Deutsch-Ostafrika die Pest ausgebrochen war, und Koch wurde gebeten, sich nach Afrika zurückzubegeben. Er reiste ab und traf am 12. Juli 1897 in Daressalam, dem wichtigsten Hafen in Deutsch-Ostafrika, ein. Dort blieb er fast ein Jahr, studierte in dieser Zeit nicht nur die Pest und Malaria, sondern auch Surra, eine von der Trypanosaoma Evansi erregte Krankheit. In Uganda, so erfuhr Koch, sei die Pest seit unvordenklichen Zeiten zuhause.

Im selben Jahr bemerkte Robert Koch auch, dass die Pest in engstem Zusammenhang mit den Ratten auftrat. Er notierte für sich die „sehr wichtige Tatsache, über welche merkwürdigerweise in keinem der Pestberichte aus früheren Zeiten etwas erwähnt ist, dass nämlich die Ratten so außerordentlich empfänglich für die Pest sind und dass diese Tiere an der Ausbreitung der Pest ganz wesentlich beteiligt sind. [...] Oft geht die Rattenpest der Menschenpest vorher. Den Eingebornen [...] ist dieses Kennzeichen der beginnenden Pest so bekannt, dass sie sofort aus ihren Hütten flüchten, wenn die Ratten zu sterben beginnen."

Koch hat auch die Symptome der Pest kurz und eindringlich geschildert, wie er sie nach ihrem Auftreten in Afrika 1898 beobachten konnte: „Die Krankheit [...] verläuft unter den nämlichen Symptomen wie die Bubonenpest in Indien. Die Menschen erkranken plötzlich mit Schüttelfrost und hohem Fieber, starken Kopfschmerzen, Appetitlosigkeit und rasch zunehmender Schwäche; sehr bald stellt sich in der Achselhöhle oder am Halse, meistens aber in der Leistengegend eine sehr schmerzhafte Drüsenschwellung ein, der bekannte Pestbubo. In den allermeisten Fällen endet die Krankheit nach wenigen Tagen tödlich. [...] In den erkrankten Lymphdrüsen und in der Milz [...] finden sich regelmäßig enorme Mengen von Bakterien, welche in ihrer Größe, in ihrem Aussehen, ihrer Färbbarkeit, namentlich in bezug auf die bekannte Polfärbung, in ihrer Verteilung in den inneren Organen vollkommen denjenigen der indischen Pest gleichen.“[38]

Es war dieselbe Krankheit wie in Indien; sie trat hier unter denselben naturräumlichen Gegebenheiten auf, in Dschungel-, Savannen- und Steppengebieten, wo es massenhaft Ratten gab, und sie zeigte auch mit Blick auf andere epidemiologische Erscheinungen – wie die Sterblichkeit – einen ganz ähnlichen Verlauf wie auf dem indischen Subkontinent.

Seither war gut bekannt, dass die Pest zunächst eine epidemisch auftretende Krankheit der Nagetiere ist und dass meist erst dann, wenn die Nager dahingerafft sind, die Pest auch unter Menschen sich epidemisch zeigt. Der französische Romancier Albert Camus, der in den 1920er Jahren in Nordafrika aufwuchs, hat dies gewusst und in seinem Roman „La Peste“ das Rattensterben besonders hervorgehoben. Hingegen wird das Rattensterben in Europa von den mittelalterlichen Chronisten nur äußerst selten erwähnt.

DIE PEST UND KEIN ENDE – EPIDEMIEN IM 20. JAHRHUNDERT

„It was rumored that Arrowsmith of McGurk had something which might eradicate plague. (...) The citizens had been told that in bubonic plague, unlike pneumonic, there is no danger from direct contact with people developing the disease, as long as vermins were kept away, but they did not believe it."
Sinclair Lewis, Arrowsmith (1925)

Der amerikanische Schriftsteller Sinclair Lewis zählt zu den großen Romanciers des 20. Jahrhunderts. Lewis erhielt 1930 den Nobelpreis für Literatur, es war der erste, der an einen Bürger der Vereinigten Staaten ging.

Sinclair Lewis wurde 1885 als Sohn eines Arztes in Minnesota geboren und interessierte sich zeitlebens für Medizin. In seinem Roman „Arrowsmith" (1925), der ihm die Verleihung des Pulitzer-Preises eintrug, schildert Lewis das Leben eines amerikanischen Arztes an der Wende vom 19. zum 20. Jahrhundert. In diesem Roman taucht mehrmals der deutsche Bakteriologe Max Gottlieb auf, ein Auswanderer aus dem alten Europa, den der Autor, Sinclair Lewis, sehr schätzte. Im 30. und den folgenden Kapiteln von „Arrowsmith" tritt immer wieder die Pest in Erscheinung, der Dr. Arrowsmith, angespornt von den Forschungen Gottliebs, auf die Spur kommen möchte.

Es ist offensichtlich: Man verbindet die Pest zu Unrecht mit dem Mittelalter. Die Pest grassierte zwar zu Beginn und gegen Ende des Mittelalters in Europa, vom 6. bis zum 8. und dann wieder im 14. und 15. Jahrhundert; sie blieb in Europa aber bis in die Neuzeit, bis ins 18. Jahrhundert, an den Rändern des Kontinents trat sie auch noch im 19. und 20. Jahrhundert auf. In anderen Teilen der Welt gab es große Pestepidemien sogar bis in die jüngste Gegenwart. Aus Europa ist die Pest seit mehr als einem Jahrhundert verschwunden, aber weltweit gab es im 20. Jahrhundert noch immer Pestfälle, selbst in der Neuen Welt.

DIE HERKUNFT AUS ASIEN

In der zweiten Hälfte des 19. Jahrhunderts begann sich in Innerasien eine neue Pestpandemie auszubreiten.[1] Das Dampfschiff und die rasche Zunahme des Weltverkehrs förderten die Verbreitung der Seuche in alle Welt. Diese dritte Pandemie soll bis zur Mitte des 20. Jahrhunderts an die 15 Millionen Todesopfer gefordert haben, die allermeisten in Indien; aber es starben auch an die 7000 Menschen in Europa und 30 000 in Süd- und Mittelamerika. Die USA verzeichneten circa 500 Pesttote.

Die großen Städte, die hauptsächlich betroffen waren, gehörten zum größten Teil dem Britischen Empire an. Die Dampfschiffe – samt ihren Ratten – trugen den Pesterreger im Jahre 1899 nach Europa, vor allem ins portugiesische Porto – damals noch Oporto geschrieben –, das mehrere hundert Pestfälle verzeichnete. Das Land am Nil, Ägypten, an der Nahtstelle zwischen Eurasien und Afrika gelegen, hatte zwischen 1904 und 1927 sage und schreibe 17 659 Fälle von Pest, bei einem knappen Zehntel davon soll es sich um Fälle von Lungenpest gehandelt haben.[2]

Wenig später setzten die ersten internationalen Bemühungen ein, sich gegenseitig über die Seuche zu informieren und damit vielleicht der Ausbreitung zuvorzukommen: 1897 fand eine internationale Sanitätskonferenz in Venedig statt, eine weitere 1903 in Paris. Um die dort verfügten Maßnahmen zu überwachen, wurde 1907 in Paris das „Office international d'hygiène publique" eingerichtet, das nach 1919 dem Völkerbund unterstand und aus dem nach der Gründung der Vereinten Nationen die Weltgesundheitsorganisation WHO hervorging.

DIE SYLVATISCHE PEST

In den Steppen der Mongolei wie in weiten Teilen Innerasiens bieten Murmeltiere und andere Nager dem Pesterreger ein Reservoir. Kleinere Pestausbrüche gab es in vielen Teilen des südlichen Asien und in Afrika. Im Süden Russlands brachen in den Jahren unmittelbar vor und nach 1900 mehrere örtlich begrenzte Pestepidemien aus, die mit einer sehr hohen Sterblichkeit einhergingen. Dabei handelte es sich nachweislich um Fälle von Lungen- und von Beulenpest; der Befund wurde auch bakteriologisch erhärtet.

Im Sommer 1902 berichtete der Schwarzmeerhafen Odessa von etlichen Pestfällen. Die Diagnose wurde auch hier nicht nur auf Grund der klinischen Erscheinungen getroffen, sondern durch einen bakteriologischen Nachweis gesichert. In den folgenden Jahren herrschte im Gouvernement Astrachan in einzelnen Siedlungen die Pest. Fast alle Kranken gehörten der ärmeren Bevölkerungsschicht an, viele lebten in der Nachbarschaft von Rattennestern.

Napoleon beim Besuch der Pestkranken von Jaffa am 11. März 1799. Als Napoleon sich mit seinem Heer in Ägypten aufhielt, legte er Wert darauf, die von Pestkranken ausgehende Infektionsgefahr als gering auszugeben; daher ließ er sich abbilden, wie er Pestkranke berührte. Seinen Militärärzten verbot er, die Bezeichnung ‚Pest' in den Mund zu nehmen – sie mussten stattdessen von ‚pestilentialischem Fieber' und Ähnlichem sprechen. – Antoine-Jean Gros, Napoleon beim Besuch der Pestkranken von Jaffa am 11. März 1799. Ölgemälde, 1804 (Louvre, Paris).

Venedig erfüllte alle notwendigen Bedingungen, welche die Pest begünstigten: Die Stadt hatte einen Hafen mit regem Schiffsverkehr mit dem Orient, ein feuchtwarmes Klima, und es wimmelte von Ratten. Die Pest suchte die Stadt an der Lagune viele Male heim. – Antonio Zanchi, Die Pest in Venedig. Ölgemälde, 1666 (Kunsthistorisches Museum, Wien).

Die Pest in Westeuropa während des 6. Jahrhunderts. Buchmalerei aus einer Handschrift des „Miroir historial“ von Vincent Beauvais, 15. Jahrhundert. Oben: Seuchenungeheuer fliegen über eine deutsche Stadt; unten: Papst Gregor I., der Große (Musée Condé, Chantilly).

Die Pest von Ashdod oder das Wunder der Bundeslade. Das Bild zeigt eine alttestamentarische Szene, die Pest der Philister, wie sie im Buch Samuel (I, 5:1–6) erwähnt wird. Es ist eines der wenigen Gemälde, auf dem tote Ratten in Erscheinung treten. – Nicolas Poussin, Ölgemälde, 1630 (Louvre, Paris).

Die Pest. Miniatur aus dem Codex Sercambi, Italien, 14. Jahrhundert (Staatsarchiv Lucca).

Begräbnisfeierlichkeit zu Ehren von Tizian, der in Venedig am 26. August 1576 an der Pest verstarb. Alexandre Hesse, Ölgemälde, 1832 (Louvre, Paris).

Die Pest in Rom zur Zeit der Christenverfolgung unter Kaiser Diokletian. Jules Elie Delaunay, Ölgemälde, 1869 (Musée d'Orsay, Paris).

Der Hl. Rochus heilt die Pestkranken. Tintoretto, Ölgemälde, 16. Jahrhundert (San Rocco, Venedig).

Die neue Mobilität, eine Folge der Eisenbahn, begünstigte die Ausbreitung der Seuche. In den folgenden Jahren fand man entlang der Eisenbahn nach Osten, in der Mongolei, etliche Fälle von Pest. Sie kündigte sich auf die klassische Weise an: Die Ratten starben, bevor das Sterben unter den Menschen begann. Im Osten wurden auch sehr viele Murmeltiere und andere Nager pestkrank vorgefunden. In einigen Fällen hatten die einheimischen Ärzte die Symptome der Erkrankung mit dem Abdominaltyphus verwechselt.

Bei Samarkand erkrankten an einem Ort 237 Personen, gut 60 Prozent der Einwohnerschaft. Die Mortalität war hier außergewöhnlich hoch, denn es traten viele Fälle von Lungenpest auf , und diese verläuft in fast allen Fällen tödlich, die Beulenpest in 60 bis 90 Prozent der Fälle.[3]

Auch in Indonesien grassierte zu Beginn des 20. Jahrhunderts die Pest. Europäische Mediziner, die sich auf den indonesischen Archipel begaben, fanden heraus, dass die Bevölkerungsdichte für das Ausmaß einer Pestepidemie gar nicht so entscheidend ist. Die Forscher erkannten, dass in Java ganz „andere Verhältnisse vorliegen, als z. B. in Britisch-Indien, wodurch auch der Verbreitungsmodus der Epidemie bedeutend beeinflusst wird".[4] In Indonesien trat die Pest im Sommer vorwiegend als Bubonenpest, im Winterhalbjahr in Gestalt der Lungenpest auf.
Für die Verbreitung der Pest sei – wie sie schrieben – entscheidend:
a) die klimatischen Verhältnisse,
b) die Zahl der Rattenflöhe,
c) die Zahl der Ratten,
d) menschliche Verhältnisse (Ausbesserung der Wohnungen, Bevölkerungsschichten usw.)"

Die klimatischen Verhältnisse – mit hohen Temperaturen und hoher Luftfeuchtigkeit – waren für die Seuche ideal. Bei höherer Luftfeuchtigkeit schlüpfen mehr Larven – und dazu schneller – aus den Eiern, und es entwickeln sich mehr Larven zu ausgewachsenen Flöhen. Sie erlauben eine rasche Ausbreitung der Pest, wobei in jedem Fall angemerkt werden muss, dass die Anzahl der Flöhe pro Ratte (zwischen 0,2 und 4) in Indonesien außerordentlich niedrig war. Anderswo wiesen die Ratten weit mehr von diesen Ektoparasiten auf, auch in Europa. In Java machte man außerdem die Erfahrung, dass die Übertragung der Pest auf Menschen spät erfolgte und eher gering war.

Es war ein portugiesischer Bakteriologe namens Ricardo Jorge, der erstmals den Begriff der „sylvatischen Pest" verwendete. Er ist allerdings missverständlich, denn diese Pest geht keineswegs ausschließlich auf Nagetiere und ihre Parasiten zurück, die in Wäldern (lat. silva) hausen, sie stützt sich sogar viel häufiger auf Pestreservoire bei Tieren, die in Steppen anzutreffen sind, die im Osten Asiens beheimateten Murmeltieren oder Tarbagane.

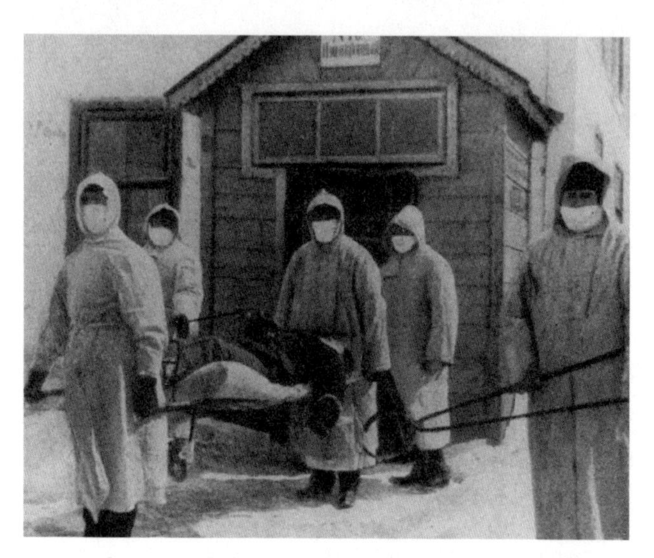

Zweimal im 20. Jahrhundert wurde die Mandschurei von einer weitverbreiteten Lungenpestepidemie heimgesucht, 1910 und 1920. Die zweite Epidemie folgte auf den Russischen Bürgerkrieg (1918-1921), dessen Bevölkerungsverluste – an die drei Millionen Menschen – zum größten Teil auf Seuchen zurückgingen. – Foto, 1921.

Die Beulenpest unter Menschen setzt gewöhnlich ein, nachdem die Pest unter den Ratten gewütet hat, und im Gefolge der Beulenpest kann es auch zur Lungenpest kommen. Eine sehr gründlich studierte und daher auch bekannt gewordene Lungenpestepidemie gab es in den Jahren 1910/11 in der Mandschurei, es handelte sich dabei um die wohl größte Epidemie von Lungenpest überhaupt. Obwohl diese Form hochkontagiös ist, starben aber nur etwa 60 000 Menschen, davon 10 000 in der russischen Stadt Wladiwostok. Die Sterblichkeit betrug dort insgesamt 4 Promille. Auch hier zeigte sich, wie leicht die Lungenpest mit einer schweren Influenza verwechselt wird.[5] Eine zweite Lungenpestepidemie trat dort nach dem Russischen Bürgerkrieg auf. Im Winter 1920/21 wurden in der chinesischen Grenzstadt Manchuria über tausend Fälle von Lungenpest beobachtet.

In Ostasien hörte die Pest auch nach den großen Wirren des Ersten Weltkriegs und des Russischen Bürgerkriegs nicht auf. Man fand dort zu Beginn der 1920er Jahre heraus, dass die Pest zwar Gesetzmäßigkeiten folgte, dass diese aber an verschiedenen Orten jeweils anders aussehen. In der Mongolei beispielsweise, südöstlich von Tschita, südlich von Nertschinsk, in einem Gebiet, das auf demselben nördlichen Breitengrad liegt wie Süddeutschland, aber vom Kontinentalklima geprägt ist, tritt die Pest in den Wintermonaten nicht auf, weil die Wirte der pestübertragenden Flöhe, die dahurischen Murmeltiere oder Tarbagane, im Winterschlaf liegen und die Tiere sich davor von ihren Ektoparasiten gereinigt haben. Nachdem hier um das Jahr 1900 Lungenpestfälle ausgebrochen waren, trat die Beulenpest vollkommen zurück und es gab nur noch Fälle von Lungenpest.

In diesem Raum konnten ganze Familien aussterben, indem ein Familienmitglied nach dem anderen erkrankte. Die hygienischen Verhältnisse waren in dieser Zeit, nach dem Ende des Russischen Bürgerkrieges, noch immer sehr rückständig, es gab viele Flöhe. Ratten fanden sich nur in einzelnen Häusern, ihnen kam bei der Über-

Die Lungenpest ist hochinfektiös; sie wird – ähnlich der Grippe – durch Sprechtröpfchen übertragen. Vor der Entdeckung der Antibiotika endete fast jeder Fall tödlich. Aus diesem Grund mussten sich die Mediziner besonders gut dagegen schützen. Hier warten drei Ärzte des Seuchenhospitals in Mukden, Mandschurei, in Schutzkleidung darauf, dass ein Medizinalassistent den Autopsietisch desinfiziert. – Foto, 1911.

tragung keine Bedeutung zu. Hingegen trugen die einheimischen Nager viele Flöhe in ihrem Pelzwerk. Auch Zieselflöhe und -läuse kamen massenhaft vor und trugen eine Vielzahl von Pesterregern in ihrem Innern. Mongolische Murmeltiere (*Marmota bobak sibirca*) und Ziesel sind für die Pest sehr empfänglich.

Der Arzt, der diesen Bericht verfasste, schützte sich gegen die Ansteckung, indem er sich den ganzen Körper mit Bergamottenöl einrieb und den Raum, in dem der Kranke lag, durch Insektenpulver behandeln ließ. Wenn er einen Lungenpestkranken besuchte – sie starben samt und sonders –, trug er eine fest schließende Gesichtsmaske aus Gaze mit Wattezwischenlagen, die er mit Carbolsäure tränkte.[6]

Die Pest gelangte 1897 von Indien auch ins südliche Afrika. Seit 1908 wurden in Daressalam und Umgebung, in Deutsch-Ostafrika, die Ratten systematisch getötet: In einzelnen Jahren waren es mehr als 100 000, zwischen 1912 und 1914 wurden sogar mehr als eine Million Ratten erlegt. Die Pest gab es in Afrika aber weiterhin, vor allem in den Savannenländern. Zu größeren Epidemien kam es noch einmal nach dem Ende des Zweiten Weltkrieges in Ländern wie dem Senegal und in Zaire.

DIE PEST IN NORDAMERIKA UND EUROPA

Die dritte große Pestpandemie erreichte, von den Küsten Asiens ausgehend und sich über den Pazifik erstreckend, auch Nordamerika. In den Vereinigten Staaten von Amerika trat die Pest seit März 1900 auf, betroffen war am frühesten der Bundesstaat Kalifornien. Der Erreger wurde dort später bei zahlreichen frei lebenden Nagetierarten gefunden.

Mit Blick auf die Pest sollte man Katastrophen wie große Erdbeben nicht in ihrer Bedeutung gering schätzen, scheinen sie doch unter den wild lebenden Nagetieren, die der Pest als Reservoir dienen, beträchtliche Bewegungen hervorzurufen. Das legendäre Erdbeben von San Francisco im Jahr 1906 ist ein Beispiel und wohl kaum ein Zufall: In den USA, vor allem im äußersten Westen, wurden in den ersten Jahren nach 1900 maximal 46 Pestfälle pro Jahr gemeldet, in den Jahren unmittelbar vor 1906 waren es sogar deutlich weniger. Gleich danach aber stieg diese Zahl bis auf 191 binnen eines Jahres. Dann fiel sie wieder stark ab, in einzelnen Jahren jedoch – 1914, 1919/20 und 1924 – konnte ein Anstieg bis auf 30 Pestfälle registriert werden.

Infektionskrankheiten wohnt die Tendenz inne, soziale Spaltungen zu vertiefen. Das ist nicht weiter erstaunlich. Das Fleckfieber, eine gefährliche Infektionskrankheit, wird von Kleiderläusen übertragen, also verbietet man seinen Kindern den Umgang mit anderen Kindern, die Kleiderläuse beherbergen könnten. Auch mit Blick auf die Pest um 1900 in Nordamerika lässt sich diese Tendenz beobachten: Sie bestand darin, jene ethnischen oder sozialen Minderheiten auszusondern, die als besonders tolerant gegenüber Schmutz und Ungeziefer galten. In Kalifornien und auf Hawaii, das die USA kurz zuvor annektiert hatten, waren das vor allem die Chinesen. Am 20. Januar 1900 brannte in Honolulu das Chinesenviertel nieder und machte 7000 Menschen obdachlos. Im Süden Afrikas, wohin die Pest gleichfalls von Indien aus gelangte, wurden die indischen Zuwanderer und die einheimische schwarze Bevölkerung diskriminiert. Eine andere Reaktion auf die Pest bestand darin, die Seuche einfach zu leugnen, wie es der amerikanische Verleger W.R. Hearst in San Francisco tat.[7]

Sehr groß war der Pestbefall in Nordamerika aber nicht: In den dreißig Jahren nach 1925 waren es nur eine Handvoll Fälle pro Jahr. Erst der Vietnamkrieg brachte einen Wiederanstieg der Pest mit sich. Bis 1940 war die – unter frei lebenden Nagern verbreitete – sogenannte sylvatische Pest über die ganzen USA westlich der Rocky Mountains verbreitet, seit 1942 auch in Kanada.[8] 1954 wurden bei wilden Nagern über 60 verschiedene Floharten als pestbehaftet diagnostiziert.[9]

Selbst Europa war im 20. Jahrhundert nicht frei von der Pest. Sie trat auf dem Festland aber fast nur im Gefolge von Kriegen auf. So gab es vor dem Ersten Weltkrieg einige Pestfälle, zumeist in den großen Hafenstädten, oder es kam zu Aufsehen erregenden Einzelerkrankungen in bakteriologischen Labors, wie in Wien oder Berlin. In der Zwischenkriegszeit, kurz nach 1919, hatte Paris mehrere Pestfälle, von denen einige tödlich endeten.[10] In Griechenland zeigten sich während des Ersten Weltkrieges viele Fälle von Pest, die sich dann während der gesamten 1920er Jahre fortsetzten.[11]

Sehr viele Pestfälle gab es in der Zwischenkriegszeit auch auf den Azoren und auf der Insel Madagaskar.[12] Im Jahr 1945 kam es zu einer kleinen Epidemie in Unteritalien, in der Hafenstadt Tarent, sowie auf Korsika: Hier wurden 42 Erkrankungen und 25 Todesfälle registriert.[13]

DIE HEIMSUCHUNG VIETNAMS

Der Krieg in Vietnam war eine schreckliche Katastrophe, die größte, die dieses kleine Bauernland mit seiner freundlichen Bevölkerung im 20. Jahrhundert erleben musste. Für Vietnam wie für Indochina insgesamt war es ein Krieg von dreißigjähriger Dauer: Nach dem vorläufigen Rückzug Frankreichs im Jahre 1940 besetzte die japanische Armee Vietnam; gleich nach dem Ende dieser Besatzungszeit erhob sich der Norden Vietnams unter kommunistischer Führung gegen die wieder in den Süden eingerückte alte Kolonialmacht Frankreich. Nach deren Niederlage bei Dien-Bien-Phu im Mai 1954 herrschte eine Weile ein unterschwelliger Bürgerkrieg, der ab 1960 in die mehr oder weniger offene Intervention Nordvietnams in den Süden überging. Danach griffen die Amerikaner Schritt für Schritt ein und führten Krieg gegen den Norden und die kommunistischen Aufständischen im Süden, die anfangs als Vietminh, später als Vietcong bezeichnet wurden. Die amerikanische Intervention endete 1973.

Die Vereinigten Staaten führten den Krieg aber nicht nur gegen den kommunistischen Vietcong, sie führten ihn auch gegen das Land, die Feldfrüchte und Wälder einer kleinen Nation. Im Süden des Landes wurde ein Viertel, vielleicht sogar knapp die Hälfte der Wälder mehrmals mit hochgiftigen Entlaubungsmitteln besprüht. Die Wälder verloren ihr Laub, sie schrumpften, an ihre Stelle traten Bambusgehölze, die den Ratten einen idealen Unterschlupf boten. Südvietnam, das im Delta des Mekongflusses große Mengen Reis anbaute, führte bis 1964 große Mengen an Reis aus, zuletzt 49 Millionen Tonnen; seit 1965 aber musste es dieses Grundnahrungsmittel einführen, um seine Bevölkerung ernähren zu können.

Die Amerikaner siedelten viele südvietnamesische Bauern um, um sie Tag und Nacht unter ihrer Aufsicht zu haben. Diese Zivilisten – und mit ihnen die Ratten – flüchteten sich in notdürftig eingerichtete Lager und in die Slums der Städte. Vor 1964 lebten 80 Prozent der Vietnamesen in ländlichen Gebieten; 1971 lebten mehr als 60 Prozent der Südvietnamesen in großstädtischen Slums oder in Flüchtlingslagern. Die Bewohnerschaft von Saigon stieg binnen weniger Jahre von 300 000 auf 3,5 Millionen.

Die Zahl der Pestfälle in Südvietnam wuchs proportional zur Konzentration der Truppen: Als die USA auf dem Höhepunkt ihrer Intervention mehr als 540 000 Mann in Südvietnam stationiert hatten, waren es pro Jahr mehr als 5000 gemeldete Fälle. Dabei gab es in Südvietnam mehr Fälle als im Norden, wie auch in der Vergangenheit die Pest den Süden des Landes bevorzugt hatte: Zwischen 1908 und 1944 traten im Süden, bei etwa gleicher Bewohnerzahl, fünf- bis fünfzehnmal so viele Fälle auf wie im Norden des Landes.[14]

Vietnam war seit Beginn des 20. Jahrhunderts niemals für längere Zeit frei gewesen von der Plage Pest. In der Provinz Nha Trang, im Süden Vietnams, an der Küste des Südchinesischen Meeres, tauchten die Ausläufer der dritten Pestpandemie bereits seit 1898 auf. Seither wurde hier in jedem Jahr von Pestfällen berichtet. Ältere französische Kolonialberichte zeigen, dass es mehrere große Herde gab, dazu zählte auch die Gegend von Saigon-Cholon. Über die Pest in den nördlichen Provinzen von Süd-Vietnam ist weniger bekannt.

In den ersten Jahren nach 1960 wurde in Süd-Vietnam von nur wenigen Pestfällen berichtet, aber das erklärt sich vermutlich daraus, dass längst nicht alle Erkrankungen gemeldet wurden. In den Jahren 1963 und 1964 waren es dann an die 200 Fälle pro Jahr und ganz bestimmt wurden viele gar nicht registriert. Es fehlte an medizinischem Einrichtungen, an Personal und an Laboratorien.

Den amerikanischen Ärzten, die mit den Truppen nach Vietnam gekommen waren, standen dagegen moderne Labors zur Verfügung. In den zwölf Monaten nach Juli 1965 wurden von 1005 Pestkranken Proben entnommen und bakteriologisch untersucht. Von den 830 Proben aus Pestbeulen waren 41,4 Prozent positiv, von den Blutkulturen nur knapp 20 Prozent.

In der Stadt Da-Nang, wo es seit 1950 keine Pestfälle mehr gegeben hatte, trat die Pest im September 1965 wieder auf; vermutlich waren es Getreidetransporter mit Reis aus Saigon, die sie eingeschleppt hatten. Es wurde auch von toten Ratten berichtet, auf denen die Ärzte dann Pesterreger fanden. Bis Mai 1966 beschränkte sich die Seuche auf die Stadt, insgesamt zählte man 269 Fälle, die große Mehrzahl Bubonenpest, aber es gab auch einige Fälle von Lungenpest, außerdem ein Übergewicht von männlichen Kranken und ein deutliches Übergewicht junger Menschen, vor allem von solchen zwischen 10 und 20 Jahren.[15]

Gemeldet wurden den vietnamesischen Behörden in dem Dutzend Jahren nach 1964 einige 10 000 Fälle von Pest, aber der amerikanische Arzt Charles Gregg nimmt an, dass es weitaus mehr waren. Er schätzt die Zahl auf weit mehr als 100 000 Fälle. Sie konzentrierten sich auf 13 der 44 Provinzen.[16]

Ein Team amerikanischer Ärzte berichtete von einer kleinen Epidemie in der südvietnamesischen Provinz Kontum, und zwar unter Bergstämmen in einem befestigten Wehrdorf, das eigens eingerichtet worden war, um die Bewohner vor dem Vietcong zu schützen. In diesem Bergdorf lebten die Soldaten samt ihren Familien in Bunkern tief unter der Erde, eigentlich waren es ausgebaute, verlängerte Schützengräben. Die Männer waren oft mehrere Tage unterwegs, draußen im Dschungel; ihre Familien lebten währenddessen in diesem Wehrdorf. Die Angehörigen dieser Männer waren viel häufiger von der Pest betroffen als sie selbst, nämlich dreimal so oft. Die Ärzte vermuteten, dass die Infektion durch Flohstiche geschah, und zwar bei Nacht. Allerdings hielt sich die Anzahl der Pestfälle in Grenzen.

Diese kleine Epidemie vollzog sich innerhalb von anderthalb Monaten, wobei zwischen den ersten und den letzten Fällen eine Pause von drei Wochen eintrat.[17] Während dieser kleinen Epidemie gab es – vielleicht nur zufällig – die weniger schweren Formen gleich am Anfang und am Ende.

Die amerikanischen Ärzte ließen auch hier das Blut und den Pestbeuleninhalt bakteriologisch untersuchen. Es zeigte sich, dass im Blut und in dem Pesteiter aus den Bubonen der Kranken keine Erreger zu finden waren; doch fanden sich bei einigen Kranken Pestbakterien im Rachenabstrich. Die Ärzte bemerkten, dass die pathologischen Erscheinungen auf der Haut der Pestkranken stark den Symptomen des Milzbrandes ähnelten.

Ein durch einen hohen Zaun abgeschlossenes Quarantänelager in Niu Kim Son, Süd-Vietnam. Die Ortschaft war von der Beulenpest befallen. – Foto aus den 60er Jahren.

Die Kaiserstadt Hué, die gut hundert Kilometer von der Militärgrenze zum Norden entfernt lag, war, wie auch die Provinz Thua Thien, 15 Jahre lang frei gewesen von Pest. An der Jahreswende 1965/66 aber setzte die Krankheit ein, und zwar die ersten Fälle in nächster Nähe zum Markt von Hué. Im Verlauf des Januar 1966 traten 31 weitere Fälle von Pest in der Stadt Hué auf, die meisten wieder in nächster Nähe des Marktes. Im Februar 1966 wuchs die Pest an, 115 neue Fälle kamen hinzu, die sich vor allem auf die Wasserwege konzentrierten. In der Provinz Hué traten noch einmal etwas mehr als hundert weitere Fälle auf. Die Epidemie hielt an bis März 1966.

Bei den Kranken herrschte ein geringes Übergewicht an pestkranken Männern, insgesamt waren vor allem junge Menschen betroffen. Die Sterblichkeit der mit Antibiotika behandelten Kranken war niedrig. Die Krankheit wurde bakteriologisch untersucht und diagnostiziert; in weniger als der Hälfte der Fälle konnte auch im Blut der Kranken der Pesterreger nachgewiesen werden.

1966 gesellte sich in diesem Teil Vietnams der Pest noch eine Typhusepidemie hinzu, einige der Pestpatienten erkrankten auch an Typhus. Im folgenden Juli ließ die Pest wieder nach. Im Januar 1967 aber stieg die Zahl der Fälle erneut an, die meisten wurden im Februar und März gezählt.

Die südvietnamesische Provinz Binh Dinh erlebte den Höhepunkt ihrer Pestepidemie bereits im Jahre 1965. Im Verlauf dieses Jahres wurden hier 1074 Pestfälle gemeldet, die Sterblichkeit war mit 34 Opfern außerordentlich niedrig. Im ersten Halbjahr 1966 traten weitere 233 Fälle auf, von den Kranken starben nur 16. Überhaupt hatten die amerikanischen Ärzte in Vietnam mit modernen Antibiotika sehr gute Erfolge. Die Sterblichkeit belief sich nur auf ein bis fünf Prozent. Berichtet wurden ihnen in ganz Südvietnam binnen 12 Monaten, von Jahresmitte 1965 bis Mitte 1966, von weit mehr als 7000 Pestfällen.[18]

Die überwiegende Zahl der Pestfälle trat in kleinen Dörfern auf, die über die ganze Provinz verstreut waren. Die Stadt Qui Nhon, mit einem größeren Hafen am Südchinesischen Meer, berichtete von mehreren sporadisch auftretenden Fällen, viele davon in Flüchtlingslagern. Hier zeigten sich zwei Formen: Bubonen- und Lungenpest. Aus der Region Saigon-Cholon wurde 1965 von 322 Pestfällen berichtete. Im Juni 1966 erkrankte der erste amerikanische Soldat in Vietnam an der Pest, und zwar an Lungenpest. Obwohl diese Lungenpest gewöhnlich rasch und so gut wie in allen Fällen zum Tod führt, verlief die Krankheit bei ihm milde, er wurde mit Streptomycin und Tetrazyklin behandelt und überlebte.

Auch in Vietnam zeigte sich, dass Getreidetransporte – hier vor allem mit Reis – einen Gefahrenherd bilden, sie waren das wichtigste Medium der Ausbreitung des Erregers. Der als Überträger dienende Floh war in Vietnam der gewöhnliche Rattenfloh *Xenopsylla cheopis;* er war vielleicht resistent gegen DDT.

Nach dem Regierungsantritt Präsident Nixons im Januar 1969 nahmen die Kämpfe in Vietnam weiter zu. Auch die Pest zeigte keine sinkende Tendenz. Amerikanische Mediziner berichteten 1970 von vierzig neuen vietnamesischen Pestfällen, die sie zwischen Februar und Juni 1970 in Da Nang behandelt hatten. Die Kranken waren zwischen 6 und 62 Jahre alt, je 20 Kranke von jedem Geschlecht, nur ein Kranker starb. Die Ärzte führten den neuerlichen Anstieg der Pest auf die Übervölkerung der Städte bei ungenügender Sanitation zurück.

NEUE FORSCHUNGEN ZUR PEST

Die vielen Fälle von Pest, dieser alte Krankheit, bot den Medizinern aus der Neuen Welt die Möglichkeit, diese Plage mit neuen Fragestellungen zu erforschen. Bei vielen Pestkranken zeigten sich Purpura, das heißt Blutungen ins Unterhautgewebe infolge von Schädigung der Gefäßwände. Wie kam es dazu? Ein kleines Team von Ärzten ging dieser Frage nach. Ihre Untersuchung konzentrierte sich auf das Auftreten von Mikrothromben, die die Blutgefäße in allen Organe betreffen können (Sanarelli-Shwartzmann-Phänomen), Fibrinthromben und Gangränbildung. Die amerikanischen Mediziner nahmen an, dass durch Unterkühlung der Haut die Thrombenbildung begünstig wurde. Wahrscheinlich hatten auch die Beulenpestkranken Thromben oder kleine Emboli in der Lungenarterie. Je verbreiteter die Purpura war, als desto schlechter erwies sich die Prognose, das hatten Mediziner und selbst Laien schon in der fernen Vergangenheit beobachtet.

Die Mediziner, denen die Symptome der Pest neu waren, stellten sie noch einmal zusammen. Es ergab sich kein neues Bild: Viele Patienten waren anfangs appetitlos, sie fühlten sich schwindelig und zeigten ein blutunterlaufenes Gesicht, waren ängstlich und verwirrt. Der Bubo der Pestkranken war weich, mehrere Zentimeter groß, meist länglich. In fast zwei Drittel aller Fälle (26 von 40 oder 65 Prozent) befand sich die Pestbeule weit oben am Oberschenkel, zwei, drei Fingerbreit unterhalb der Leistenfalte. In neun Fällen (23 Prozent) befand sie sich in der Leistenbeuge, in sechs Fällen (15 Prozent) in der Achselhöhle, in zwei Fällen am Hals oder in der Nackengegend oder nahe dem Oberarm. In 38 von 40 Fällen ließen sich in dem Eiter aus dem Pestbubo Erreger nachweisen, seltener jedoch im Blut der Kranken, und zwar nur bei fünf Personen. Der Bubo konnte, trotz der Behandlung mit Antibiotica, mehrere Wochen anhalten. Alle Patienten hatten wenigstens eine Pestbeule, und sie hatten zugleich Fieber, zwei bis neun Tage lang. In den meisten Fällen waren das Fieber und die Pestbeule gleichzeitig aufgetreten, in einem von fünf Fällen stellte sich das Fieber früher ein.[19]

Symptome der Krankheit

	Zahl der Patienten	*prozentual*
Fieber	40	100
Kältegefühl	16	40
Schmerzlicher Bubo	40	100
Kopfschmerzen	34	85
Abgeschlafftsein	30	75
Appetitlosigkeit	13	33
Erbrechen	10	25
Bauchschmerzen	7	18
Husten	10	25
Schmerzen in der Brust	5	13
Hautausschlag	9	23

Bei ihrem Eintritt in das Krankenhaus hatten 32 der Kranken erhöhte Temperatur, zumeist über 39 Grad Celsius. Die große Mehrheit der Kranken, 90 Prozent, wies nur eine Pestbeule auf; bei allen war sie schmerzhaft, fest und nicht zu verschieben. Leber und Milz waren nicht tastbar. Bei keinem der eingelieferten Kranken waren die Hirnhäute gereizt. Zehn der vierzig neu eingelieferten Patienten waren lethargisch und verwirrt, drei befanden sich gar im Delirium, zwei von ihnen hatten am ersten Tag im Krankenhaus richtige Anfälle (*Grand mal*). Drei hatten weit verbreitete papulöse Ausschläge an den Beinen; bei einem Kranken zeigten sich Petechien an den Knöcheln. Einige litten unter Herzbeschwerden, das Elektrokardiogramm zeigte Veränderungen.

Die Ärzte erzielten gute Ergebnisse mit Streptomycin, von dem ein bis zwei Gramm pro Tag intramuskulär gespritzt wurden, die meisten Kranken erhielten außerdem noch Tetrazyklin und Chloramphenicol sowie Infusionen, einige bekamen zusätzlich Kortison verabreicht. Unter der antibiotischen Behandlung fiel das Fieber lytisch ab, meist innerhalb von drei Tagen. Bei 25 der 40 Patienten veränderte sich der Bubo in der ersten Woche jedoch nicht oder nahm sogar noch zu.

Die amerikanischen Mediziner unternahmen auch Experimente mit Haustieren, mit Schweinen zum Beispiel, ähnlich wie Pestforscher es bereits vor der Jahrhundertwende in Indien getan hatten. Die Versuchstiere fraßen – widerwillig, wie es den Experimentatoren erschien – Mäuse, die an der Pest gestorben waren. Daraufhin stieg zwar im Blut der Schweine der von der Pest hervorgerufene Titer an und blieb ein Weile hoch; aber die Krankheit brach bei den Schweinen nicht aus. Das hatten auch die früheren Forschungen ergeben: Diese Schweinerassen waren für die Pest nicht empfänglich.[20]

Im Verlauf des langen Krieges in Vietnam erhob auch in anderen Teilen Hinterindiens die Pest noch einmal ihr Haupt. Auch in Kambodscha brach nach etlichen Jahren wieder die alte Seuche aus.

DIE PEST HEUTE

Die meisten Pestfälle – an die 80 Prozent – gab es in der ersten Hälfte des 20. Jahrhunderts in Asien. Dabei war der größte Pestherd zweifellos Indien. In den 60 Jahren nach 1897 sollen dort weit mehr als 12 Millionen Menschen an der Pest gestorben sein.[21] Erst seit den späten 1950er Jahren war Indien für lange Zeit pestfrei. Außerhalb Europas trat die Pest auch in der zweiten Hälfte des 20. Jahrhunderts gelegentlich auf, vor allem in der Dritten Welt. Einzelne Pestherde gibt es weltweit noch immer, vor allem in Ländern mit Savannen und Dschungeln.[22]

Indonesien hatte bis 1970 nur etwa 11 Fälle pro Jahr. 1973 stieg diese Zahl, wohl unter dem Einfluss des Vietnamkrieges, auf 130 gesicherte und wohl etliche

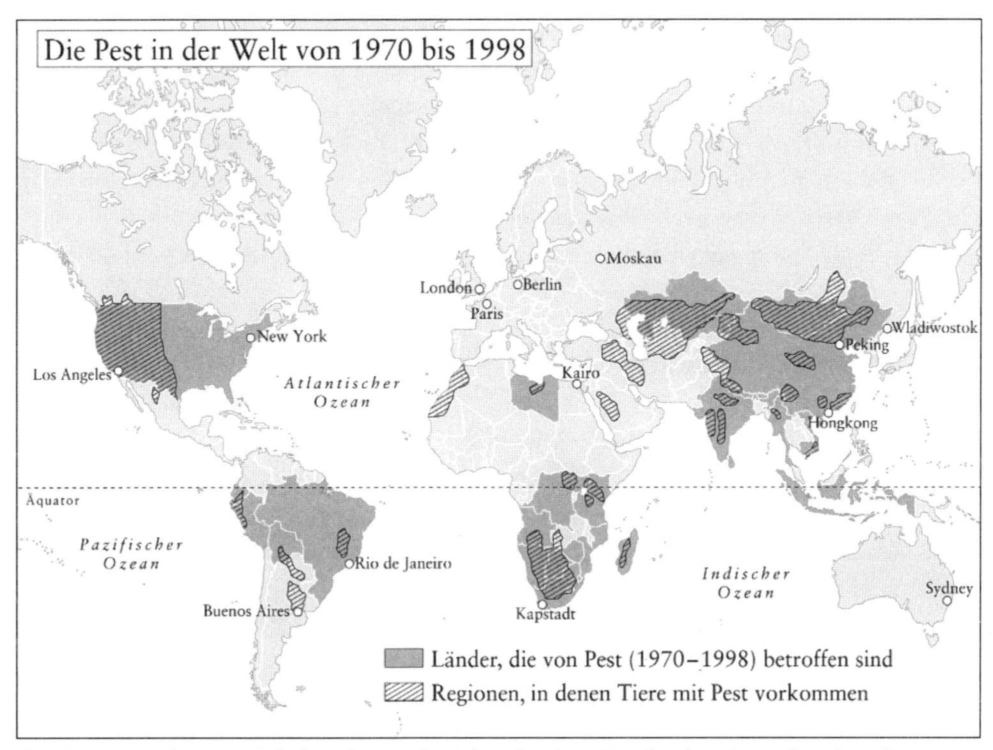

Die Pest ist auch im 20. Jahrhundert noch nicht erloschen. Pestherde mit pestkranken Nagetieren gibt es vor allem in Ländern der Dritten Welt, die große Savannen oder Regenwälder aufweisen. – Karte von 1998 mit den markierten Regionen, in denen seit 1970 die Pest registriert wurde.

weitere Fälle. Burma hatte bis 1973 etwa 13, im folgenden Jahr jedoch 680 Fälle, 1975 waren es 275, danach mehrmals mehre hundert.

Auch in Teilen Südamerikas war die Pest verbreitet. In Peru waren es in vielen Jahren jeweils mehr als hundert Fälle; Brasilien kam in der ersten Hälfte der 1970er Jahre sogar auf weit über tausend. Aus Ecuador und Bolivien wurden einige Fälle gemeldet. In den USA gab es niemals viele Fälle von Beulenpest, aber die alte Krankheit trat doch immer wieder in Erscheinung, im Jahr 1973 in 46 Fällen. Afrika war mit wenigen Fällen vor allem im Osten betroffen.

Weltweit trat die Pest bis 1953 in mehreren 1000 Fällen pro Jahr auf. Danach gab es einen steilen Abfall, der seinen Tiefstpunkt – mit weniger als hundert Fällen – im Jahr 1959 hatte, dann erfolgte wieder ein rascher Anstieg, vor allem seit 1965, auf über 5000 Fälle weltweit. Mit dem Ende des Vietnamkrieges kam dann ein ebenso steiler Abfall, im Jahre 1974 noch einmal ein kurzes Aufflackern mit rund 2000 Opfern, 1975 waren es dann unter tausend.[23]

In den 1970er Jahren gab es in einzelnen Ländern Südamerikas, Afrikas und Ostasiens jeweils mehr als 100 Fälle von Beulenpest pro Jahr. In den 1980er Jahren erkrankten einer Veröffentlichung der WHO zufolge weltweit im Jahresdurchschnitt 855 Menschen an der Pest, von denen 98 starben.

Für die zehn Jahre zwischen 1955 und 1964 wurden der Weltgesundheitsorganisation rund 8900 Fälle von Beulenpest gemeldet. 2388 dieser Kranken (26,6 Prozent) starben. Wirksame Gegenmittel waren einige Breitbandantibiotica, vor allem Tetracyclin und Chloramphenicol. Mit ihrer Hilfe gelang es, die Peststerblichkeit seit 1965 auf etwa zehn Prozent zu drücken.[24]

Trotzdem treten weiterhin Jahr für Jahr einzelne Fälle dieser alten Krankheit auf.

DIAGNOSE: PEST?

Wer stellt die Diagnose? Und wie kommt man zu einer Diagnose? Hier gibt es Probleme für den Historiker. Nicht einmal in der Gegenwart lässt sich über eine große räumliche Entfernung hinweg in jedem Fall eine richtige Diagnose zuverlässig stellen. Um wie viel schwieriger ist es da, über eine große zeitliche Distanz hinweg eine Infektionskrankheit zu diagnostizieren. Oftmals ist es ganz unmöglich. Viele Infektionskrankheiten zeigen ja ähnliche Erscheinungen, und man kann sich nicht darauf verlassen, dass die zeitgenössischen Berichterstatter tatsächlich das schilderten, was sie beobachtet haben oder hätten beobachten können; auch sie verließen sich bisweilen aufs Hörensagen oder sie schilderten – wenn sie hörten, dass da oder dort die Pest umging – die Symptome so, wie sie sich die Pest vorstellten. Das erschwert die historische Diagnose ungemein. Wo es um die Pest geht, kommt noch hinzu, dass der Begriff zweideutig ist: Er kann auf eine spezifische Infektionskrankheit hinweisen oder als Synonym für ‚Seuche', ‚Pestilenz' verwendet werden. So ist es schwierig, über das Auftreten der Pest zu einem bestimmten Zeitpunkt und an einem bestimmten Ort in der Vergangenheit eine zuverlässige Aussage zu machen.

Im Spätsommer 1994 brach im westindischen Gliedstaat Gujarat eine Seuche aus, die an die fünfzig Menschenleben kostete. Die Presse sprach von einem Ausbruch der Pest; es herrschte in der ganzen Welt großes Entsetzen. Täglich wurde in der Presse jetzt über das Geschehen berichtet. „Thousands Flee Indian City In Deadly Plague Outbreak", schrieb die New York Times am 24. September 1994, einem Samstag. Und am folgenden Tag, in ihrer Sonntagsausgabe: „Medical Experts Fear Refugees May Spread India Plague."

In der „taz" war am 26. September 1994 unter der Überschrift „Die Pest: der Apokalyptische Reiter" von der „Urangst" zu lesen, die diese „klassische Plage der Menschheit" bis in die Gegenwart quäle. „Lesson of Plague: Beware of ‚Vanquished' Diseases", hieß es tags darauf in der New York Times. „Bombay zahlt Prämien für die Jagd auf Ratten", berichtete am selben Tag die Frankfurter Rundschau. Die Bundesregierung in Bonn riet dringend, Indien zu meiden.

Die Frankfurter Allgemeine Zeitung dagegen wiegelte ab: „Die Pest hat ihren Schrecken weitgehend verloren", schrieb sie am 27. September und sie erinnerte an die erfolgreiche Behandlung von Pestkranken mit Antibiotika. „Die Pest kann alle treffen", so zitierte das Hamburger Abendblatt den Präsidenten der Bundesärztekammer, Karsten Vilmar. „Mangelhafte Hygiene und mangelhafte Strukturen", unter diesem Titel fasste das Handelsblatt vom 28. September die Hintergründe

Im Spätsommer 1994 wurde der Nordwesten Indiens von einer Epidemie heimgesucht, die man als Beulenpest bezeichnete. Als die Seuche vorbei – und von der aufgeschreckten Öffentlichkeit in Europa auch schon wieder vergessen – war, berichteten medizinische Fachzeitschriften, bakteriologische Untersuchungen hätten ergeben, es habe sich bei dem Erreger nicht um die Pest gehandelt, sondern um Burholderia (Pseudomonas) pseudomallei. *Hier trägt ein Vater seinen verstorbenen Sohn aus dem Krankenhaus von Surat. – Foto, 1994.*

der Seuche zusammen. Trotzdem: „Die Angst vor der Pest erreicht Deutschland", titelte Die Welt am 28.September. „Langsame Ausbreitung der Pest in Indien", lautete die Schlagzeile am 28. September in der Neuen Zürcher Zeitung. „European alert at airports as Indian plague spreads", schrieb warnend die London Times am selben Tag.

Die Frankfurter Allgemeine lotete mehr den Hintergrund aus, als sie am 28. September über „Indiens erstickende Städte" berichtete. Am folgenden Tag teilte sie mit: „In Indien jetzt 1100 Pestkranke".

„Pesterreger wurde 1600 Kilometer weit nach Kalkutta gebracht", hieß es in der Frankfurter Rundschau vom 29. September. Da war im Untertitel von einem Pestverdacht in Berlin die Rede, der aber „offenbar Fehlalarm" war. Von einem „Pestverdacht in Großbritannien" berichtete die Welt am 1. Oktober 1994.

Noch eine knappe Woche hielten sich die Gerüchte – und die Berichte – über die Pest. Dann ging die Presse zu anderen Themen über.

Dass es sich tatsächlich um die Pest gehandelt habe, wurde von indischen Bakteriologen wenig später bestritten. Allerdings gab es in Indien im Jahr 2002 noch einmal einige Fälle von Lungenpest.

Tatsache ist, dass man die Pest leicht mit anderen Infektionskrankheiten verwechseln kann, viele ihrer Symptome finden sich auch bei anderen Krankheiten. So ist also Vorsicht geboten, wenn es um die Frage geht, wie diese oder jene Seuche in der fernen Vergangenheit einzuordnen ist.

FRÜHE SCHRECKENSBILDER: DIE PEST IN ANTIKE UND MITTELALTER

„So macht nun Abbilder eurer Beulen und Abbilder eurer Mäuse, die das Land verheeren, und gebt dem Gott Israels die Ehre."

1. Buch Samuel, 5.6

Die Infektionskrankheit Pest könnte es schon vor unvordenklichen Zeiten gegeben haben. Vermutlich handelte es sich bei der „Pest der Philister", wie sie im Alten Testament, im ersten Buch Samuel, beschrieben wird, tatsächlich um die Pest. Da ist mehrmals vom Sterben von Mäusen beziehungsweise Ratten die Rede und davon, dass bei den Kranken „Beulen ausbrachen". Es sei „eine tödliche Bestürzung über die ganz Stadt gekommen; die Hand Gotte lastete schwer auf ihr. Die Leute aber, die nicht starben, wurden mit Beulen geschlagen."

Handelte es sich bei den Gestorbenen um Lungenpestkranke, bei den anderen um Opfer der Beulenpest? Das wäre möglich. Aber es muss nicht einzig und allein die Pest gewesen sein, die hier wütete, auch bei anderen Seuchen der fernen Vergangenheit – etwa bei der „Pest des Thukydides" im antiken Griechenland – traten mehrere Infektionskrankheiten gleichzeitig in Erscheinung. Diese „Pest des Thukydides", von der es heißt, sie sei aus dem Süden gekommen, aus Ägypten oder Äthiopien, über das Mittelmeer, weswegen sie zuerst im Hafen von Piräus auftrat, setzte so rasch und heftig ein, dass es sich nicht um die Pest gehandelt haben dürfte. Auch ist die Beschreibung der Symptome nicht eindeutig, die Ausbreitung nur angedeutet, es ist alles nicht ausführlich und klar genug, was auf die Pest hindeuten könnte. Ihr rascher Beginn und die Geschwindigkeit ihrer Ausbreitung lassen weder an eine Beulenpest noch an das Fleckfieber denken; diese beiden Krankheiten beginnen langsamer, schleichender. Der Mediziner Felix v. Bormann musste bei einem Betrachten der Sterblichkeitskurve am Beginn der Seuche an die Pocken denken, der sich später noch Fälle von Fleckfieber hinzugesellten.[1] Heute neigt man dazu, hinter dieser Seuche nicht eine einzige Infektionskrankheit zu erblicken, son-

Die Pest ist eine uralte Krankheit; einige Stellen im Alten Testament machen glauben, es könnte sich bei den erwähnten Seuchen um die Beulenpest gehandelt haben. – Die Pest in Israel. Holzschnitt von J. Hügol nach Gustave Doré.

dern zwei, vielleicht das Fleckfieber und ein Arbo-Virus.[2]

DIE PEST DES JUSTINIAN

Die erste Epidemie, über deren Verlauf die antike Geschichtsschreibung zuverlässig und anschaulich unterrichtet, ist die – nach dem byzantinischen Kaiser Justinian I., dem Großen, benannte – Pest des Justinian. Diese schwere, lang anhaltende Seuche nahm ihren Anfang im 6. Jahrhundert nach Christus und setzte sich bis ins 8. Jahrhundert fort. Sie erstreckte sich über weite Teile des Ost- und West-Römischen Reiches. Drei zeitgenössische Autoren haben ihren Verlauf geschildert: der Historiker Prokop von Cäsarea, der Kirchenhistoriker Euagrios Scholastikos und Johannes von Ephesos.[3] Allerdings scheint es, als ob die beiden letztgenannten sich dabei auch von der Darstellung des Thukydides hätten inspirieren lassen.

Am anschaulichsten hat Prokop von Cäsarea das Wüten dieser Seuche überliefert. Prokop zufolge brach sie in Ägypten aus. Das braucht man nicht unbedingt zu glauben, Ägypten – wie Afrika überhaupt – war ein beliebter Ort, an dem man Seuchen gern beginnen ließ. Angeblich verschonte sie „auf ihrem Schreckenszug niemanden. [...] Keine Insel, keinen Berggipfel, wo Menschen ihre Heimstätte hatten" – vielleicht will der Verfasser auch damit nur sagen, wie schrecklich sie wütete. Sie soll jeweils an der Küste begonnen haben und von dort ins Landesinnere vorgerückt sein, was durchaus zur Pest passen würde. Eine Übertragung durch pestverseuchte Ratten, die in Schiffsbäuchen hausen, wäre denkbar.

Von der ägyptischen Hafenstadt Alexandria nach Byzanz benötigte die Seuche ein halbes Jahr. Sie breitete sich auch entlang des Mittelmeers aus und suchte dort die Länder heim, vor allem Kleinasien, Syrien, Ägypten und weiter westlich gelegene Teile Nordafrikas. Die Stadt Byzanz erreichte sie im Frühjahr. Byzanz, die

Hauptstadt des Oströmischen Reiches, war damals, in den Jahren nach 540, eine sehr große Stadt, sie soll etwa 300 000 Einwohner gezählt haben.

Es scheint, dass mit dem Beginn der Krankheit auch Halluzinationen und Fieberdelirien einsetzten. Die Kranken sahen Gespenster. Sie litten unter großer Hitze. „Indessen entstand teils noch am gleichen, teils am darauffolgenden Tage, teils auch wenige Tage später eine Schwellung, und zwar nicht nur dort, wo auch der Bubon genannte Körperteil am Unterleib sich befindet, sondern auch in der Achselhöhle, bei einigen sogar neben den Ohren und irgendwo an den Schenkeln." Das ist ein zuverlässiger Hinweis auf das Auftreten der Pestbeulen, der angeschwollenen Lymphknoten. Auch die dann folgenden neurologischen Ausfallserscheinungen deuten auf die Pest hin: „Die einen überkam nämlich ein tiefe Bewusstlosigkeit, die andern wurden tobsüchtig, und beide Gruppen hatten dabei an den der Krankheit eigenen Erscheinungen zu leiden. Wer das Bewusstsein verloren hatte, wusste nichts mehr von all seinen sonstigen Gewohnheiten und machte den Eindruck, als gäbe es für ihn kein Erwachen. [...] Die von Irrsinn Befallenen hingegen litten an Schlaflosigkeit und vielen Wahnvorstellungen."

Als weitere Pestsymptome schildert Prokop: „Dabei war der Körper bei einigen von linsengroßen, schwarzen Blasen übersät, und diese Kranken lebten keinen einzigen Tag mehr, sondern verschieden alle auf der Stelle. Eine Menge bekam auch noch Bluterbrechen, was den raschen Tod herbeiführte." Hinter dem Blutspucken, oder sogar dem Bluterbrechen, dürfte sich die Lungenpest verborgen haben.

Ausdrücklich weist Prokop sodann darauf hin, dass die Heilpersonen von der Krankheit verschont blieben. „Weder Arzt noch Privatmann wurde von dieser Seuche befallen, wenn sie die Kranken oder Toten berührten, und viele, die unausgesetzt auch gänzlich fremde Menschen bestatteten oder pflegten, blieben wider Erwarten trotz dieser Dienstleistung verschont, während eine Menge anderer Leute ohne weiteres von der Krankheit ergriffen wurde und sogleich dahinstarb." Das zeigte sich auch bei späteren Pestseuchen: Die Gefahr, die von den Kranken selbst ausging, war gering.

Trotzdem hielt Prokop die Seuche für ansteckend, für übertragbar. Allerdings war es nicht einfach, sich damit zu infizieren: Es sollen Menschen, die mehrere Angehörige verloren hatten, damals versucht haben, sich diese Krankheit zuzuziehen, indem sie engen Kontakt zu Kranken suchten. Vergebens. Die Gefahr, die von den Kranken ausging, war also nicht groß, und es konnte scheinen, als ob die Kranken selbst nicht gefährlich seien. Allerdings gab es dafür keine Gewähr: Selbst der Kaiser erkrankte an der Pest.

Die Not war so groß und so weit verbreitet, dass der byzantinische Feldherr Belisar, der gerade Krieg führt, einen Waffenstillstand schloss.

Auch was Prokop über den Verlauf der Seuche bei schwangeren Frauen schreibt, ist ein starkes Indiz für die Pest, wiewohl möglicherweise auch noch eine weitere

Infektionskrankheit mitspielte. „Schwangere Frauen, die von der Krankheit befallen wurden, mussten mit dem Tode rechnen; die einen starben nämlich während einer Fehlgeburt, die gebärenden Mütter aber wurden sogleich zusammen mit ihren neu geborenen Kindern dahingerafft."[4]

Vor dieser Seuche zeigten sich offenbar eine Vielzahl von ungewöhnlichen Naturerscheinungen, nämlich Erdbeben, Vulkanausbrüche, Überschwemmungen, Kometen, Heuschreckenplagen und Hungersnöte.[5] Sind diese Naturerscheinungen als notwendige Bedingungen zu verstehen? Sind sie überhaupt wörtlich zu nehmen oder handelt es sich hier um bloße Topoi, um rhetorische Floskeln? Das ist schwer zu entscheiden, immerhin sollen sie auch im Jahre 1348 beim Ausbruch des Schwarzen Todes beobachtet worden sein.

Einige wichtige epidemiologische Fakten über diese Seuche sind den Nachgeborenen aus diesen alten Schilderungen bekannt, andere nicht. Umstritten ist zum Beispiel die Frage, wie hoch der Anteil der Lungenpestkranken war und wie hoch der Anteil der Beulenpestfälle, doch scheint die Beulenpest insgesamt viel häufiger aufgetreten zu sein. Eugarios schildert Erkrankungen und den Tod von Ratten, was sehr gut zur Pest passt, wie auch das Erlöschen der Seuche zur Winterszeit. Allerdings erwähnt er auch Erkrankungen von Haustieren, wobei er aber vielleicht nur von älteren Texten abschreibt.[6]

Schon Prokop erkannte den ähnlichen Verlauf des Krankheitsgeschehens an verschiedenen Orten, ganz so, als verfahre die Seuche nach einem vorgefassten Plan. Sie trat zu allen Jahrszeiten auf, sie befiel jedes Geschlecht, jedes Alter, jeden Beruf. Ob es bezüglich der verschiedenen Berufsgruppen Unterschiede im Befall oder in der Sterblichkeit gegeben hat, sagt er nicht. In einigen Teilen blieben einzelne Städte verschont; andernorts wurden nur einzelne Haushalte befallen. Johannes von Ephesos zufolge suchte die Plage in Byzanz anfangs vor allem die Armen heim.

Während die Seuche Tag für Tag Kranke in den Tod riss, herrschte große Angst in der Stadt. Das öffentliche Leben stockte, und zwar derart, dass es zu Hungersnöten kam, denn auch die Versorgung mit Getreide erlahmte in dieser Zeit. Im Jahr 544 wurde ein Gesetz gegen Preissteigerungen erlassen, dieser Preisauftrieb dürfte auf die mangelnde Versorgung mit Nahrungsmitteln hinweisen.

Die Pest hielt so lange an, dass sie bestimmte Örtlichkeiten gleich mehrere Male heimsuchte. Als sie im Jahr 558 wieder einmal die Hauptstadt befiel, starben dort vor allem jüngere Menschen, und zwar häufiger die Knaben. Mädchen und junge Frauen sollen weniger befallen worden sein.[7]

Die Pest trat fortan mehrere Male im Byzantinischen Reich auf. Die schwere Beulenpestepidemie in der Mitte des 8. Jahrhunderts wird von Theophanes Homologtres geschildert. Bei dieser einen schweren Pestseuche sollen ganz Haushalte ausgelöscht worden sein.

Wie viele Menschen starben während dieser großen Seuche im Byzantinischen Reich? Die Zahlen, die Prokop nennt, sind phantastisch und unglaubwürdig. Die Menschen hatten damals zu Zahlen ein anderes Verhältnis, vielleicht missverstanden sie auch die römischen Zahlen oder sie verschrieben sich. Der englische Bevölkerungshistoriker Josiah C. Russell nimmt an, dass im Verlauf dieser ersten Seuche, die von 541 bis 544 mit Unterbrechungen anhielt, ein Fünftel bis ein Viertel der Einwohner von Byzanz starb.[8] Das ist eine Zahl, die auch von der neueren Forschung anerkannt wird. Bis zur Mitte des 8. Jahrhunderts soll die Bevölkerung des Mittelmeerraumes etwa auf die Hälfte abgesunken sein, wobei natürlich mehrere Faktoren an dem demographischen Niedergang der antiken Welt beteiligt waren.

Beschreibungen von Pestepidemien liegen auch von Zeitgenossen aus den westlichen Teilen des vormaligen Römischen Reiches vor. Die alte Hauptstadt Rom war in der zweiten Hälfte des 6. Jahrhunderts gleichfalls von dem Übel befallen. Einer frommen Legende zufolge erblickte Papst Gregor I., der Große, im Jahr 590 über einem Bauwerk am Tiber einen Engel, der sein Schwert in die Scheide steckte. Der Papst deutete dies als ein Zeichen des Himmels, dass die Pest aufhören werde. Das Bauwerk trägt seither den Namen Engelsburg.

Die Pest des Justinian breitete sich weit umher aus, bis in den Nordwesten des alten Römischen Reiches. Sie suchte sogar die große englische Insel heim. Der englische Kleriker und Kirchenhistoriker Beda Venerabilis (673/674–735) stammt aus Nordengland und verbrachte den größeren Teil seines Lebens im Kloster Jarrow, sein Leben war ganz dem „Lernen, Lehren und Schreiben“ gewidmet. Er verfasste eine Kirchengeschichte des englischen Volkes, darin erwähnt er auch eine grausame Seuche, die vor seinen Lebzeiten, in den Jahren nach 660, in seinem Vaterland umging. Das waren ferne Ausläufer der Pest des Justinian, die auch das europäische Festland heimsuchte. Andere Zeitgenossen, wie Gregor von Tours, Paulus Diaconus und andere, haben gleichfalls davon berichtet. Das genaue Ausmaß dieser Seuche, ihre geographische Erstreckung, die von ihr verursachte Sterblichkeit und vieles mehr sind nicht bekannt, aber sie scheint weite Teile des alten Römischen Reiches verwüstet zu haben.[9]

Weiter im Osten, in Kleinasien und noch weiter östlich war man den Herden dieser Pestinfektionen sehr viel näher als im Westen Europas, welches nur die westlichste Ausdehnung der großen Landmasse Eurasiens bildet. Weiter im Osten fand die Seuche nach wie vor Verbreitung. Sie soll zumindest bis ins 11. Jahrhundert in diesem Raum zu Hause gewesen sein. Zumindest Syrien und das Zweistromland waren von der Pest betroffen, als dort bereits die Araber herrschten.

MITTELALTERLICHE EPIDEMIEN

In der deutschen Geschichtsschreibung bestand lange Zeit, noch in der ersten Hälfte des 20. Jahrhunderts, die Auffassung, dass auch im Hohen Mittelalter die Pest westlich der Weichsel aufgetreten sei, zumindest in gelegentlichen, kleineren Epidemien.[10] „Es gelangt die Pest nicht erst, wie vielfach behauptet, im 13., sondern spätestens bereits im 11. Jahrhundert nach Mitteleuropa", schreibt der französische Wirtschafts- und Sozialhistoriker Fernand Braudel 1979 ausdrücklich.[11] Auch unter Medizinhistorikern war lange Zeit nicht umstritten, dass Westeuropa zwischen den Jahren 1000 und 1300 nicht frei gewesen sei von der Pest. Sozialhistoriker erwähnen noch am Ende des 20. Jahrhunderts in anerkannten Handbüchern, dass die Pest da und dort – wie zufällig – im Hochmittelalter aufgetreten sei. In neueren deutschen Stadtgeschichten, die in den 1990er Jahren erschienen sind und sich ausdrücklich mit Seuchen und mit Fragen der Medizingeschichte befassen, werden gelegentliche Pestepidemien in deutschen Städten vor dem Jahr 1348 erwähnt.[12]

Dass es sich bei diesen Seuchen tatsächlich um die Pest handelte, wird heute aber im allgemeinen verneint. Jedenfalls gibt es keinen Beweis dafür. Möglicherweise handelt es sich um ein Missverständnis, das daraus resultiert, dass der Begriff ‚Pest' noch immer zugleich als Synonym für ‚Seuche' verwendet wird.

DER SCHWARZE TOD – DIE EUROPÄISCHE PESTEPIDEMIE 1348/49

„In der Mitte des 8. [d. h. 14.] Jahrhunderts wurden die Völker in Ost und West von einer zerstörerischen Pestseuche heimgesucht, die ganze Nationen verwüstete und Völker einfach verschwinden ließ. Sie vernichtete viele gute Erscheinungen der Zivilisation, ja sie löschte sie aus. Sie überraschte die Fürstenhäuser, als sie im Greisenalter standen, als sie die äußerste Grenze ihres Blühens erreicht hatten. Sie dämpfte ihre Macht und beschnitt ihren Einfluss. Sie waren nahe daran, völlig unterzugehen und zu verschwinden. Mit dem Rückgang der Menschheit schwand auch die Zivilisation dahin. Städte und Gebäude wurden leer gefegt, Straßen und Wegzeichen verschwanden, Siedlungen und Villen wurden entleert, Dynastien und Stämme geschwächt. Die gesamte bewohnte Welt veränderte sich. Der Osten, so scheint es, wurde ganz ähnlich heimgesucht, wenngleich in Proportion zu seiner reicheren Kultur."

Ibn Khaldun, The Muqaddimah. An Introduction to History (1375–1379)

Was ist Europa weiter als die westliche Ausdehnung des riesigen Doppelkontinents Eurasien? Viele Erscheinungen, die im Inneren Asiens ihren Anfang nahmen, erreichten sehr viel später auch diesen europäischen Rand.

Nach einer langen Warmzeit scheint es zu Beginn des 14. Jahrhunderts in Europa kälter geworden zu sein. Eine Klimaverschlechterung begann. Sie äußerste sich nicht zuletzt in geringeren Ernten und erhöhter Sterblichkeit. Krisenhafte Entwicklungen zeigte das Klima schon in der ersten Jahren des 14. Jahrhunderts. „Anno 1312 ist allenthalben in Teutschland ein großer Sterb gewest, sonderlich am Rheinstrom, also daß man dafur gehalten, es wäre der dritte Teil aller Menschen gestorben", heißt es in einer süddeutschen Chronik.[1]

In den Jahren nach 1315 folgten mehrere nasskalte Sommer aufeinander, es kam in weiten Teilen Europas zu einer lang anhaltenden Hungersnot, die mit einer steigenden Sterblichkeit einherging.[2] Um diese Zeit begann eine Phase der Abkühlung. Der Fall der Bodenpreise und der Anstieg der landwirtschaftlichen Arbeitslöhne

Mitte des 14. Jahrhunderts, als in Deutschland die erste Kunde von einer Pestepidemie sich verbreitete, zogen Geißler durch die Lande, um die sündige Menschheit zur Buße aufzufordern. Durch die meisten Landesteile scheinen die Geißler hindurchgezogen zu sein, bevor *die Pest dort aufgetreten war. Die Geißler könnten so selbst zur Verbreitung des Pesterregers beigetragen haben. – Angehörige einer Geißler-Sekte. Holzschnitt von Michael Wolgemut aus der „Weltchronik" von Hartmann Schedel 1493.*

muss als Beweis einer schrumpfenden Bevölkerung gedeutet werden.[3] Dieser Trend setzte um 1320 ein.[4]

In welcher Beziehung stehen nun die Abkühlung des Klimas in Europa und das erste Auftreten der Pest seit dem Frühen Mittelalter zueinander? Die Pest ist in erster Linie eine Infektionskrankheit der heißen Zonen, denn ihre Überträger, die Flöhe, brauchen hohe Temperaturen. Allerdings kann sie auch in den gemäßigten Breiten auftreten, epidemisch zumindest in der heißen Jahreszeit. Aber ideal sind die Bedingungen im kühl-gemäßigten Mitteleuropa für sie nicht.

Dennoch traten 1339/40 in weiten Teilen Europas Seuchen auf, die mit hohen Bevölkerungsverlusten einhergingen und in ihren Ursachen noch nicht geklärt sind. Für Italien sind diese Krisen am besten untersucht: Florenz, die Hauptstadt der Toskana, verlor den Forschungen der amerikanischen Medizinhistorikerin Ann Carmichael zufolge 1339/40 mehr als 15 000 seiner auf 120 000 geschätzten Einwohner.[5] Auch andere italienische Städte wiesen im selben Jahr einen sprunghaften Anstieg der Sterblichkeit auf.[6]

In Italien hatte das Bewusstsein einer großen Krise bereits deutlich vor 1348 eingesetzt. Die in der Kunstgeschichte so häufig als Zeichen der Krise gewerteten Darstellungen vom „Triumph des Todes", beispielsweise auf dem Campo Santo zu Pisa, tauchen vor 1348 auf.

DER BEGINN IM ORIENT

Im fernen Morgenland herrschte bereits in den Jahren davor eine schwere Seuche, die mit einem Massensterben einherging. Ihre Anfänge lagen noch viel weiter östlich, die Seuche kam aus dem Inneren Asiens. Das Vorrücken mongolischer Stämme in der ersten Hälfte des 14. Jahrhunderts, das vielleicht von klimatischen oder ökologischen Veränderungen ausgelöst wurde, könnte das Vordringen der Pest nach Südeuropa zur Folge gehabt haben.[7]

Seit Ende September 1348 wütete die Pest in Kairo, sie forderte sehr bald dreihundert Tote am Tag. Hier ist nun dasselbe Phänomen zu beobachten wie anderswo: Die Zahl der Toten wird unglaublich übertrieben – zeitgenössischen Berichten zufolge sollen es 20 000 am Tag und mehr gewesen sein, und das bei einer Bevölkerung von kaum mehr als einer halben Million.[8] Ein Viertel bis ein Drittel der Bevölkerung Ägyptens soll gestorben sein. Wahr ist allerdings, dass der Textilindustrie bald die Arbeiter fehlten. Auch Oberägypten wurde heftig ergriffen im Winter, bis Februar 1349. Die Gegend im Goldenen Halbmond, das ist heute im wesentlichen Syrien, erlebte ebenfalls einen drastischen Bevölkerungsrückgang.[9]

DER AUSBRUCH IN ITALIEN

Im Herbst 1347 brachten genuesische Schiffe den Pesterreger von der Krim nach Italien. Die kriegerischen Vorgänge auf der Krim werden gern in malerischen Farben geschildert, das Katapultieren von Pestleichen wurde auch als „erste biologische Kriegführung" bezeichnet. Der Anwalt Gabriele de Mussis, der von 1344 bis 1346 auf der Krim lebte, beschreibt diese Vorgänge sehr lebhaft, ohne allerdings Augenzeuge gewesen zu sein.[10] Im übrigen geht von Pestleichen normalerweise keine oder nur eine geringe Gefahr aus, denn die Flöhe, die die Pest übertragen, verlassen die erkaltenden Leichname schnell, sie nehmen nur strömendes Blut zu sich.

Auf den Schiffen, die den Pesterreger 1347 nach Italien brachten, sollen unterwegs Besatzungsmitglieder gestorben sein. Sehr rasch nach ihrem Eintreffen soll sich die Seuche – für die Pest fast unglaublich rasch – in Italien ausgebreitet haben.[11] Große Städte hatten hohe Verluste zu beklagen, Florenz fast die Hälfte seiner gut 100 000 Einwohner.[12] Die Hafenstadt Venedig soll mehr als die Hälfte ihrer Einwohnerschaft – das waren 1348 mehr als 100 000 – eingebüßt haben.[13]

Gabriele de Mussis hat auch das Auftreten der Pest in seinem Heimatland Italien geschildert. Danach klagten die Kranken über großen Durst, bei einigen bemerkte man Gestank. „Es kam häufig vor, daß Mann und Frau, Vater und Sohn, Mutter und Tochter, endlich nach einiger Zeit die ganze Familie und mehrere Nachbarn zugleich und in demselben Grab beerdigt wurden", schreibt er. „Auch unter den Frauen, besonders den schwangeren, starben in kurzer Zeit unendlich viele."

Dann geschieht am Rande Italiens etwas Merkwürdiges: Am Südrand der Alpen, mit dem Epizentrum im Friaul, kommt es im Januar 1348 zu einem Erdbeben, das offenbar in weiten Teilen Europas mit Schrecken zur Kenntnis genommen wurde. Vielleicht verdichtete sich im Bewusstsein der Zeitgenossen die Vorstellung, dass die Welt im Begriff war, in ein Zeitalter der Krisen einzutreten. Vielleicht hat aber dieses große Beben tatsächlich einen Einfluss gehabt auf das Leben der Ratten und somit auch die Ausbreitung der Seuche begünstigt, die nun anhob.

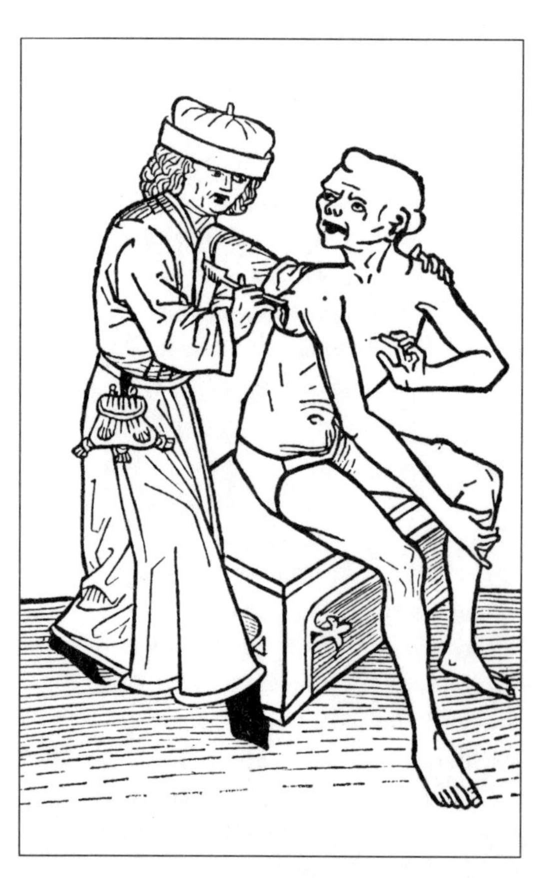

Ein Arzt in seiner spätmittelalterlichen Berufstracht beim Öffnen einer Pestbeule. – Holzschnitt, 1482.

Aus Venedig, wo die Pest seit März 1348 wütete, berichtet ausführlich eine schriftliche Quelle, verfasst von einem Lorenzo de Monacis. Dieser Chronist hat sie zwar erst im frühen 15. Jahrhundert geschrieben, aber sie berichtet anschaulich und zuverlässig über die Pest und steht nicht im Widerspruch zu den vielen anderen Berichten. „Die Merkmale dieser so schrecklichen Pest", schreibt er, „waren Drüsenschwellungen, die im Leistenbereich oder unter den Achseln aufbrachen, giftige Brandbeulen oder bläuliche Flecken am Körper, die am häufigsten an den Armen sichtbar wurden. All diese Symptome waren mit unerträglicher Fieberhitze, unlöschbarem Durst und extremer Müdigkeit verbunden. [...] Keiner, der von der Pest befallen war, lebte länger als siebzig Stunden. Keine schwangere Frau kam davon. Viele [...] verloren ihr Kind samt den Eingeweiden. Diese Pest wütete bei Frauen stärker als bei Männern, bei Jugendlichen mehr als bei Greisen. Trat sie in einem Haus auf, überlebte dort keiner."[14]

Aus Perugia berichtet ein namentlich nicht bekannter Chronist kurz nach Ausbruch der Seuche, sie habe am 8. April 1348 in der Stadt zu wüten begonnen und keiner der Ergriffenen habe länger gelebt als zwei Tage. Johannes von Parma, ein Kanoniker, der sich die Pest zuzog und sie überlebte, berichtet über die Seuche in Trient, wo sie am 2. Juni 1348 ausbrach. Man muss hier allerdings immer zehn Tage dazuzählen, denn man rechnete damals noch mit dem Julianischen Kalender, es war demnach also der 12. Juni. Er schildert als Symptome: ein anhaltendes Fieber, das Anschwellen der Drüsen in der Leistengegend oder in den Achseln, dann blutiges Erbrechen und das Gefühl allgemeiner Abgeschlagenheit. „Von sechs Personen starben in Trient gewiß fünf oder mehr", schreibt er. Er scheint dann auch noch einen Unterschied anzudeuten zwischen der Sterblichkeit bei Beulenpest- und Lungenpestkranken, als er hinzufügt, er „habe weder gesehen noch gehört, daß einer, der Blut spuckte, davonkam". Junge Leute starben schneller als Greise. Und: Frauen sollen desto schneller gestorben sein, je schöner sie waren.

Einem Bericht eines Guglielmo und Albrigeto Cortusio über die Pest in Padua ist Folgendes zu entnehmen: „Die einen spuckten Blut und starben augenblicklich daran, andere an einer Krebs- oder Wurmkrankheit. Bei fast allen kündigte sich der Tod dadurch an, daß im Genitalbereich oder unter den Armen oder an anderer Stelle Drüsenschwellungen auftraten, die von einem durch die Vergiftung verursachten Fieber begleitet waren. Man starb am ersten oder zweiten Tag."

Nahezu alle Quellen stimmen überein, dass es genügte, mit einem Kranken zu sprechen, um sich zu infizieren. Auch der Hinweis auf das Sterben am zweiten oder dritten Tag, das Bluterbrechen oder -husten erfolgt häufiger.

Was war nun die Ursache dieser Seuche und des großen Sterbens? Der Florentiner Giovanni Boccaccio führt den Zorn Gottes und Himmelskörper als die Ursache der Pest aus dem Osten an. Der Beginn der Seuche sah ihm zufolge so aus: „Etwa zu Frühlingsbeginn", setzte die Seuche ein. Bei den Befallenen breiteten sich „die tödlichen Pestbeulen in kurzer Zeit gleichmäßig auf dem ganzen Körper aus". Außerdem wiesen die Kranken viele „schwarze und blaue Flecken [auf], die zahlreich auf den Armen, an den Schenkeln und an jeder Stelle des Körpers auftraten, beim einen groß[flächig] und spärlich, beim andern klein und dichtgedrängt. Und wie zuvor die Beulen ein sicherer Hinweis auf den bevorstehenden Tod waren, so waren es für jeden, der sie bekam, nunmehr diese Flecken. [...] Fast alle starben mehr oder weniger innerhalb von drei Tagen nach Auftreten der oben genannten Symptome, meist ohne Fieber oder sonstige Besonderheiten." Wer anfasste, was der Kranke berührt hatte, erkrankte, auch Tiere wurden angesteckt. „Zwei

Schweine, die dazukamen [zu den Lumpen eines armen Mannes, der an der Krankheit verstorben war] machten sich nach ihrer Gewohnheit zuerst mit dem Rüssel, dann mit den Zähnen darüber her und wühlten heftig mit den Mäulern darin herum. Kaum eine Stunde später fielen sie beide, nach ein paar Zuckungen, als ob die Gift genommen hätten, tot auf die Lumpen hin."

Ein anderer Zeitgenosse, Marchionne di Coppo Stefani, schildert in seiner Chronik die Seuche mit folgenden Worten: „Trat die Seuche in einem Haus auf, war es oft so, dass keine einzige Person darin überlebte." Es starben auch „die empfindsamen Tiere wie Hunde und Katzen, Rinder, Esel und Schafe". Dann folgen die Symptome der Beulenpest, allerdings mit Blutspucken. Er erwähnt auch das Massensterben, allein in Florenz soll es 96 000 Tote gegeben haben.

Auch ein späterer Bericht, im Jahre 1361 von dem Franziskaner Michele da Piazza niedergeschrieben, gibt Hinweise auf das Auftreten der Lungenpest – rasche Übertragung allein durch ein Gespräch –, aber er nennt auch die Symptome der Beulenpest. Diesem Zeitgenossen zufolge sterben „selbst die Katzen und die übrigen Haustiere, die in dem Haus" eines Erkrankten lebten.

Ein anonymer Berichterstatter aus Pisa, der allerdings wohl erst eine Generation später, spätestens aber im Jahr 1389, seinen Bericht verfasste, hebt gleichfalls die hohe Ansteckung hervor: Die Kranken starben in kurzer Zeit, meist nach nur zwei bis vier Tagen, gelegentlich auch über Nacht; die Toten wiesen auf der Haut „breite, schwarze Punkte, die wie kleine Blumen aussehen" auf. In Pisa dauerte die Seuche von Mitte Januar bis September, sie tötete angeblich 70 von hundert Bewohnern.

Die Luft sei „vom Gestank der Leichen" dumpf und stickig, schreibt ein anderer Chronist. Der Florentiner Giovanni Villani berichtet auch von dem Erdbeben, das am 25. Januar 1348 auftrat. Er fürchtete eine große Katastrophe für die ganze Menschheit. Sein Bruder Matteo, der selbst ein Opfer der Pest wurde, schildert Erkrankungen von Menschen, die Symptome der Lungen- und der Beulenpest aufwiesen. Es wurde 1348 „ganz Italien angesteckt, mit Ausnahme [...] einiger Landstriche in der Umgebung der Alpen, die Italien von Deutschland trennen", schreibt einer. „Dort wütete sie weniger stark. In diesem Jahr begann sie auch die Alpen zu überqueren" und sich in Frankreich, Spanien und England auszudehnen, mit Ausnahme von Brabant. „1350 suchte diese [Seuche] Deutschland [...] und andere Völker im Norden heim."

In einer zeitgenössischen Chronik aus der umbrischen Stadt Orvieto heißt es, die Seuche nahm von Juni bis Juli zu und dauerte bis September. Aus Orvieto liegen keine medizinischen Schilderungen vor, aber es gibt eine sehr genaue historische Studie über diese Stadt. Ihr zufolge verlor Orvieto mehr als die Hälfte seiner Bewohner.

Aus Siena lag einer Schilderung zufolge der Höhepunkt der Sterblichkeit im Sommer des Jahres 1348. In der ganzen Region sollen mehr als 80 000 Menschen gestorben sein. In Rimini berichtet ein anonym gebliebener Geschichtsschreiber, die Pest habe am 15. Mai begonnen und bis Dezember angehalten, dabei seien zwei von drei Bewohnen dahingerafft worden, zuerst die Armen, dann die Reichen.

Ein erfahrener zeitgenössischer Arzt, Gentile da Foligno, der viele Patienten behandelte und sich selbst die Pest zuzog und daran starb, nannte die Seuche eine völlig neuartige Krankheit, von der er noch nie gehört oder gelesen habe. Ein anderer berichtet, dass die Gerber wie auch die Latrinenreiniger durch den Gestank ungeschoren davonkamen.[15]

Nirgendwo ist über diese erste Pestepidemie des Spätmittelalters umfassender und genauer berichtet worden als in Italien. Dort war die Pest allerdings auch ein einschneidendes Ereignis. Die Apenninhalbinsel mit ihren langen Küsten und ihren hohen Sommertemperaturen bot der Krankheit ein geeignetes Feld. Die Sterblichkeit scheint in den größeren Städten Italiens hoch gewesen zu sein, darin stimmen auch neuere Forschungen überein.

Die Ausbrüche in der Toskana, die inzwischen sehr gut untersucht sind, waren samt und sonders Sommerepidemien. In einigen Städten wie Orvieto oder Siena oder San Gimignano starb mehr als die Hälfte der Bewohner.[16]

Sehr viel weniger ist für die Mitte des 14. Jahrhunderts über das Land rings um die Städte bekannt. Es ist anzunehmen, dass die Pest von einer großen Stadt wie etwa Florenz sehr bald auch in die engere Umgebung kam, denn natürlich bestanden zwischen den Städten und den Dörfern in ihrem Einzugsgebiet enge Verbindungen. Dies trifft aber nicht für die fernere Umgebung zu, deshalb dürften jene Dörfer – zumindest für längere Zeit – verschont geblieben sein. Immerhin flüchteten sich, nach Ausbruch der Pest, einige der Bewohner von Florenz, wie Giovanni Boccaccio in seinem „Decamerone“ schildert, aufs Land, um dort das Ende der Seuche abzuwarten und sich zum Zeitvertreib vergnügliche Geschichte zu erzählen.

Handelte es sich aber tatsächlich um die Pest? Dies braucht man nicht zu bezweifeln. Aber es muß nicht einzig und allein die Pest gewesen sein, die Italien heimsuchte, auch bei früheren Seuchen trat mehr als nur eine Infektionskrankheit in Erscheinung.

Zwei wichtige Komplexe deuten darauf hin, dass in Italien zur selben Zeit zusätzlich der Milzbrand oder eine andere epidemisch auftretende Infektionskrankheit grassiert haben muss: 1. Es hatte schon einige Jahre zuvor, 1339/40, ein ungeklärtes Massensterben geherrscht, es könnten also noch Erregerherde bestanden haben. 2. Es waren an dem Massensterben diesmal auch verschiedene Wirbeltiere beteiligt, die gewöhnlich für die Pest ziemlich unempfänglich sind. Dies ist ein recht eindeutiges Indiz dafür, dass wenigstens eine weitere Infektionskrankheit grassierte. Erstaunlich ist außerdem, dass von einem Rattensterben nicht ausdrücklich berichtet wird, obwohl gerade die Nager für die Pest überaus empfänglich sind.[17]

Vieles an der Epidemiologie dieser Seuche ist rätselhaft. Der amerikanische Sozialhistoriker David Herlihy vermisst vor allem dieses massenhafte Rattensterben, das den Pestepidemien in der Regel vorausgeht. „Allen Zeugen [...] entgeht dieses Omen", schreibt er. „Aber entgeht es ihnen wirklich? Ist es überhaupt aufgetreten?" Dann kommt er auf die Übertragung der Pest zu sprechen: „Wie konnte sich die Krankheit so schnell und so mächtig nicht nur zu Wasser, sondern auch zu Lande ausbreiten?"[18]

DIE AUSBREITUNG DER SEUCHE NACH WESTEN

Italien war nur die erste Station dieser Seuche, die sich bald nach Westen ausbreitete, über die See weitaus schneller als auf dem Landweg. Was Wunder, sie war auch

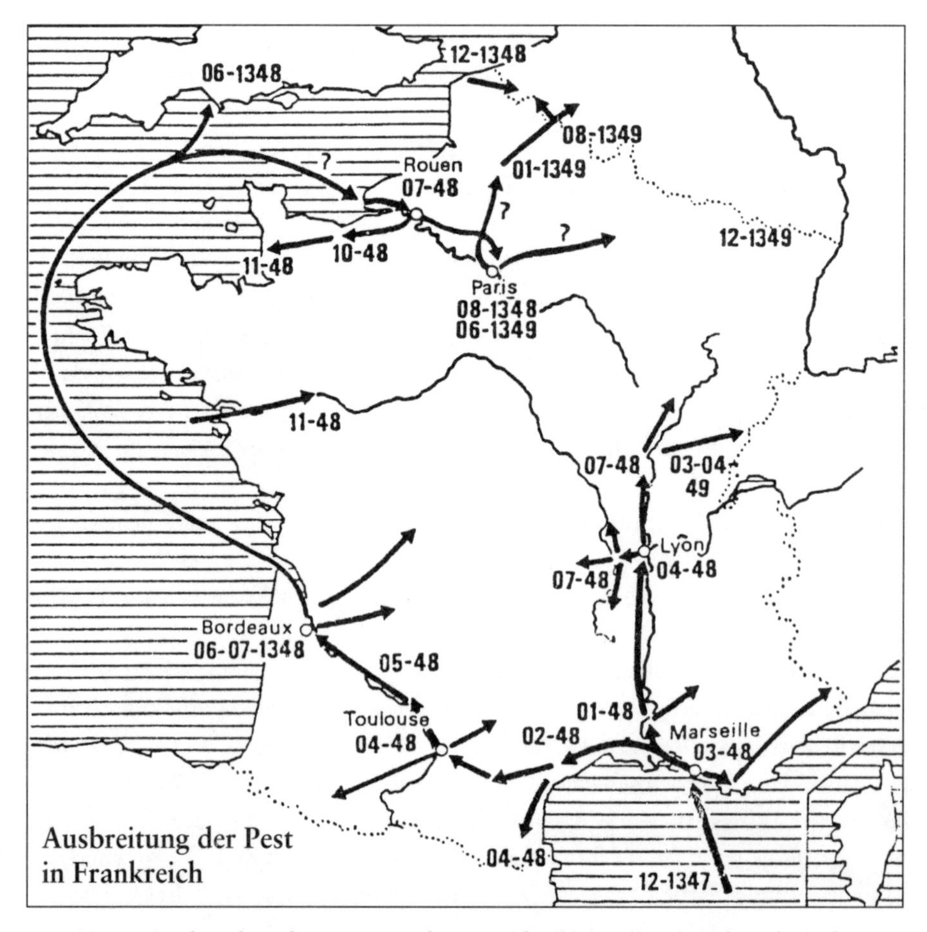

Die Karte zeigt die relativ langsame Ausbreitung der Pest in Frankreich in den Jahren 1347–1349. Viele Gegenden blieben erst einmal vom Schwarzen Tod verschont.

auf dem Seeweg auf die Apenninhalbinsel gelangt. Die Küsten der iberischen Halbinsel erreichte sie von Italien her sehr schnell. Ein muslimischer Arzt in Andalusien, Ibn al Khatib, berichtet, die neue Krankheit teile sich durch Ansteckung mit.[19]

Frankreich stand seit einigen Jahren mit England im Krieg, dem so genannten Hundertjährigen Krieg. Die Heere könnten mit ihren Durchzügen die Ausbreitung des Erregers beschleunigt haben. In Avignon, wo seit einigen Jahrzehnten der Papst seine Residenz unterhielt, brach die Pest bereits im Januar 1348 aus, also noch bevor sie die meisten italienischen Städte erreicht hatte.

Ein Arzt am Bett eines Pestkranken. – Spätmittelalterlicher Holzschnitt.

Guy de Chauliac, der Leibarzt Papst Clemens' VI., gibt in seinem Buch „Chirurgia“ eine sachkundige Beschreibung: „Das große Sterben begann im Januar und dauerte sieben Monate. Zu unterscheiden waren zwei Krankheitsformen: Die erste zeigte sich in den ersten beiden Monaten mit anhaltendem Fieber und blutigem Auswurf. Alle starben innerhalb von drei Tagen. Die zweite Form ging ebenfalls mit ständigem Fieber einher, zeigte aber auch Geschwüre und Beulen auf der Körperoberfläche, zumal in den Achsen- und Leistengegenden. Diese Kranken starben binnen fünf Tagen. Die Krankheit war so ansteckend, besonders die Form mit dem blutigen Auswurf, daß nicht nur ein Verweilen bei dem Kranken, sondern ein bloßer Anblick schon zur Ansteckung genügte. Einer empfing sie vom anderen in dem Maße, daß ganze Familien starben.“

Die zeitgenössische Medizin erkannte die Seuche bald als eine neuartige Krankheit, darauf deuten die frühesten Traktate hin, die sich mit ihr beschäftigten, etwa das Pariser Pestgutachten von 1348. Von großer Bedeutung für die deutsche Medizingeschichte wurde ein Traktat, der unter dem Titel „Der Sinn der höchsten Meister von Paris“ bekannt ist und sich den Pariser Empfehlungen anschließt. Er entstand kurz nach 1350 und zählt zu den ältesten Pestschriften in deutscher Sprache. Eine weitere ist der „Prager Sendbrief“, der gegen 1371 verfasst wurde, möglicherweise von Gallus von Strahov; sein Adressat soll Kaiser Karl IV. gewesen sein. Hinsichtlich der Therapie gibt er allgemeine Empfehlungen wie den Aderlass. Der „Pestbrief an die Frau von Plauen" stammt gleichfalls aus dem ostmitteldeutsch-böhmischen Raum.[20]

DAS ÜBERGREIFEN AUF ENGLAND

Die englische Insel wurde von der Pest etwa gegen Jahresmitte 1348 befallen. Sie gelangte offenbar fast zeitgleich in mehreren Häfen an und breitete sich von den Küsten ins Landesinnere aus. Erstaunlicherweise soll sie in England jedoch im Landesinnern heftiger gewütet haben als in den Küstenregionen. In den Midlands haben einige Ortschaften damals die Hälfte ihrer Einwohnerschaft verloren. Untersuchungen der Sterblichkeit mit Blick auf die soziale Schichtung ergaben, dass die unteren Volksschichten stärker betroffen waren. Vom niederen Klerus starben rund 40 Prozent, von den Bischöfen gerade 18 von hundert, obwohl die Bischöfe doch sicherlich viel älter waren.

Die Bevölkerungsverluste infolge der Pest dürften in England erheblich gewesen sein. Am Vorabend des Schwarzen Todes zählte England etwa 3,7 Millionen Einwohner, nach der Pest ein Drittel weniger.[21]

Trotz des Massensterbens enthält die schöne Literatur Englands wenig Hinweise auf diese Pest. Die beiden größten zeitgenössischen Literaten, Geoffrey Chaucer und William Langland, haben ihr in ihren Werken keinen größeren Raum eingeräumt.

DER WEG DER PEST NACH DEUTSCHLAND

Die in Italien sich ausbreitende Seuche gelangte auf dem Seeweg nach Westen und von dort in das nördliche Europa, auf dem Landweg in Richtung Mitteleuropa. Das am weitesten nach Süden reichende Territorium im heutigen Deutschland bildet Bayern. Daher könnte man annehmen, dass die Pest zuallererst bayerisches Gebiet erreicht haben müsste. Doch ist dies nicht zwingend, denn zwischen Italien und Deutschland stellen sich die Alpen, die ein Hindernis für den Verkehr und somit auch für die Pestübertragung bildeten. Möglicherweise nahm die Pest deshalb zunächst den Weg westlich der Alpen nach Norden. Der Brenner war um 1350 einer der am häufigsten benutzten Alpenpässe, Schätzungen zufolge betrug zwischen dem 13. und 15. Jahrhundert der Gesamtwarenverkehr ca. 3000 bis 5000 Tonnen jährlich. Ohne Zweifel war er damit relativ häufig befahren, aber schwerlich von Getreidefahrzeugen.

Auf dem Seeweg kam die Pest viel schneller voran. Dass die Pest einige Städte östlich und westlich der Alpen – etwa Wien im Osten und Basel im Westen – im Frühjahr 1349 erreichte, braucht nicht bezweifelt zu werden, wenngleich die Geschichtsschreibung sich dazu keineswegs eindeutig äußert.[22] Erstaunlich ist dagegen, dass die Pest – beispielsweise in Kärnten – so rasch in die Berge emporgestiegen sein und weit oben die Pächter einzelner Höfe dahingerafft haben soll.[23]

Wann hat die Pest erstmals bayerisches Gebiet erreicht? Das lässt sich nicht mit Sicherheit sagen, überhaupt scheint das südliche Bayern weitgehend – oder sogar vollkommen – verschont geblieben zu sein. Es gibt ohnehin fast nur chronikalische Überlieferungen über die Städte, obwohl nicht zu begreifen ist, dass nur sie betroffen gewesen sein sollen. Die große Mehrheit der Bevölkerung, wohl an die 90 Prozent, lebte immerhin auf dem Lande, aber hier fehlen für diese frühe Zeit die Untersuchungen gänzlich.[24]

Die folgende Aussagen über die Pest in Süddeutschland können sich daher nur auf die Städte beziehen. Da es sich bei der Pest um eine übertragbare Krankheit handelt, ist es nicht nötig, alle zu untersuchen – es soll genügen, jene Städte heranzuziehen, die an größeren Durchgangsstraßen lagen und somit am frühesten gefährdet waren. Da die Seuche Deutschland von Süden her erreichte, müssten vor allem die größeren süddeutschen Städte in verkehrsgünstiger Lage früh betroffen gewesen sein.

Passau: Für die Stadt Passau, eine mittelgroße Stadt an einem schiffbaren Strom, der Donau, gelegen, ist die Quellenlage für diese Zeit schlecht, denn die Archivalien wurden durch einen späteren Stadtbrand vernichtet. In den bestehenden Archivbeständen gibt es keinen Hinweis auf die Pest oder ein Massensterben in den Jahren 1348 oder 1349; die neueste Stadtgeschichte von Passau übergeht den Schwarzen Tod stillschweigend.

Regensburg: Die alte bayerische Hauptstadt, um die Mitte des 14. Jahrhunderts eine bedeutende Handelsstadt, ist gleichfalls an der Donau gelegen. Die neue Stadtgeschichte von Regensburg erwähnt für die Zeit unmittelbar nach 1348 die Pest nicht. „Für einen Pestausbruch bzw. Pestfall in Regensburg der Jahre 1348/1349/1350 gibt es bisher keine Quellenbelege. Die ersten verlässlichen Notizen fallen in den Jahren 1357, 1371, 1375 und 1380“, schreibt der Leiter des Spitalarchivs.[25]

München: München war in der Mitte des 14. Jahrhunderts zwar noch nicht bayerische Hauptstadt, aber doch „die Handels- und Gewerbestadt in Oberbayern schlechthin“, wenngleich „keine Fernhandelsstadt wie Regensburg“ und kein Zentrum von der Bedeutung Augsburgs. Die „Mattseer Annalen“ sprechen zwar von einer „crudelissima pestilencia“, die München und einige andere Städte (Braunau am Inn, Landshut) heimgesucht haben soll, doch gibt es keine weiteren überzeugenden Belege von einem Massensterben in diesen Jahren. Neuere Darstellungen der Geschichte Münchens übergehen die Seuche meist stillschweigend. „Für das oberbayerische Umland jedenfalls lassen sich noch keine weitreichenden Folgen der ersten Pestwelle erkennen. Erst die Seuchenjahre 1356, 1380 und 1396 bewirken hier einen gravierenden Bevölkerungsrückgang.“[26]

Ingolstadt: Für die Stadt Ingolstadt gibt es keine Hinweise auf einen Pestausbruch in den Jahren 1348/49 oder unmittelbar danach. Beweise für eine große Epidemie, die mit einem Massensterben einherging, liegen für diese Zeit nicht vor. „Epidemien wie Pest“ sind zwar im Spätmittelalter aufgetreten, „auch wenn sie erst in der Zeit des Bestehens der Universität, nach 1472 in den Quellen exakter [!] fassbar werden“, heißt es in der neuesten Stadtgeschichte.

Augsburg: Die Freie Reichsstadt Augsburg war bereits im Spätmittelalter eine bedeutende, große Handelsstadt mit einem für diese Zeit beträchtlichen Verkehrsaufkommen, viel bevölkerungsreicher und wichtiger als München. Augsburg war an einem wichtigen Verkehrsknotenpunkt gelegen. Eine Handelsstraße zog von Italien her über Innsbruck, Augsburg nach Nürnberg und weiter nach Niederdeutschland, eine weitere große Straße, die durch Augsburg zog, verband den Bodenseeraum mit Regensburg, eine weitere führte von Straßburg über Ulm nach München. „Eine Auswirkung der Seuche“ ist nicht nachzuweisen und die Bewohnerschaft soll in diesem Zeitraum sogar zugenommen haben. „Gesicherte Erkenntnisse über eine Pestwelle in Augsburg gibt es erst für 1380.“[27]

Nürnberg: Die Freie Reichsstadt Nürnberg zählte im Spätmittelalter – neben Augsburg und Köln – zu den volkreichsten und wichtigsten Handelsstädten Deutschlands. Kaiser Karl IV. erließ hier im Januar 1356 die „Goldene Bulle“, nach der künftig jeder Kaiser seinen ersten Hoftag in dieser Stadt abzuhalten hatte. Nürnberg lag „wie eine Spinne im Netz“ (Hektor Amman) in der Mitte des Reiches, die Stadt unterhielt einen bedeutenden Fernhandel in alle Himmelsrichtungen. Dennoch fehlen in den zeitgenössischen Quellen Hinweise auf eine große Seuche oder ein Massensterben; die Pest dürfte in Nürnberg erstmals 1359 aufgetreten sein. Auch in Nürnbergs Umgebung sollte es daher keine große Seuche gegeben haben.

Würzburg: Würzburg war um 1350 eine mittelgroße bis große Stadt, am Main gelegen, einem schiffbaren Fluss. Neuere Untersuchungen über Würzburg kommen gleichfalls zu dem Ergebnis, dass diese Stadt von der Pest nicht heimgesucht wurde.[28] Das Auftreten des Schwarzen Todes wird auch für die nördlich von Würzburg gelegene Rhön ausdrücklich verneint.

Rothenburg ob der Tauber: Rothenburg ist nur eine mittelgroße Stadt, über die aber der Durchgangsverkehr von den Rheinlanden in Richtung Böhmen führte. Rothenburg lag auch an einem der vielen Pilgerwege nach Santiago de Compostela; seit dem 13. Jahrhundert kamen zudem viele Pilger nach Rothenburg, die die Heilig-Blut-Reliquie aufsuchten. Es liegen für die Stadt keinerlei Hinweise auf eine große Seuche vor.

Kempten und Memmingen: Kempten und Memmingen liegen in relativ geringer Entfernung voneinander, beide befinden sich entlang der Straßenverbindung von Italien nach Norddeutschland. Weder für Kempten noch für Memmingen gibt es Hinweise auf ein Auftreten der Pest in den Jahren 1349/50.[29]

Ulm: Auch für Ulm, in der Mitte des 14. Jahrhunderts eine freie Reichsstadt von mittlerer Größe, an einer wichtigen Verkehrsverbindung gelegen, fehlen Hinweise auf die Seuche. „Über die chronikalischen Nachrichten hinaus sind uns, bis heute wenigstens, keine weiteren konkreten und direkten Belege zu den Pestjahren 1348/50 in Ulm bekannt. [...] Nach unserer Kenntnis der Bestände dürfte es aber in jedem Fall nicht einfach sein, die gewünschten handfesten Beweise [für ein Auftreten der Pest in den Jahren 1348/49 in Ulm] zu finden", schreibt der Leitende Archivdirektor.[30] Auch der Umstand, dass man die Mittel besaß und die Notwendigkeit spürte, in den 1370er Jahren mit dem Bau des großen Münsters zu beginnen, spricht gegen ein Massensterben.

Freiburg im Breisgau: Freiburg liegt unweit des Rheins, rechtsrheinisch, die wichtige Verbindungsstraße von Basel nach Mainz führte linksrheinisch an der Stadt vorbei. Über Freiburg heißt es in der neuesten Stadtgeschichte, dass „eine direkte Beschreibung der Ereignisse in Freiburg oder auch nur Angaben über die Zahl der Opfer nicht überliefert sind. Wohl aber haben wir Nachricht von einer schlimmen Begleiterscheinung [!] der Pest: Noch bevor die Welle der Seuche überhaupt Freiburg erreichte, kam es hier – wie vielerorts in Europa – zu einem wohlorganisierten Pogrom gegen die Juden, in denen man nur allzu bereitwillig die Schuldigen an der Seuche gefunden zu haben glaubte [...]. Die Pestepidemie von 1348/49 war vielleicht die verheerendste, keinesfalls aber die letzte Heimsuchung dieser Art in Freiburg."

Speyer: Dies gilt auch für Speyer, an der wichtigen Verbindungsstraße von Basel nach Mainz gelegen. Die neueste Stadtgeschichte schreibt: „Im Sommer [1349] schließlich steigert sich das schon in den Judenverfolgungen zum Ausdruck gekommene Gefühl allgemeiner existentieller Bedrohung durch die vordringende *Pestepidemie* – wenn auch eine unmittelbare Wirkung der Seuche in Speyer nicht auszumachen ist."

Über das heutige Bundesland Baden-Württemberg steht im neuesten Handbuch etwas sibyllinisch: „Als der größte Einschnitt ist die Pest um 1349 bekannt, aber durch Quellen aus dem Land selbst nur sehr spärlich belegt. [...] Wenn auch die große Seuche von 1349 die höchsten Verluste gebracht hat, so waren manche Gebiete von ihr verschont und wurden in den späteren Pestzügen, die im allgemeinen sonst glimpflicher verliefen, dann umso mehr betroffen."[31]

VERSCHONTE REGIONEN

In der Vergangenheit nahmen deutsche Historiker zumeist an, es habe sich bei der Pest um eine sich rasch ausbreitende, hoch ansteckende Krankheit gehandelt, ähnlich den Pocken oder der Grippe. Daraus folgerten sie, dass die Pest von Anfang an „überall" aufgetreten sein müsse und somit alle Räume und Städte heimgesucht habe. In Wirklichkeit entkamen ihr viele Räume, sie blieben zunächst unberührt.[32] Der Böhmische Kessel beispielsweise war anfangs allenfalls in seinem Süden betroffen, in der Nähe der Stadt Brünn, Prag wurde frühestens 1357 erreicht, eher noch später.[33] Nach Böhmen kam die Pest erstmals im Jahre 1357, und für Breslau ist in den „Annales Wratislawienses maiores" erstmals für das Jahr 1373 von einer „maxima pestilentia et karistia" die Rede. Gerade „durch hohe Gebirge und Waldungen [kann die Pest] aufgehalten werden."[34]

Es ist aber nicht anzunehmen, dass nur weite Teile Bayerns, Böhmens und Schlesiens von der Seuche verschont geblieben sein sollen, auch Gebiete im Norden und Westen des Römischen Reiches, wichtige Regionen wie Brabant und die südlichen Niederlande, blieben 1349/51 frei von der Pest, obwohl dies schon im Spätmittelalter eine verkehrsreiche und dicht besiedelte Zone war.[35]

Auch von Teilen Frankreichs weiß man seit einigen Jahren, dass sie von der ersten Pestwelle nicht – oder höchstwahrscheinlich nicht – berührt wurden.[36] Viele westdeutsche Städte blieben anfangs ebenfalls unberührt – oder man weiß nichts vom Auftreten der Pest – , so zum Beispiel Trier,[37] Frankfurt am Main, Göttingen, Düsseldorf und Duisburg, wohl auch Berlin.[38] Von ihnen ist anzunehmen, dass der Schwarze Tod (1349/50) hier nicht auftrat, wobei die Hinweise darauf in den neuesten Stadtgeschichten eher dürftig sind.

Köln, eine der größten Städte im Reich, soll dagegen vom Schwarzen Tod heimgesucht worden sein.[39] Bedauerlicherweise geht die Monographie von Franz Irsigler über „Die wirtschaftliche Stellung der Stadt Köln im 14. und 15. Jahrhundert" kaum in die Zeit vor 1370 zurück, bezweifelt aber einen starken Bevölkerungsrückgang; der Verfasser spricht von der „kritiklosen Übernahme der Zahlenangaben über seuchenbedingte Bevölkerungsverluste aus den mehr oder weniger zeitgenössischen Chroniken[, die] kein korrektes Bild der Bevölkerungsentwicklung" gäben.[40]

Die Zahl der von einzelnen großen Kommunen beschäftigten Stadtärzte soll infolge der Seuche in jedem Fall zugenommen haben, allerdings erst später: in Köln 1372, in Straßburg 1383, in Frankfurt/M. 1384.

DIE BEVÖLKERUNGSVERLUSTE – NEUE BESTANDSAUFNAHMEN

Für die an der Nordseeküste gelegenen Hansestädte Bremen und Hamburg liegen aus den 1950er Jahren Studien über die Pest vor. Ihnen zufolge verursachte der Schwarze Tod in diesen Städten hohe Verluste. In Hamburg starben im Jahre 1350 „von 34 Bäckermeistern 12 oder 35 Prozent, von 40 Knochenhauern 18 oder 45 Prozent, von 37 Stadtbediensteten 21 oder 57 Prozent". Heinrich Reincke schätzte die Verluste für Hamburg auf 50 bis 66 Prozent und kommt bezüglich Bremens sogar auf eine noch höhere Verlustrate. In Lübeck, das gleichfalls vom Schwarzen Tod erfasst wurde, soll etwa ein Viertel der Ratsherren gestorben sein.[41] Allerdings wird man diese Personenkreise nicht als repräsentativ ansehen dürfen, denn die Knochenhauer – wie die Bäcker – zählten zu den Berufsgruppen, die viele Ratten anzogen, und die Ratsherren standen im öffentlichen Leben.

Die Höhe der Verluste in diesen beiden Städten werden von dem Sozialhistoriker Neithart Bulst in Zweifel gezogen.[42]

In Hinblick auf die Ausbreitung der Pest, die in Deutschland eher langsam und keineswegs alldurchdringend vor sich ging, zeigte die Seuche also durchaus eine ähnliche Form wie in den heißen Zonen.[43]

Wo die Pest 1349/50 in einer deutschen Stadt auftrat, waren die Verluste möglicherweise hoch; aber wo trat sie wirklich auf? Über sehr viele deutsche Städte fehlen zuverlässige Untersuchungen, über die Landbevölkerung sowieso, und auf dem Land lebten seinerzeit rund neun Zehntel der Bevölkerung.

Es ist ferner anzunehmen, dass in verschiedenen Regionen Europas die Auswirkungen unterschiedlich waren, denn nicht überall trat die Pest im gleichen Ausmaß auf. Am besten erforscht sind Italien und England, aber beide unterschieden sich naturräumlich ganz deutlich von einem Land wie Deutschland. Es wäre nicht erstaunlich, wenn die Pest in Deutschland nicht vom Süden her gen Norden, sondern umgekehrt von der Küste nach Süden ins Landesinnere gezogen wäre.

Nicht weniger problematisch ist das Auftreten der Pest im Norden Europas, in Skandinavien. In den nordischen Ländern sei die Pest unterschiedlich oft aufgetreten, schreibt der kenntnisreiche Mediziner und Medizinhistoriker Ole J. Benedictow; in Finnland vielleicht nie, in Schweden mehrmals, Norwegen erlitt nach 1348 schwere Bevölkerungsverluste. Im Sommer 1349 breitete sich dort die Pest von Bergen und Oslo nordwärts aus. Dabei ist Benedictow sich über das große Problem der Verbreitung völlig im klaren: Im Spätmittelalter lebte die große Mehrheit auf dem Land – mehr als 90 von hundert Norwegern; außerdem war das ganze Land äußerst dünn besiedelt, es lebte weniger als ein Mensch pro Quadratkilometer. „Aus diesem Grund erscheint die Pest als Ursache des Bevölkerungsrückgangs hochproblematisch."[44]

Interessant ist nun, wann die Seuche Island und Grönland erreichte. Dies könnte sich als aufschlussreich erweisen, denn beide Länder liegen weit im Norden und beide sind Inseln, also gut überschaubare geographische Einheiten. Island wurde zweimal von der Pest heimgesucht, gleich zu Beginn (1402–1404) und am Ende des 15. Jahrhunderts. Angeblich verlor es schon während der ersten großen Pestepidemie die Hälfte oder gar zwei Drittel seiner Bevölkerung.

Die Bevölkerung Grönlands soll im Spätmittelalter bis auf sechstausend angestiegen sein. Als jedoch im Jahr 1361 ein Priester das Eiland besuchen wollte, waren sie allesamt verschwunden. „Die Zeugnisse im Eis zeigen, dass sie in den fünfziger Jahren des vierzehnten Jahrhunderts nach einer Reihe kalter Sommer verhungert waren."[45] Einen Hinweis auf die Pest gibt es für diese weit im Norden gelegene Region nicht. Auch ohne die Pest konnten seinerzeit also ganze Völkerschaften verschwinden.

Die Pest war aus Europa noch nicht wieder verschwunden, als der Begründer der historischen Demographie in Deutschland, der protestantische Feldprediger Johann Peter Süßmilch, in der Mitte des 18. Jahrhunderts schrieb: „Die Pest vor 400 Jahren zu Kayser Carls IV. Zeiten, im Jahr 1346, wird in allen Jahrbüchern als die allerschrecklichste beschrieben, weil sie kaum die Helfte der Einwohner soll übrig gelassen haben."[46]

Wie hoch war die Sterblichkeit in den Jahren 1348/50 in Deutschland tatsächlich? Wo von Verlusten von einem Drittel für diese wenigen Jahre die Rede ist, sind größte Zweifel angebracht. Die Pest hat wohl viele dahingerafft – aber nicht in diesen ersten Jahren. Der Pesterreger nistete sich ein und die Pest kam fortan alle paar Jahre in einer neuen Welle, sobald es wieder genügend nicht-immune Personen gab.

Es gibt daher andere Verlustzahlen, die sich weitaus realistischer ausnehmen als dieses häufig erwähnte „Drittel". Wie Johannes Nohl schreibt, sei Deutschland „am wenigsten heimgesucht worden"; er schätzt die Pestverluste für den deutschen Norden höher ein als für den Süden und geht mit Blick auf ganz Deutschland von einem knappen Zehntel aus.[47] Eine solche Schätzung – auf ganz Deutschland bezogen und für den gesamten Zeitraum des Schwarzen Todes – erscheint plausibel.

Wer sich mit der Erforschung der Seuchen Mitteleuropas im Mittelalter beschäftigt, darf sich im übrigen unmöglich auf schriftliche Quellen beschränken, denn das Spätmittelalter war – zumindest in Mitteleuropa – eine an schriftlichen Zeugnissen arme Zeit. Dafür gab es andere Anhaltspunkte. Wo nach 1350 große Kirchenbauten – oder gewaltige Stadterweiterungen – begonnen oder fortgeführt wurden, ist mit einer hohen Sterblichkeit infolge einer Seuche wie der Pest nicht zu rechnen. Anders herum: Wo große Seuchen mit Massensterben auftreten, da liegen hinterher Felder brach, weil die Arbeitskräfte fehlen, sie zu bearbeiten, da stehen Häuser plötzlich leer, da wachsen die Einnahmen der Kirchen für das Totenläuten und die Kosten für Totengräber, da werden plötzlich viel mehr Kleider im Trödel angeboten. Wenn in einer Stadt binnen kurzer Zeit viele Menschen dahingerafft werden, dann müssen dort viele Leichen beerdigt werden, die Einnahmen der Kirchen für Begräbnisse nehmen zu. In einer solchen Zeit rufen viele Ängstliche – und Wohlhabende – einen Notar herbei, um bei ihm ein Testament zu hinterlegen, auch darüber gibt es in der Regel schriftliche Aufzeichnungen. Wo viele an der Pest sterben, erlahmen die Geschäfte, es sinken die staatlichen Steuereinnahmen. Wo es das alles aber nicht gab, da wird man an der Gegenwart der Seuche und am Massensterben zweifeln müssen.

Gegen ein tödliches Übel wie die Pest wusste man sich in der Vergangenheit nicht zu wehren. Am ehesten vertraute man auf die Hilfe der Kirche, denn als die wahre Ursache der Seuche wurde der Zorn Gottes über die Sündhaftigkeit der Welt angesehen. – Bußprozession zur Schönen Maria in Regensburg. Holzschnitt von Michael Ostendorfer, um 1494.

Mit der Schriftlichkeit war es um das Jahr 1350 noch sehr kümmerlich bestellt – Papier, eine wichtige und einigermaßen erschwingliche Grundlage, wurde in Deutschland erst am Ende des 14. Jahrhunderts erzeugt, und selbst Italien, das Deutschland zivilisatorisch um 100 oder 150 Jahre voraus war – in der Papierherstellung vielleicht sogar noch mehr –, besitzt keineswegs ein Übermaß an schriftlichen Zeugnissen. In den mittelalterlichen und selbst noch in neuzeitlichen Quellen, die den Schwarzen Tod in Norddeutschland erwähnen, „sind die chronologischen Angaben zu ungenau, als dass daraus ein Pestbeginn schon 1348 oder 1349 mit Sicherheit ableitbar wäre".

Bisweilen hat man auch aus anderen sozialen Erscheinungen – vor allem aus den Judenpogromen des Jahres 1349 – auf die Präsenz der Pest geschlossen. Diese Folgerung ist unhaltbar. „Nach der heute allgemein verbreiteten Annahme stellt sich die Reihenfolge der Ereignisse: schwarzer Tod, Geißelfahrt, Judenmord", schrieb der Historiker und Seuchenforscher Robert Hoeniger vor weit mehr als hundert Jahren, und dieses scheinbar „logische" Nacheinander zeigt sich bis heute in der

Geschichtsschreibung. Tatsächlich aber muss die zeitliche Reihenfolge lauten: erst Judenmord, dann Geißelfahrt, dann Pest.[48] Die Pogrome sind kein zuverlässiger Hinweis auf das Auftreten der Pest, allenfalls auf die Angst vor ihr.

Die Bevölkerungsverluste der Pest wurden von der Geschichtsschreibung häufig generalisiert und dabei stark übertrieben,[49] wie Zahlen überhaupt die Neigung innewohnt, im Lauf der Zeit zu wachsen: Aus 20 werden leicht 30 und bald gar 40 Millionen Pesttote.

PREISVERFALL AUF DEM GETREIDEMARKT

Neben den wenigen zeitgenössischen schriftlichen Zeugnissen gibt es noch andere, zuverlässige Angaben über den Bevölkerungsschwund. Sie beziehen sich auf die längerfristige Folgen eines Massensterbens. Wenn die Bevölkerung in einem bestimmten Raum um ein Fünftel fällt, dann sinkt dort auch die Nachfrage nach Lebensmitteln etwa um den gleichen Anteil. Wenn die Nachfrage sinkt, sinken auch die Preise. Diese Gesetzmäßigkeit zeigte sich durchaus auch in der ferneren Vergangenheit. Der deutsche Agrarhistoriker Wilhelm Abel stellte fest, dass dem Schwarzen Tod eine langfristige Agrardepression folgte, die einen Umbruch in der Landwirtschaft nach sich zog.[50] Ganz gewiss hat das Absinken dieser Preise auch in diesem Fall mit dem Schrumpfen der Bevölkerung und dem der Nachfrage zu tun, aber die Getreidepreise sind ein ziemlich schwieriger Indikator für Bevölkerungsentwicklung, denn sie zeigen den demographischen Schwund keineswegs sofort an. So sanken die Preise für Getreide in Mitteleuropa zwar tatsächlich, allerdings erst etwa seit 1375 deutlich, und bis gegen 1420.[51] Es ist wenig überzeugend, wenn Abel diesen Preisverfall nach 1375 einzig und allein mit der besseren Witterung begründet.

Außerdem: Wenn eine Bevölkerung ab- oder zunimmt und in demselben Maße auch die Nachfrage, dann verändern sich die Preise für Getreide keineswegs proportional zur demographischen Veränderung. Wenn zum Beispiel eine Bevölkerung plötzlich um nur dreißig Prozent wächst oder die Ernteerträge infolge einer Missernte um denselben Teil abnehmen, schnellen die Getreidepreise gleich um 160 Prozent nach oben.[52]

Und noch etwas kommt hinzu: die Witterung und die Höhe der Erträge. Beide verändern sich von Jahr zu Jahr und die Gunst der Witterung – und somit der Ernteerträge – beeinflusst die Preisgestaltung gewaltig. Die Klimageschichte Mitteleuropas ist bislang noch nicht allzu gut erforscht; festzustehen scheint indes, dass seit dem frühen 14. Jahrhundert eine kältere Witterung einsetzte, mit schlechteren, unergiebigeren Ernten, sodass aus diesem Grund mit einem Preisanstieg für Nahrungsmittel zu rechnen wäre. Der Preisanstieg infolge der schlechten Witterung und der Preisverfall infolge absinkender Bevölkerung könnten sich theoretisch aber ausgeglichen haben.

Unmittelbar vor dem Auftreten des Schwarzen Todes in Europa und kurz nach der erhöhten Sterblichkeit des Jahres 1340 – nach 1342/43 – kommt es erst einmal in Süddeutschland zu Steigerungen der Nahrungsmittelpreise: dies die Auswirkung von drei nasskalten Sommern mit sehr schlechten Ernten. Sie waren die Folge einer Klimaanomalie, die der Schweizer Klimahistoriker Christian Pfister als „die vielleicht härteste ökologische Belastungsprobe des letzten Jahrtausends" bezeichnet hat.[53] Aus dem Umstand also, dass „die ersten Pestwellen anscheinend keine Spuren bei der Preisbildung hinterlassen hatten",[54] lassen sich keine weitreichenden Folgerungen treffen.

Hinzu kommt auch eine räumliche Komponente: In einer Zeit der schlechten Verkehrswege und des geringen Verkehrsaufkommens konnte die eine Provinz über Überschüsse verfügen und Preissenkungen verzeichnen, während man in engster Nachbarschaft Hunger litt.

DIE WÜSTUNGEN DES SPÄTMITTELALTERS

Ganz ähnlich verhält es sich mit den mittelalterlichen Wüstungen. Schon im ersten Viertel des 14. Jahrhunderts, nach den Hungersnöten der Jahre 1315 bis 1318, wurden Fluren aufgegeben, es entstanden Flurwüstungen.[55] So kam es zum Beispiel in der ersten Hälfte des 14. Jahrhunderts in der bayerischen Rhön zu fast zwei Dutzend Wüstungen. Sie sind fast immer ein Indiz für eine schrumpfende Bevölkerung. Ein Tiefststand der Bevölkerung wurde in der Rhön so gegen die Mitte des 15. Jahrhundert erreicht.[56]

In allen Jahrhunderten des Mittelalters sind Wüstungen entstanden, regional am meisten nach dem Jahr 1300. Wilhelm Abel errechnete für ganz Deutschland einen Wüstungsquotienten von 26, das heißt, dass aus der gesamten Anzahl von Ortschaften 26 Prozent wüst wurden. Die Zahl der Siedlungen ging im Spätmittelalter also um ein Viertel zurück, von 170 000 auf 130 000. Aber was heißt das? Es heißt, erstens, nicht, dass dies ausschließlich eine Folge des von der Pest verursachten Massensterbens gewesen sein muss, und zweitens darf man daraus nicht schließen, dass die Bevölkerung um denselben Anteil zurückging.[57]

Man darf also die Bedeutung dieser Flurwüstungen nicht überschätzen. Ein Flurwüstungsquotient von 50 Prozent bedeutet nur, dass die Hälfte des Bodens aufgegeben wurde – er bedeutet nicht, dass der gleiche Anteil der Bevölkerung verschwunden ist. Es ist sogar anzunehmen, dass nach einem Bevölkerungsverlust in bestimmter Größe deutlich größere Anteile – nämlich schlechterer Böden – aufgegeben wurden, deren Bestellung sich nun nicht mehr lohnte.

Die Wüstungen geben so allenfalls ein ungefähres Bild über den anteiligen Verfall in einzelnen Regionen, aber unmöglich für einen eng umgrenzten Zeitraum oder gar für ein bestimmtes Jahr. Sie machen den demographischen Niedergang der deutschen Bevölkerung im Spätmittelalter augenfällig, nicht jedoch exakt für die Mitte des 14. Jahrhunderts, sondern für das Spätmittelalter insgesamt. Der Zeitraum des Rückzugs der Besiedlung reicht etwa vom Jahr 1300 bis 1470. „Um 1300 war der Höhepunkt der Erschließung erreicht, doch begann kurz darauf hier wie in anderen Teilen Mitteleuropas die spätmittelalterliche Wüstungsperiode, der ein großer Prozentsatz der Orte samt ihrer Wirtschaftsfläche zum Opfer fiel", schreibt W.-D. Sick.[58]

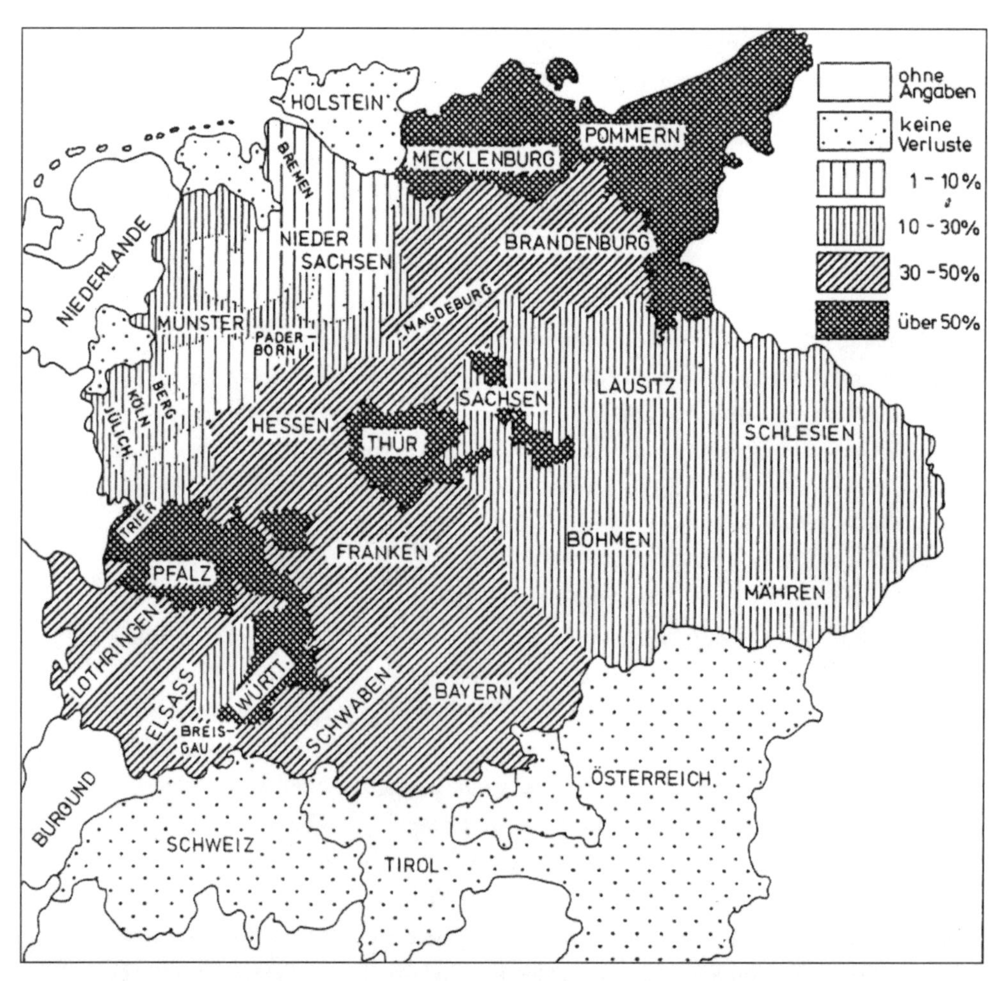

Die Wüstungen des Spätmittelalters (14. und 15. Jh.) sind Zeichen einer schrumpfenden Bevölkerung. Deren Zahl ging in Europa seit Beginn des 14. Jahrhunderts zurück. Der demographische Niedergang setzte also vor der Pest ein; ein sich verschlechterndes Klima und – in der Folge – Hungersnöte trugen dazu bei, erst nach 1350 auch die Abfolge von Pestepidemien.

Diese Auffassung bestätigt auch Abel: „Es scheint, als ob in Teilen Deutschlands bereits die Hungersnot der Jahre 1309/18 Wüstungen in größerer Zahl entstehen ließ“, schreibt er. „Harte und lange Winter, regnerische Sommer, Hagel und Überschwemmungen leiteten diese Not ein, die durch ihre Schwere, Dauer und Verbreitung eine Sonderstellung unter den Hungersnöten des hohen Mittelalters einnimmt. Sie beginnt in den Jahren 1309/11 in Süd-, Mittel- und Westdeutschland, breitete sich in den folgenden Jahren aus, und um 1315, dem Höhepunkt der Krisis in Deutschland, war außer Italien kaum noch ein Land oder eine Landschaft Mitteleuropas frei.“[59]

Das Ausmaß der Wüstungen war hoch. Innerhalb Bayerns (in seinen heutigen Grenzen) war der Anteil der wüsten Fluren im Spätmittelalter allerdings niedrig: Er wurde in Bayern südlich der Donau zuletzt als „gering“ eingestuft, d. h. zwischen 10 und 19 Prozent, zwischen Donau und Main als „unbedeutend“, d. h. weniger als zehn Prozent. Für Franken, den nördlichen Teil des heutigen Bayerns, zeigen neue Forschungen, dass in der zweiten Hälfte des 14. Jahrhunderts nicht einmal die Gründung von neuen Siedlungen aufhörte.[60] Da kann der Bevölkerungsverlust nicht sehr hoch gewesen sein. Auch in Sachsen scheint die Bevölkerung nach 1350 nicht um ein Drittel zurückgegangen zu sein.[61]

Dass Deutschland im 14. und 15. Jahrhundert demographische Verluste erfuhr, kann man nicht leugnen. Unbestreitbar ist auch, dass Mitteleuropa zwischen 1348/50 und 1720 von etlichen Pestwellen überrollt wurde. Aber es ist nicht glaubhaft, dass einzig und allein die Pestepidemie von 1348/50 Verluste von einem Drittel hervorgerufen haben soll. Solange genauere Zahlen nicht vorliegen, sollten die Schätzungen mit größter Vorsicht erfolgen. Für die Zeit um 1350 beziffert der Kölner Mediävist Erich Meuthen die deutsche Bevölkerung auf 13 bis 14 Millionen, ihren Tiefststand erreichte sie erst gegen 1470, mit 7 bis 10 Millionen, wie er vorsichtig annimmt.[62] Das klingt glaubhaft, gerade weil es so unbestimmt ist. Ein starker Bevölkerungsrückgang ist also möglich, aber nicht sogleich zwischen 1348 und 1350, sondern im Verlauf der folgenden hundert oder mehr Jahre. Nach 1470 begann die deutsche Bevölkerung wieder langsam zu wachsen, bis die Seuchen des Dreißigjährigen Krieges, vor allem Pest und Fleckfieber, den Anstieg erneut unterbrachen.

NEUE HYPOTHESEN

Sind die hier vorgetragenen revisionistischen Auffassungen und die Verlustzahlen wirklich so vollkommen neu? Das sind sie keineswegs. Wenn man ältere Literatur heranzieht und sie sorgfältig liest, findet man andeutungsweise ganz ähnliche Befunde. Die These, dass die Pest sich nach 1348 in Mitteleuropa durchaus nicht sehr rasch ausbreitete und keineswegs fast alle größeren Städte ergriff, ist nicht neu, sie wurde mehrmals in der Geschichtsschreibung geäußert, allerdings sprachlich meist so umständlich oder vorsichtig, dass sie vielleicht nicht richtig verstanden wurde. So schreibt bereits Wilhelm Abel über den Schwarzen Tod: „Aus dem Orient eingeschleppt, breitete sich die Seuche von der Mittelmeerküste und den Nordseehäfen über Frankreich, Spanien, England, *Westdeutschland* [...] aus. Bereits bei ihrem ersten Durchzug in den Jahren 1347/50 fielen der Pest in den Ländern, Landschaften und Städten, *aus denen genauere Ziffern vorliegen oder mit einiger Sicherheit sich schätzen lassen*, ein Drittel und mehr der Menschen zum Opfer."[63]

Die sprachlichen Differenzierungen, so scheint es, wurden übersehen oder gerieten in Vergessenheit; was sich den meisten einprägte, waren die scheinbar hohen Verluste. Auch in der neuesten Geschichtsschreibung gibt es Hinweise darauf, dass nur Teile Deutschlands von der ersten Pestwelle überrollt wurden. So schreibt der italienische Historiker Giuliano Procacci in seiner „Geschichte Italiens und der Italiener", dass der Schwarze Tod „sich über ganz Europa von Italien bis Skandinavien" ausbreitete und „dass ein Drittel der Bevölkerung in Italien, Frankreich und England durch die Pest vernichtet worden ist". Kein Wort von Deutschland.

Wie schätzen andere Nationen die Verluste von 1348/50 ein? Am besten ist diesbezüglich wohl England erforscht. Dort waren die Verluste nach glaubwürdigen neueren Forschungen auch ziemlich hoch. Am Vorabend des Schwarzen Todes betrug die Bevölkerung Englands annähernd 3,7 Millionen. Der englische Sozialhistoriker Josiah C. Russell nimmt an, dass die erste Pestwelle rund ein Viertel davon ins Grab riss,[64] anderen halten die Verluste für höher, ohne jedoch klar zwischen der ersten Pestwelle und anderen Krisen zu unterscheiden. Der britische Mediziner John Shrewsbury behauptet, dass nur ein kleiner Teil der demographischen Verluste, die er keineswegs bestreitet, tatsächlich der Pest zuzuschreiben seien; er nimmt an, dass eine weitere Seuche geherrscht haben muss Diese Auffassung ist aus Großbritannien immer wieder zu hören, und sie entbehrt – gerade für das englische Eiland – nicht jeder Plausibilität. Gerade auch mit Blick auf spätere Seuchen – wie den Englischen Schweiß, der seit 1485 grassierte – steht einerseits noch nicht sicher fest, um welche Infektionskrankheit es sich tatsächlich handelte, andererseits wurde auch ziemlich überzeugend darauf hingewiesen, dass neu entdeckte Hantaviren als Erreger in Frage kommen.

Keinesfalls sollte man denken, dass die Anzeichen einer „Krise" um 1350 einen unmissverständlichen Hinweis auf das verheerende Auftreten der Pest in Mitteleuropa geben – es ist durchaus denkbar, dass die in vielen neueren historiographischen Arbeiten erwähnten Symptome einer großen Krise von anderen krisenhaften Erscheinungen – wie der Klimaveränderung – hervorgerufen wurden oder, wenn von der Pest, dann von der gehäuften Wucht der späteren Epidemien.

Auch andere Daten der Wirtschaftsgeschichte weisen darauf hin, dass erst nach dem dritten Viertel des 14. Jahrhunderts die Folgen einer demographischen Krise in Mitteleuropa zu spüren waren.

Der Schwarze Tod, also die erste große Pestwelle in der Mitte des 14. Jahrhunderts, der in den nächsten Jahrhunderten noch viele weitere Pestepidemien folgten, hat viele Städte und Räume in Deutschland nicht berührt, das machen neuere Archivstudien aus süddeutschen Städten deutlich. Dies sollte nicht weiter verwunderlich sein, denn die von Ektoparasiten (wie Flöhen) übertragene Beulenpest hat einen ziemlich umständlichen Übertragungsmodus. Die Beulenpest ist zwar eine häufig tödlich verlaufende, aber keineswegs sehr ansteckende Infektionskrankheit.

Die von der Pest verursachten Bevölkerungsverluste betrugen sicherlich nicht annähernd ein Drittel, sie müssen deutlich niedriger gewesen sein. Außerdem dürfte, zumindest in Italien, wo viele andere Wirbeltiere von der Seuche erfasst wurden, auch wenigstens eine weitere Infektionskrankheit an dem Geschehen beteiligt gewesen sein.

PESTZÜGE IN STADT UND LAND

„Mäuse und Ratten haben zusammen mit Flöhen, Läusen, Wanzen, Mücken, Fliegen und – in ihrem Gefolge –Viren, Bakterien und einzelligen Schmarotzern die Schicksale der Völker weit mehr bestimmt als Pfeil und Bogen, Schwerter und vielleicht auch mehr als Maschinengewehre und Dynamit."
H.-A. Freye, Zoologe

Die meisten europäischen Städte hatten im späten Mittelalter und in der Frühen Neuzeit in fast regelmäßiger Folge Pestepidemien zu erdulden. Die Freie Reichsstadt Nürnberg, eine der bevölkerungsreichsten Städte im Heiligen Römischen Reich, verzeichnete vom ersten gesicherten Auftreten einer Pest in dieser Stadt im Jahr 1359 Pestseuchen in den folgenden Jahren: 1377, 1388, 1395, 1407, 1427, 1451/52, 1462/63, 1474/75, 1483/84, 1494/95, 1505/06, 1519/20/21, 1533/34, 1543. Das sind fünfzehn Epidemien in weniger als zweihundert Jahren. Allein für die zuletzt genannte Seuche zählten die Totenlisten nicht weniger als 5 754 Opfer.[1] Es ist nicht nötig, diese Epidemien hier im einzelnen darzustellen. Die Freie Reichsstadt Augsburg, um ein weiteres Beispiel einer oberdeutschen Stadt zu nennen, hatte damals Pestepidemien in jeweils kurzen Intervallen von gut zehn Jahren. Alle paar Jahre kam das Übel wieder und riss Tausende in den Tod: 1401, 1407, 1420, 1430, 1438, 1462 – es folgt eine große Lücke von 24 Jahren, vielleicht wurde eine Seuche nicht vermerkt – dann wieder 1473, 1484 und 1494. Das sind wenigstens neun Epidemien innerhalb von hundert Jahren. Sie haben die Bevölkerung niedergehalten. Ohne größeren Zuzug von außen wäre Augsburg wie alle mittelalterlichen und frühneuzeitlichen Städte geschrumpft.

Fast alle großen Städte hatten in diesem Turnus von etwas mehr als zehn Jahren Pestepidemien zu erleiden. Augsburg besaß in der ersten Hälfte des 16. Jahrhunderts im längerfristigen Durchschnitt um die 50 000 Einwohner. In der ersten Jahr-

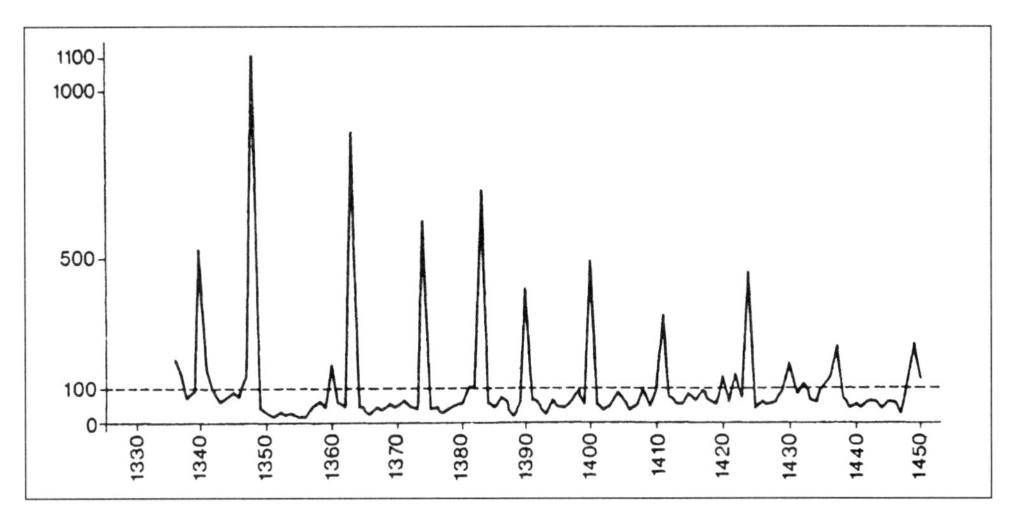

In Italien trat die Pest nach 1348 ziemlich regelmäßig auf, meist in Abständen von etwa elf Jahren, also etwa neun Pestseuchen pro Jahrhundert. Offensichtlich hinterlässt die Pest bei den Überlebenden eine nur geringe Immunität; man konnte auch öfter daran erkranken. – Zahl der jährlich Verstorbenen in der Gemeinde San Domenico zu Siena.

hunderthälfte zählte man nicht weniger als acht Pestjahre, die 38 000 Menschen dahinrafften. In der zweiten Jahrhunderthälfte waren es noch einmal sieben Pestjahre, die Zahl der Pesttoten belief sich auf 20 000. In der ersten Hälfte des 17. Jahrhunderts, im Zeitalter des Dreißigjährigen Krieges (1618–1648), nahmen die Seuchen noch einmal zu und verschlangen – in neun Pestjahren – 34 000 Menschen aus dieser inzwischen stark geschrumpften Augsburger Bevölkerung.[2] Ein unerhörter Aderlass.

Ganz ähnlich erging es den anderen Städten. Aus eigener Kraft hätten sie ihre Bevölkerung nicht zu halten vermocht.

PESTHAUCH IN VENEDIG

Hafenstädte waren seit jeher Seuchenherde erster Ordnung, denn von überall her strömten hier die Krankheitserreger zusammen, und die örtlichen Bedingungen begünstigten noch den Ausbruch von Seuchen. Venedig war eine solche Stadt, mit einem Hafen, der rege Verbindungen zur Levante unterhielt, eine Stadt mit feuchten Gassen und dumpfen Kellern, mit Kanälen, in denen die Ratten sich tummelten und fleißig vermehrten – die Hausratten, deren Flöhe die Krankheit wohl am häufigsten auf den Menschen übertrugen. Was Wunder, dass die Stadt zwischen 1348 und 1575 insgesamt 26 mal von einer Pestepidemie heimgesucht wurde. Und auch in späterer Zeit gab es noch einige Epidemien in Venedig.

Obwohl die Übertragungswege der Pest im Einzelnen noch nicht bekannt waren, ahnte man doch, dass der Pesterreger von einem Kranken zu einem anderen Menschen „überspringen“ konnte. Die Ärzte schützten sich durch eine verhüllende Kleidung und Gesichtsmasken; in den schnabelähnlichen Masken trugen sie Kräuter, die ihre Atemluft filterten. – Ein Pestarzt in Rom. Kupferstich von Paul Fürst nach J. Columbina, 1656.

Die Regierung dieser Stadt, die Signoria, hat sehr früh versucht, sich gegen die Seuche zu wehren – mit mäßigem Erfolg, weil der Übertragungsmechanismus einfach nicht durchschaut wurde. Venedig richtete bereits 1374 eine 30-tägige Isolation ein, *trentana* genannt, später wurden daraus sogar 40 Tage, eine *quarantana*. Venedig war auch die erste Stadt, die – anno 1423 – ein eigenes Pestspital baute, um die Kranken zu isolieren und dort zu betreuen, bis zu ihrer Genesung oder bis zum Tod. Man hing der Vorstellung an, von irgendwo steige ein krank machender Dunst auf, das Miasma, das den Erreger in sich berge. Aus diesem Grund trugen die Ärzte auch Masken vor dem Gesicht oder qualmten heftig, um sich gegen Ausdünstungen zu wappnen. Die Signoria verbot in Seuchenzeiten auch den Handel mit alten Kleidungsstücken, denn in den Textilien könnte der „Pestzunder“ verborgen sein, wie man ganz richtig ahnte.

Am besten erforscht, und zwar durch den Heidelberger Tropenforscher und Medizinhistoriker Ernst Rodenwaldt, ist die schwere Pestseuche in Venedig der Jahre 1575 bis 1577. Als die Seuche im Frühsommer 1575 zu wüten begann, zögerte die Signoria zunächst zuzugeben, dass es sich tatsächlich um die Pest handelte. Aber seit Juli 1575 gab es keinen Zweifel mehr. In den Sommermonaten forderte die Pest viele Opfer. Im Herbst ließ das große Sterben nach – den Flöhen fiel die Fortpflanzung in der kalten Jahreszeit schwerer. Aber schon am 1. März 1576 brach die Seuche heftiger denn je wieder aus, es war die „schwerste Heimsuchung seit 1348“(Ernst Rodenwaldt). Am schlimmsten traf es die Armen der Stadt – und ihrer gab es nicht wenige –, die Leute, die in unreinlichen, feuchten Löchern hausten und schlecht ernährt waren. Hart traf es auch die Bader und Wundärzte, deren Aufgabe es war, die Pestkranken in ihren Häusern aufzusuchen. Sie waren es, nicht die akademisch ausgebildeten Ärzte, die die Ärmsten der Armen medizinisch versorgten.

Das öffentliche Leben erlahmt. Seit Juni 1576 sind die Schulen geschlossen. Ein Notar, der ausging, um einige Testamente entgegenzunehmen – er bedurfte dazu einer Erlaubnis der Obrigkeit – berichtet, er sei auf seinem Weg mutterseelenallein wie durch eine einsame Wildnis gewandelt.

In den Häusern sammeln sich Leichen an. Wer soll sie fortschaffen, sie unter die Erde bringen? Keiner will freiwillig diese Aufgabe übernehmen. Die Signoria verpflichtet zwangsweise Vagabunden und Unruhestifter, ja selbst Gefängnisinsassen, als „Picegamorti" – wörtlich bedeutet das „Totenzwicker" – Dienst zu tun. In der Öffentlichkeit tragen sie, ebenso wie die Leichenfrauen, Glöckchen an den Beinen, um die Passanten auf sich aufmerksam zu machen. Sie müssen in die Häuser der Pestverdächtigen und der Toten gehen, um sie zu reinigen und die Verstorbenen fortzuschaffen. Sie sind auch gehalten, das Hab und Gut der Verstorbenen zusammenzupacken, keine ungefährliche Aufgabe. Viele dieser Picegamorti infizierten sich und fanden selber den Tod, denn sie waren die ersten warmblütigen Lebewesen, auf die die ihrer Nahrungsquelle beraubten infizierten Flöhe nach dem Tod ihres Wirtes übersprangen.

In den venezianischen Quellen dieser Jahre findet man keine Hinweise auf ein Rattensterben. „De normalibus non in actis", sagen die Historiker; aber wird das Rattensterben vor dem Pestausbruch von den Zeitgenossen wirklich als so „normal" empfunden, als so selbstverständlich, dass sie es einfach übergehen? Ernst Rodenwaldt, der die Seuche gründlich studiert hat, vertritt die Auffassung, es habe hier – wie in den meisten europäischen Pestepidemien – kein Rattensterben gegeben; die Pest sei hier – wie bei den meisten Epidemien in der kühl-gemäßigten Zone – von Menschenflöhen (*Pulex irritans*) direkt von Mensch zu Mensch übertragen worden.[3] Darauf wird zurückzukommen sein.

Das ganze Jahr 1576 hielt die Pest in Venedig an, ehe sie dann im Folgejahr allmählich erlosch. Wie viele Tote waren zu beklagen? Ältere Darstellungen haben die Zahlen zumeist stark übertrieben, der deutsche Medizinhistoriker Friedrich Hecker sprach im frühen 19. Jahrhundert von 100 000 Pesttoten, Georg Sticker hundert Jahre später von 80 000. Rodenwaldt gibt die Zahl der Pesttoten von 1575/77 mit 46 000 an, bei einer Bevölkerung von 160 000; diese Zahl, also ein knappes Drittel, gilt heute als gesichert. Kriege haben äußerst selten einen so hohen Bevölkerungsanteil verschlungen.

Venedig, die mächtige Stadt in der Lagune, hatte sich im 15. Jahrhundert auf dem Festland, der Terra ferma, ein bedeutendes Hinterland erworben, mit Städten und Dörfern. Dort waren die Verluste noch größer als in der Stadt.[4]

Natürlich befiel die Seuche seinerzeit nicht nur Venedig, sie grassierte auch in vielen anderen Städten Norditaliens. Berühmt wurde die Pest von 1576 in Mai-

Die Kirche Santa Maria della Salute in Venedig, als Dank für die Erlösung von der Pest von Andrea Palladio erbaut.

land, weil der heilige Carl Borromäus sich damals in dieser Stadt der Kranken annahm und aus eigenen Mitteln ein Pestspital einrichten ließ. In Mailand soll die Seuche 16 000 Todesopfer gefordert haben, ein Zehntel der Bevölkerung. Die berühmte Pestseuche in Norditalien, die der italienische Romancier Alessandro Manzoni in seinem Roman „Die Verlobten" schildert, fand noch später statt, im frühen 17. Jahrhundert.

Als die Pest im Jahr 1580 wieder aus Norditalien verschwand, ließ Papst Gregor XIII. eine Gedenkmünze prägen, ein Pestmedaillon, um dem Heiland für diese Wohltat Dank zu sagen. Und in Venedig erbaute der große Baumeister Andrea Palladio am südlichen Zipfel der Stadt, gleich neben der Zollstätte, der Dogana di Mare, eine große Kirche in strahlendem Weiß, Santa Maria della Salute, auch sie ein Dank an die Muttergottes für die Befreiung der Stadt von der Pest.[5]

MASSNAHMEN DER STÄDTE GEGEN DIE PEST

Die Staaten und die Städte wehrten sich gegen das Übel, ja die Pest half sogar mit, den frühneuzeitlichen Staat erst richtig zu konstituieren. Der junge Staat übernahm sehr früh gesundheitspolitische, vor allem seuchenpolitische Aufgaben.

In Deutschland haben einzelne Städte und Territorien Maßnahmen ergriffen, um die Pest einzudämmen, und zwar schon sehr früh. Gleich nach 1350 wurden von einigen Städten eigene Stadtärzte, auch „Pestilentiarii" genannt, angestellt. Im 15. und vor allem im 16. Jahrhundert haben städtische Obrigkeiten viel zur Abwendung von Seuchen zu tun versucht. Was im folgenden dargestellt wird, bezieht sich auf die Pestabwehr der Freien Reichsstadt Nürnberg, vor allem im 16. Jahrhundert.

Diese Stadt hatte schon im ausgehenden 15. Jahrhundert ein eigenes Pestspital errichten lassen. Seit 1520 gab es in Nürnberg städtische Bedienstete, die unter der Bezeichnung „Conservatores sanitatis" tätig waren und auf die Einhaltung der seuchenpolitischen Maßnahmen zu achten hatten. In Seuchenzeiten verlangte der Rat der Stadt von der Bevölkerung, die Straßen sauber zu halten. Er untersagte öffentliche Veranstaltungen wie Kirchweihen, Schützenfeste und Tanzveranstaltungen; selbst die Zahl der Gottesdienste ließ er einschränken. Die Kirchen wurden ausge-

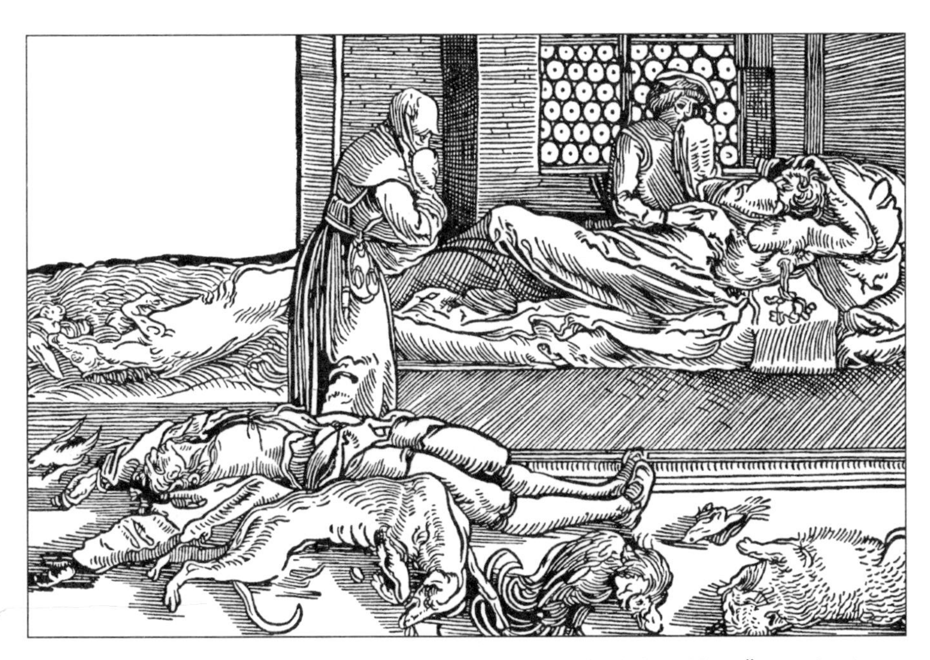

Große Städte beschäftigten seit dem Spätmittelalter städtisch besoldete Ärzte, die damals – und noch sehr viel später – vielerorts als Pestilentiarii *bezeichnet wurden. Sie standen im Dienst der Kommune und waren verpflichtet, in Seuchenzeiten in der Stadt anwesend zu sein und die Pestkranken medizinisch zu versorgen. – Pesthaus. Holzschnitt von Hans Weiditz d. J., 16. Jahrhundert.*

Pestkreuze an Häusern wiesen darauf hin, dass hier ein Bewohner an der Seuche erkrankt war. – Pestkreuz in Rauris, Österreich.

räuchert, Badestuben geschlossen oder die Besuchszeiten eingeschränkt, Frauenhäuser musste eine Zeitlang ihren Betrieb einstellen. Der Rat empfahl den Bewohnern, maßvoll zu essen und zu trinken, bis die Seuche wieder vorbei war.

Einigen städtischen Bediensteten wie gerade dem Stadtarzt war förmlich vorgeschrieben, dass sie in Pestzeiten in der Stadt anwesend sein mussten. Einen eigenen Pestarzt gab es in Nürnberg seit 1520; außerdem gab es in der Stadt Bader und Barbiere, die für die Wundversorgung zuständig waren. Sie öffneten auch die Beulen der Pestkranken. Die Ratsherren selbst versuchten ein Übermaß an Bürgernähe zu vermeiden, wie überhaupt die Tätigkeit der politischen und juristischen Ämter in dieser Zeit stark eingeschränkt war.

Nach der Erfindung des Buchdrucks ließen große Städte und Territorien so genannte Pestordnungen drucken, deren Auflagenhöhe sich im späten 16. Jahrhundert um die 6 000 gedruckte Exemplare bewegte. Die Pestordnung war eine offizielle Schrift, welche die Ärzteschaft im Auftrag des Stadtrates verfasste.

Sie nannte einerseits die Ursache des göttlichen Zornes bzw. der Pest beim Namen – nämlich die Sündhaftigkeit der Bürger –, andererseits gab sie auch Empfehlungen, wie der einzelne dem Unheil entkommen konnte. Hier wurden auch die vorbeugenden Maßnahmen genannt, mit denen man die Luft frei halten konnte von gefährlichen Miasmen. In Nürnberg hielt man vor allem den Urin der Pestkranken für gefährlich. Die Bader wurden auch angehalten, das Aderlassblut der Kranken nicht in den Rinnstein oder in den Fluss zu gießen. Wer diese Regeln verletzte, dem drohten Geldstrafen. Vor allem aber sollten die Straßen sauber gehalten werden. Die Anwohner sollten Abfälle aller Art nicht in die Gassen schütten, sondern in den Fluss. In Nürnberg durfte im 16. Jahrhundert jeder Bürger drei Schweine halten, den Bäckern und Metzgern und den Gastwirten waren sogar zehn Tiere erlaubt. In Pestzeiten ermahnte die Obrigkeit die Untertanen, die Tiere nicht länger frei in den Gassen umherlaufen zu lassen.

Seit Mitte des 16. Jahrhunderts richtete Nürnberg außerhalb seiner Mauern eine Kontumazanstalt ein, wo Waren und Reisende eine Zeitlang in Quarantäne, oder Kontumaz, gehalten wurden. Diese Anstalt, in Nürnberg im historischen Vorort Sankt Johannis nordwestlich der rautenförmigen Altstadt untergebracht, war nach venezianischem Vorbild mit einem Palisadenzaun umgeben. Die Quarantäne dauerte hier allerdings nicht vierzig, sondern nur zehn bis vierzehn Tage.

Die Pestdiagnose wurde von einem eigenen Bader gestellt. Dieser war gehalten, jeden Fall anzuzeigen. Dazu suchte er pestverdächtige Kranke in ihrer Wohnung auf und untersuchte sie mit größter Sorgfalt, denn seine Diagnose hatte auch wirtschaftliche Folgen für die Betroffenen, weswegen man ihn auch zu bestechen suchte. Anders als in Venedig mussten die Pestkranken in Nürnberg sich nicht in ein Pestspital begeben. Sie konnten daheim bleiben und in häuslicher Pflege von ihren Angehörigen versorgt werden; das Haus aber blieb während ihrer Krankheit versperrt. Die Hausbewohner blieben üblicherweise 14 Tage in Quarantäne.

Die Kranken wurden so in ihren Wohnungen regelrecht eingeschlossen, und zwar zusammen mit ihren Angehörigen. Das Auftreten eines Pestfalles war daher auch für diese mit vielen Unannehmlichkeiten verbunden, selbst mit der Gefährdung des Arbeitsplatzes und des Einkommens, weshalb manch einer die Erkrankung eines Familienmitgliedes zu verheimlichen suchte. Versorgt wurden die Pestkranken von sogenannten Almosenweibern, die auch für das Waschen der Toten zuständig waren.[6]

Hatte eine große Stadt wie Nürnberg in gewöhnlichen Zeiten durchschnittlich drei oder vier Todesfälle pro Tag zu beklagen, so waren es während einer Epidemie täglich über achtzig Tote. Man wollte sie möglichst rasch begraben, weil man fürchtete, sie würden die Luft verpesten. Seelnonnen nähten die Leichen in Tücher ein – in Särgen wurden sie erst seit der Mitte des 17. Jahrhunderts bestattet –, dann wurden sie in Massengräbern beigesetzt. Zwischen Pesttoten und den nicht an der Pest Verstorbenen wurde bei den Begräbnisfeierlichkeiten unterschieden.

Es war nicht ungewöhnlich, dass im Verlauf einer großen Epidemie sämtliche Bewohner eines Hauses starben. In Nürnberg wurden ab 1582 alle Häuser, in denen drei oder mehr Personen gestorben waren, gesperrt. Es gab dafür einen eigenen städtischen Bediensteten, den man als den Sperrer bezeichnete. Er fertigte vorher jedoch ein Verzeichnis der Gegenstände an, die er in diesen Häusern vorgefunden hatten. Die Sperrdauer betrug in der Regel ein bis zwei Monate. Die Wohnräume von Pestkranken wurden dann ausgeräuchert, ihre Wäsche verbrannt, nachdem ein Schreiber die einzelnen Stücke notiert hatte.

Wer die Pest überstand, sollte sich eine bestimmte Zeit lang, in Nürnberg war es ein Monat, zu Hause aufhalten. Seit 1585 wurden auch die Angehörigen von Pestkranken angehalten, diese Vorschrift zu befolgen. Sie durften in diesem Zeitraum nicht einmal ausgehen, um ihren Arbeitsplatz aufzusuchen.

Sambstags den 19 Septembris 1562 hat man angefangen alle tag die verstorbenen des nechsten tags darvor zu verzaichnen desgleichen findet man gegen der rechten hannd am ort wie viel Anno 1533 auff ainen yeden derselben tag verschieden seyen.

Verzaichnus der Monat	Verzaichnus der tag	Innhalt der verstorbnen Inn der Stat täglich	Innhalt derjenigen so ins Lazaret kommen	Die verstorbnen Inn Lazaret wochentlich	Die so wider gesundt und aus dem Lazaret komen	Innhalt der kranncken Im Lazaret	Die verstorbnen alle wochen zu Werd	Summa was alle wochen Inn der Stat Inn Lazaret und zu Werd gestorben		Wieviel Anno 1533 yedes tags gestorben seyen
September	19	52								82
	20	63								79
	21	44								69
	22	59								86
	23	59								61
	24	47								73
	25	58	170	92	19	354	28	502		79
	26	67								52
	27	71								55
	28	77								61
	29	59								74
	30	61								71
October	1	67								71
	2	66	150	85	35	384	27	580		75

Bereits im 16. Jahrhundert führte die Freie Reichsstadt Nürnberg eine Statistik, in der die Zahl der Pesttoten nach einzelnen Monatstagen (hier: Übergang September/Oktober 1562) aufgelistet war. – Ausschnitt aus der Peststatistik des Totenbuches von 1562.

Nürnberg besaß seit dem frühen 16. Jahrhundert ein außerordentlich großes Landgebiet um die Stadt, die Landwehr. Sie erstreckte sich nach Nordosten rund fünfzig Kilometer weit. Die seuchenpolitischen Verfügungen des Nürnberger Stadtrates galten auch hier. Seit dem Jahr 1562 liegen Hinweise dafür vor, dass die Pest in diesem ländlichen Raum auftrat. Dann wurden seuchenpolitische Mandate an den Dorfeingängen angebracht, um die Bewohner wie die Durchreisenden vor der Seuche zu warnen.

Die politischen Herrschaftsträger wollten nichts unversucht lassen, die gefährliche Plage abzuwenden. Selbstverständlich wurde auch die Kirche bemüht, geistliche Mittel einzusetzen. Nach der schweren Pest von 1483/84, ein Menschenalter vor Nürnbergs Übertritt zu Luthers Reformation, hatte die Nürnberger Patrizierfamilie Imhoff auf der Südseite der Lorenzkirche einen eigenen Rochusaltar errichten lassen, um diesen Pestheiligen freundlich zu stimmen.

DIE HILFE DER PESTHEILIGEN

Gegen die Pest, diese tödliche Infektionskrankheit, gab es in der Vergangenheit kein wirklich wirksames Heilmittel. Was der einfachen Bevölkerung blieb, war die Anrufung der Schutzpatrone, der Pestheiligen. In Europa setzte sie im ausgehenden Mittelalter ein, als die ersten Pestwellen die Länder überzogen. Von diesen Heiligen erhoffte man sich die Rettung. In Mitteleuropa wurden mehrere Heilige als Pestpatrone verehrt, anfangs auch die Muttergottes. Der wichtigste Pestheilige aber war zunächst der heilige Sebastian.

Einer frommen Legende zufolge, die auf den heiligen Ambrosius zurückgeht, stammt Sebastian aus Mailand. Als junger Mann ging er nach Rom, um dort das Martyrium zu suchen. In Rom wurden die Kaiser Diokletian und Maximian auf ihn aufmerksam und stellten ihn als Offizier an die Spitze der ersten Kohorte ihrer kaiserlichen Garde. Sebastian war Christ, was er aber verheimlichte; er vollbrachte eine Reihe von Wundern und bekehrte mehrere römische Aristokraten zum Christentum. Als dies bekannt wurde, sollte Sebastian auf Befehl des Kaisers Diokletian anno 288 mit Pfeilschüssen getötet werden. Aber die Pfeile durchdrangen seinen Leib, ohne seinem Leben ein Ende zu setzen. So fand ihn eine Witwe, Irene, und pflegte ihn wieder gesund. Bald wurde Sebastian erneut verhaftet, und diesmal schlugen die Soldaten ihn mit Keulen tot. Jetzt erschien Sebastian einer Frau namens Lucina im Traum und offenbarte ihr, sie möge ihn außerhalb der römischen Mauern „in catacumbas“ begraben lassen. Von dort wurden seine Gebeine, Paulus Diaconus zufolge anlässlich eines Pestausbruchs im Jahr 680, nach Pavia überführt.

Sebastian wird seit den Tagen der Pest des Justinian, seit dem späten 7. Jahrhundert, im Abendland als Pestheiliger verehrt. Die Pfeile, die auf den künstlerischen Darstellungen seinen Leib durchbohren, gelten seit der Antike als Symbole der Pest.

Der zweite, seit dem 15. Jahrhundert sehr viel wichtigere Pestheilige war der heilige Rochus. Geboren wurde Rochus, so will es die Legende, im Jahr 1295 in Südfrankreich, in Montpellier. Die genauen Daten seines Lebens sind bis heute nicht bekannt. Rochus begab sich als junger Mann auf eine Pilgerfahrt nach Rom. In der Heiligen Stadt soll er – und zwar noch vor dem Jahr 1347 oder 1348 – in Anwesenheit des Papstes einen pestkranken Kardinal gepflegt und geheilt haben (was aber erst nach 1367 möglich gewesen wäre, denn die Päpste residierten damals in Avignon). Auf dem Rückweg von seiner Pilgerfahrt soll er in Piacenza selbst an der Pest erkrankt sein und sich in die Wälder zurückgezogen

Der hl. Rochus, der bedeutendste Schutzpatron Westeuropas gegen die Pest. Holzschnitt, um 1480.

haben. Sein Hund – er ist auf fast allen künstlerischen Darstellungen dieses Heiligen zu sehen – versorgte ihn in dieser Zeit und brachte ihm Brot. Auf wunderbare Weise gerettet, setzte Rochus seine Heimreise fort. Seine Gebeine ruhen einer örtlichen Tradition zufolge in Arles.

Rochus wurde auf dem Konzil von Konstanz (1414–1418) heilig gesprochen – es war dies dieselbe Kirchenversammlung, die Jan Hus verdammte und auf dem Scheiterhaufen verbrennen ließ. Der Rochuskult breitete sich in Westeuropa etwas früher aus als in dessen Mitte; aber seit dem 15. Jahrhundert war Rochus auch in Deutschland der beliebteste Pestheilige. Auf künstlerischen Abbildungen lüftet der Heilige sein Pilgergewand und zeigt auf seine Pestbeule, die eine Handbreit unterhalb der Leiste zu sehen ist. Sein Hund sitzt neben ihm, ein Brot im Maul, mit dem er seinen Herrn verköstigte.

Die katholische Kirche zählt Rochus zu den Vierzehn Nothelfern. Sein Heiligentag ist der 16. August. Seine Verehrung blieb im katholischen Deutschland lange Zeit lebendig, und auch den deutschen Protestanten fiel es anfangs nicht leicht, auf den Schutz dieses Heiligen zu verzichten. Johann Wolfgang Goethe, ein Lutheraner, hat noch im frühen 19. Jahrhundert von einer Wallfahrt zum Rochusfest in Bingen berichtet, an der er selbst teilgenommen hat.

DIE MAINZER PESTVORSCHRIFTEN AUS DEM JAHR 1606

Die alte Bischofsstadt Mainz hat zu Beginn des 17. Jahrhunderts in schöner, übersichtlicher Form verfügt, wie man sich in Pestzeiten zu verhalten habe. Dieses Pestregiment aus Mainz, verfasst anlässlich der schweren Epidemie des Jahres 1606, lässt sich so zusammenfassen:

1. Man soll Gott anrufen und bitten, seinen Zorn über das sündhafte Leben abzuwenden und die Menschen durch seine Barmherzigkeit vor künftigem Übel zu bewahren. Um Erhörung zu erlangen, seien Fasten, Almosengeben und andere gottgefällige Werke dienlich.
2. Niemand soll Fremde beherbergen; anwesende fremde Gäste sind aus dem Haus zu entfernen.
3. Das Halten von Schweinen und Gänsen wird bei Strafe des Einzugs der Tiere untersagt.
4. Wohnungen und Zimmer sind auszuräuchern, die Straßen und Gassen reinzuhalten.
5. Beim Essen und Trinken ist Maß zu halten; die unter 1. genannten geistlichen Mittel sind zu gebrauchen, ebenso die verordneten Arzneien.
6. Verkehr an infizierten Orten und mit infizierten Personen ist zu vermeiden, ebenso die Einnahme von Speisen und Getränken in infizierten Häusern.

7. Von der Seuche befallene Personen („die, welche Gott heimgesucht hat“) sollen nicht auf den Markt gehen und sich in der Kirche mit einer abgesonderten Ecke bescheiden. Die Häuser von Infizierten sind zu verschließen, die Versorgung mit Lebensmitteln ist sicherzustellen.
8. Der Altkleiderhandel ist verboten; der Nachlass von Verstorbenen darf bis zur Beendigung der Seuche nicht verteilt oder veräußert werden.
9. Die Gräber sollen tief ausgehoben werden, Beerdigungen haben in allen Pfarreien zu einer bestimmten Stunde stattzufinden.
10. Das bettelnde Gesindel soll an den Stadttoren abgewiesen werden; die Bettelvögte haben Gesindel aus der Stadt zu entfernen.
11. Alle Feiern und Gastlichkeiten sollen unterbleiben. Die Bürger dürfen zu Hochzeiten nur „drei oder vier zu Tische“ laden.

Ein kurtz Regi-
ment/wie man sich in zeit
Regierender Pestilentz
halten soll.

Durch die Hochgelerten vnd er-
farnen der Ertzney Doctores/ zu-
samen gefaßt vnd gebessert.
Anno 1574.

Gedruckt zu Nürnberg durch
Dieterich Gerlach.

Pestordnungen waren in der Frühen Neuzeit, nach der Erfindung des Buchdrucks mit beweglichen Lettern, weit verbreitet. Im Heiligen Römischen Reich Deutscher Nation, in dem es keine starke Zentralgewalt gab, haben einzelne große Städte und Territorien solche Ordnungen erlassen, in denen die Obrigkeit Ratschläge gab, wie man sich gegen das Pestübel schützen könne. – Titelblatt der Nürnberger Pestordnung von 1574.

12. Fassbender und andere Handwerker, die sich mit Drusenbrennen beschäftigen, sollen dies bei Strafe von 10 Gulden unterlassen.
13. Alle Badstuben sind bis auf weiteres zu schließen.
14. Allen einheimischen Bettlern wird der Gassenbettel verboten; sie sollen zu festgesetzten Zeiten Almosen durch dafür bestimmte Personen empfangen.[7]

DIE PEST IN LONDON (1665)

Die Pest trat in den großen Städten Westeuropas nicht nur epidemisch auf, sie konnte, wie ein Buschfeuer, auch ganz im Verborgenen glimmen, ohne in sichtbaren Flammen aufzulodern, bis sie dann eines Tages wieder richtig ausbrach. Die englische Hauptstadt hatte in den sechzig Jahren nach 1604 fast Jahr für Jahr einzelne Fälle von Pest aufzuweisen, wiewohl in unterschiedlicher Größenordnung, Zeichen dafür, dass Pestherde existierten. Zwischen 1606 und 1610 starben in jedem Jahr an die zweitausend Londoner an dem Übel, nach dem Jahr 1611 waren es deutlich weniger, in einzelnen Jahren, zwischen 1616 und 1618, sogar weniger als zehn. Eine richtige Epidemie flackerte wieder auf, als man das Jahr 1625 schrieb; da starben mehr als 45 000 Londoner an dieser Plage. Dann sackte diese Zahl erneut ab, aber es starben weiterhin Jahr für Jahr einzelne Personen an der Pest. Eine kleine Epidemie mit knapp 1600 Pesttoten trat 1630/31 auf, eine größere mit 13 000 Toten in den Jahren 1636/37. Auch in den 1640er Jahren war die Zahl der an der Pest Verstorbenen hoch, gewöhnlich waren es mehrere tausend.[8]

Über die Einwohnerzahl Londons lässt sich für diese Zeit nichts Genaues sagen. Der englische Historiker Walter G. Bell, der die Geschichte von London – und diese Seuche – gründlich studiert hat, hält eine Zahl von 460 000 für zu niedrig und 600 000 für zu hoch.[9] Keine Stadt auf dem Festland besaß die Größe der englischen Hauptstadt.

Die erste Hälfte des 17. Jahrhunderts brachte vielen Ländern unruhige Zeiten, Konfessionshader und -kriege, in England gab es außerdem einen Umsturz, der darin seinen Höhepunkt fand, dass der englische König, Karl I., im Jahr 1649 auf dem Blutgerüst endete. Nach 1650 ließen die Pestepidemien etwas nach. 1665 trat dann allerdings letztmals in dieser großen Stadt wieder eine verlustreiche Pest auf. Über die Einzelheiten sind wir gut unterrichtet, weil zwei Zeitgenossen, der Romancier Daniel Defoe und ein hoher königlicher Beamter, Samuel Pepys, darüber anschauliche und ausführliche Aufzeichnungen hinterlassen haben. Natürlich sind aus dieser Zeit auch andere Archivalien überliefert, die es erlauben, das Wüten der Seuche zu verfolgen.

Daniel Defoe, der Verfasser des berühmten Romans „Robinson Crusoe", vermutlich 1660 geboren, war ein begabter und phantasievoller Augenzeuge; allerdings war er zu diesem Zeitpunkt noch ein Kind und seine Aufzeichnungen, aus späterer Zeit, sind das fingierte Tagebuch eines erwachsenen Bürgers.

Ganz anders Pepys. Dieser war ein gescheiter Zeitgenosse. Geboren 1633 in London, kam er aus sehr bescheidenen Verhältnissen, der Vater war Schneider, die Mutter Wäscherin. Pepys absolvierte mit öffentlichen Stipendien Schule und Universität in Cambridge und wurde Sekretär eines Lord Montagu. Dieser stieg unter König Karl II. rasch auf und mit ihm Pepys, der sich an seine Rockschöße klammerte. Pepys besaß all die Fähigkeiten, die den guten Organisator auszeichnen: Intelligenz, Fleiß, Beharrlichkeit. Er setzte in der englischen Marineverwaltung neue Maßstäbe durch und eine neue Ordnung. Pepys stand auf hohem Posten, während England in lange Kriege gegen die Niederlande verwickelt war, und dies förderte seine Karriere. Im Februar 1665 ernannte ihn die Royal Society zu ihrem Mitglied.

Zwei große Katastrophen ereigneten sich in Pepys' Zeit, und Pepys berichtete ausführlich darüber: die große Pestepidemie Mitte der 1660er Jahren und der Brand Londons im darauf folgenden Jahr. Über die Pestepidemie im Sommer 1665 machte er so ausführliche Aufzeichnungen wie kein anderer. Pepys gibt in seinem Tagebuch eine minutiöse Schilderung aller Aspekte, unter anderem von den Woche für Woche Verstorbenen und von der großen Angst der Zeitgenossen. Anders als das „Diary of A Plague Year" von Defoe ist dieses das authentische Tagebuch eines kritischen, erwachsenen Zeitgenossen.

Erstaunlich, dass ein so viel beschäftigter hoher Beamter sich die Zeit dafür nahm. Vermutlich führte er das Tagebuch deswegen so ausführlich, weil es ihm bei seiner Verwaltungsarbeit als geistige Stütze diente, als Aide mémoire. Pepys berichtete darin systematisch über seine Arbeit und zugleich über die staatlichen Angelegenheiten, mit denen er betraut war. Es verging fast kein Tag ohne einen geordneten Eintrag. Aber er hielt auch private Dinge fest, etwa was er gegessen hatte und wie er sich gesundheitlich fühlte. Er berichtete über die banalsten Dinge des Alltags, über seine Stimmungen und gelegentlichen Ärger, selbst über seine Schwächen. Solange seine Frau lebte – er wurde früh Witwer –, berichtete er über so delikate Dinge wie einen Seitensprung, in einem Stenogramm oder in einem Kauderwelsch aus Englisch, Französisch und Spanisch. Kein Zeitgenosse hat die Nöte der 1660er Jahre besser beschrieben als er.

Pepys lebte dieser Tage ganz allein in der großen Stadt. Seine Frau hatte er nach Woolwich gesandt; seine Mutter war gleichfalls draußen auf dem Lande, er selbst blieb in seinem Amt zurück. Er fühlte sich nicht sehr wohl.

Viele von Samuel Pepys' Tagebucheintragungen handeln von der Pest. Die ersten Fälle zeigten sich Ende April 1665. „Große Angst vor der Seuche hier in der Stadt; man sagt, zwei oder drei Häuser seien bereits geschlossen", hielt er am letzten Apriltag fest. Und mehr als drei Wochen später, am 24. Mai, schrieb er, dass die Pest weiterhin im Zunehmen begriffen sei und dass die einen dies, die anderen jenes als Heilmittel empfehlen.[10]

Im Mai 1665 hielten sich die Aufregung und die Seuche selbst noch in Grenzen. Bis Ende Mai waren nur neun Personen an der Pest gestorben. Aber der Juni begann unheilvoll; es setzten hochsommerliche Temperaturen ein. Die Seuche, die bisher nur am Stadtrand von London gewütet hatte, drang nun auch in die innere Stadt vor. Pepys gewahrte am 7. Juni bei einem Gang durch die Drury Lane einige Häuser, auf denen ein rotes Kreuz aufgemalt war, daneben die Schriftzüge: „Herr-

Die Pest in London. Wo man darauf vorbereitet war, täglich fünfzig Verstorbene zu bestatten, entstand ein großes Problem, als plötzlich an einem Tag eintausend Menschen an der Pest starben. So kam es vor, dass die Leichen tagelang auf den Straßen liegen blieben. – Zeichnung von M. Solomonow nach einem zeitgenössischen Kupferstich.

gott, hab Erbarmen mit uns." Er hatte derartiges noch nie zuvor gesehen. Ein unangenehmer Geruch lag in der Luft. Pepys meinte zu riechen, dass er aus der Gasse kam, dass er ihn aber auch selbst verströmte. Er widerte ihn so sehr an, dass er sich etwas Kautabak kaufte, um ihn loszuwerden.

In der ersten Juniwoche wurden 31 Pesttote gezählt, 68 in der zweiten, 101 in der dritten, 143 in der vierten, und so ging es jetzt weiter.[11] Am 10. Juni 1665 blieb er lange Zeit im Bett liegen. Fünf Tage später schrieb er, die Stadtbewohner würden immer ängstlicher, denn in der Woche zuvor seien 43 Personen an der Pest gestorben und nun in dieser Woche schon 112. Am 20. Juni starben einige Pestkranke im Herzen der Stadt, in Westminster.[12]

Ende Juni ging es dann richtig los. In den folgenden Sommerwochen lag das öffentliche Leben in London darnieder, der Handel mit dem Festland kam zum Erliegen, denn in Pestzeiten wollte niemand mit Fremden Handel treiben. Sehr viele wohlhabende Londoner flohen zeitweise aus der Stadt; es war inzwischen bekannt, dass man dem Sterben auf diese Weise mit etwas Glück entkommen konnte. Dies hat man auch anderswo beobachten können – die Reichen flohen, die Armen wurden angesteckt und starben. Es war dies „zuvörderst eine Pest der Armen", schrieb Daniel Defoe.[13]

Auch der Hof zog sich damals nach Hampton Court zurück, später von dort nach Salisbury. Auch etliche Geistliche zogen es vor, zeitweise aufs Land überzusiedeln, statt in der Hauptstadt auszuharren und den Sterbenden Trost zu spenden. Viele Ärzte waren geflohen.

London war sonst eine quicklebendige Großstadt. Normalerweise erwachte London sehr zeitig. Kaum hatten die Nachtwächter zum letzten Mal die Stunde ausgerufen, begann hier das Leben. Händler zogen durch die Straßen und boten mit lauten Rufen ihre Waren feil – Fisch, Milch, Eier, Sahne und alle anderen Zutaten für ein herzhaftes Frühstück. Im Sommer öffneten die Lehrbuben schon um 6 Uhr die Geschäfte und stellten sich neben die Eingangtür, um ihre Waren laut anzupreisen. So war es in London seit langem Brauch. Stunde für Stunde wurde es in der Stadt lebendiger. Händler von außerhalb tauchten auf und priesen laut schreiend Güter aller Art an.

Das alles war jetzt ganz anders. Jetzt lag Lähmung über der Stadt London, nur die Quacksalber priesen ihre Wundermittel gegen die Pest an. Vom Frühjahr 1665 an regierte in London und in vielen anderen Teilen Englands die Pest, der *Herre Tod*. Es war dies die schlimmste Epidemie von Beulenpest, die England seit 1348 heimgesucht hatte. Es war zugleich die letzte, was freilich noch keiner wissen konnte. Als sie auf ihrem Höhepunkt stand, starben in London binnen einer Woche 7000 Menschen.

Heilmittel gegen die Seuche? Es gab sie nicht. Die Fama ging, die Geschlechtskranken könnten die Pest nicht bekommen. Aber das stimmte nicht. Zur Vorbeugung verbrannte man alle möglichen stark riechenden Desinfektionsmittel wie Kalkstein, Salpeter und Bernstein. Auch verhängte die städtische Obrigkeit Maßnahmen gegen Hunde und Katzen, die man für gefährliche Überträger der Pest hielt. Pepys schätzte, dass etwa 40 000 Hunde und bis zu fünfmal mehr Katzen erschlagen wurden.

Die Menschen beobachteten sich, sie achteten auf jedes Zeichen. Gefürchteter als der Bubo war der Pestkarbunkel, denn er kündigte häufiger vom baldigen Tod. Am meisten gefürchtet waren aber die dunklen Flecken, die man in London „Zeichen Gottes“ nannte. Sie führten fast immer zum Tod. Die Pestkranken wiesen einfache Flecken auf, oft in großer Zahl, mit etwas verschiedenen Farbtönen, zwischen Rot und Braun, und von unterschiedlicher Größe: manche so groß wie ein Fingernagel, andere erreichten nur die Größe eines Nadelkopfes. Im Innern waren sie meist rot, nach außen bläulich bis schwärzlich oder mit einem kräftigen Braunton. Sie konnten eigentlich überall auftreten, am häufigsten befielen sie indes den Nacken, die Brust, den Rücken oder die Oberschenkel. In London sprach man daher vom „gefleckten Tod“.

Die Pestkranken waren benommen, doch die Schmerzen ihrer Pestbeulen verspürten sie wohl. Die Chirurgen öffneten die Bubonen mit dem Messer, während der Patient laut brüllte vor Schmerzen. Wenn der Kranke Glück hatte, umfing ihn eine kurze Ohnmacht.[14]

Unter dem 26. Juni berichtet Pepys, daß die Pest mächtig im Wachsen begriffen sei. Wer irgend konnte, verließ die Stadt. Die wöchentliche Sterblichkeit war inzwischen auf 267 angestiegen, in der Woche davor waren es nur 180 gewesen. Anfang Juli erfuhr er in Westminster erneut vom bedrohlichen Zunehmen der Seuche. Mehrere Häuser in nächster Nachbarschaft waren inzwischen verrammelt.

Mitte Juli waren es schon 700, die binnen einer einzigen Woche das Zeitliche segneten. Pepys war bestürzt, als er erfuhr, dass die Pesttoten in Westminster jetzt „in the open Tuttle field“ bestattet wurden, da es angeblich sonst nirgendwo mehr genügend Platz für sie gab. Eine Bekannte überließ ihm ein Fläschchen mit Pestwasser, das er mit nach Hause nahm. Inzwischen war die wöchentliche Sterblichkeit auf weit über 1000 angestiegen. Ende Juli stand sie schon bei 1700 Toten in einer Woche.

Der Sommer in der großen Stadt London mit ihren Hunderttausenden von Menschen war heiß. Brütende Hitze und tödliches Unbehagen lagen über den Dächern. Am 12. August schrieb Pepys in sein Tagebuch, die Menschen stürben nun so rasch dahin, dass es ihm so vorkomme, als ob die Überlebenden zwar nur ungern jemanden bei Tageslicht bestatten wollten, dass jetzt aber die Nächte für die Bestattung der vielen Toten nicht mehr reichten. Er berichtete, der Londoner Bürgermeister habe den Gesunden befohlen, nach 21 Uhr in ihren Häusern zu bleiben, damit danach die genesenden Pestkranken ausgehen und etwas Luft schöpfen könnten.

Unter dem 14. August: Es herrsche große Angst, dass die Pest diese Woche den Lebenden eine stattliche Rechnung präsentieren werde.

Am Tag darauf: Die Geschäfte hörten auf, zwei von drei Werkstätten seien geschlossen. Die Perückenmacher könnten jetzt ihre Ware nicht mehr absetzen, denn niemand kaufe jetzt eine Perücke, aus Angst, das Haar stamme von einem Pesttoten.

Am 25. August erfuhr er, dass sein Hausarzt, Dr. Burnett, an der Pest gestorben sei. Auf dem Nachhauseweg von seinem Amt sah er auf einem Wasserweg einen Toten im Wasser liegen. Er wusste nicht, ob es eine Pestleiche war.

Der August war überschattet von der Trauer über die vielen Toten. Pepys hatte den Eindruck, die Trauer nehme von Tag zu Tag noch zu. In der City starben binnen einer Woche 7496 Menschen, davon 6102 an der Pest, so ging aus den Aufzeichnungen der Totengeläute hervor. Aber die Zahl könnte auch noch viel größer sein, meinte er, vielleicht sogar über 10 000, denn für die Armen – und für die Quaker! – würde man keine Totenglocken läuten.

Am 3. September berichtete er von einem Sattler, der alle seine Kinder begraben habe; und unter dem 7. September: dass es nun binnen einer einzigen Woche 8252 Tote gab, davon 6978 Pesttote.

Eine grässliche Zeit. Um sich herum erblickte er nur Verderben, Pest und Tod. Was konnte er tun, um sich aufzuheitern? Er hätte gern einen guten Schluck zu sich genommen, wie er schreibt, traute sich aber nicht, des Peststerbens wegen, zumal doch selbst sein Hausarzt verstorben sei. Noch immer herrschte große Angst, weil man fürchtete, die Pest werde weiter zunehmen.

Die Sterblichkeit erreichte einen ersten Höhepunkt in den ersten Septembertagen. Binnen einer Woche starben 6988 Menschen an der Pest. In der darauffolgenden Woche sackte die Sterblichkeit etwas ab, auf 6544; doch in der dann folgenden dritten Pestwoche erreichte sie mit 7165 Todesfällen ihren absoluten Höhepunkt. Diese Art „Doppelgipfel", zwischen deren Spitzen knapp zwei Wochen Abstand lagen, könnte vom Heranreifen einer neuen Generation von Flöhen zeugen. Andererseits sind solche Doppelgipfel auch bei andern Infektionskrankheiten nicht ungewöhnlich.

Dann kam der Herbst. Seine kühlen Tage wurden sehnlichst erwartet. Ende September wurde es rasch kälter. In der Woche, die mit dem 27. September endete, stand die Totenliste bei 1800 Toten wöchentlich – das war der der erste deutliche Rückgang. Am 12. Oktober waren es 600 Pesttote weniger als in der Woche davor; Ende Oktober gab es noch immer 1388 Tote die Woche, davon 1031 durch die Pest.[15] Damit enden Pepys' Einträge für dieses Jahr über die große Pest von London. Sie war ungeheuer verlustreich.

Der englische Arzt Patrick Russell, der diese Epidemie gleichfalls studiert hat, schreibt über ihr Ende: „Die Häuser, welche vorher mit Leichnamen angefüllt

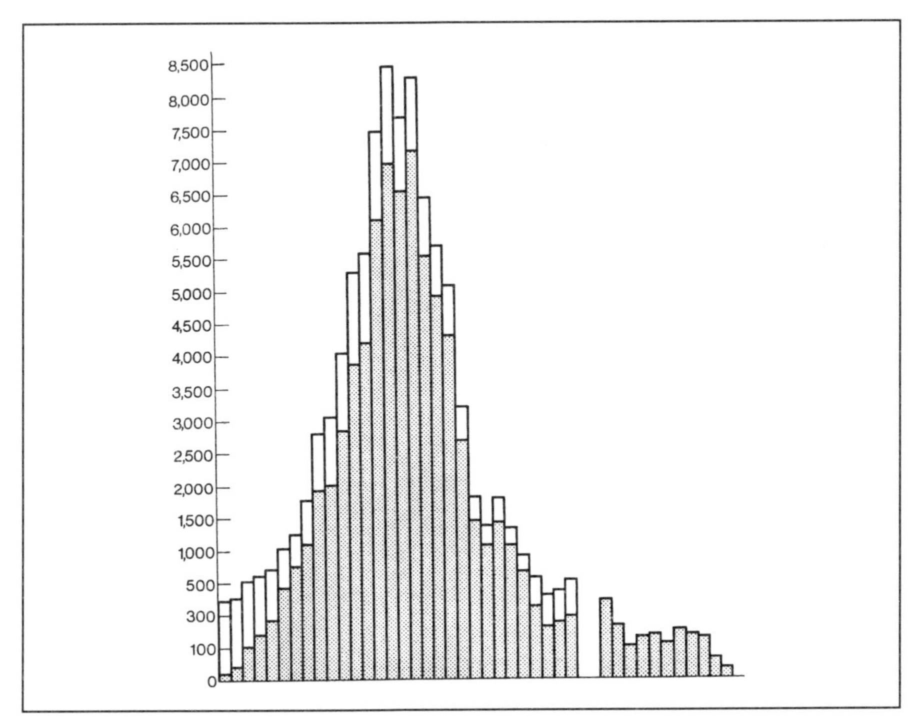

Dieses Stabdiagramm zeigt die wöchentliche Sterblichkeit in London vom 30. Mai bis 19. Dezember 1665 (gepunktet: Pesttote). Die Pest setzte mit der warmen Jahreszeit ein, etwa seit Juli begann die Sterblichkeit zuzunehmen, bis sie dann einige Wochen später – oft im August – geradezu explosionsartig anstieg. Wo die Sterblichkeit nach Wochen dargestellt wird, zeigt sich meist – mit einem zwei- oder dreiwöchigen Abstand – ein Doppelgipfel der Sterblichkeit.

waren, wurden nun von den Lebenden wieder bewohnt; die Kramläden, welche den größten Theil des Jahres verschlossen waren, wurden wieder geöffnet, und die Leute giengen wieder vergnügt an ihre Geschäfte, ja, was fast allen Glauben übersteigt, diejenigen, die sich vorher selbst vor ihren Freunden und Anverwandten gefürchtet hatten, wagten sich nun ohne Furcht in die Häuser und Zimmer, wo angesteckte Personen ihren Geist aufgegeben hatten. Noch mehr: Das vorher niedergeschlagene Volk faßte so viel Muth, daß viele sich in Betten, wo Pestkranke gestorben waren, legten, noch ehe sie kalt oder vom üblen Geruch der Seuche gereinigt worden waren."[16]

Wie viele Menschen haben bei dieser Seuche 1665 in London ihr Leben eingebüßt? Man weiß es genau, es waren 68 597 Personen. Gibt man die Einwohnerschaft Londons mit 460 000 an, so waren dies 14,9 Prozent. Allerdings könnte die Einwohnerzahl auch höher gelegen haben, was den Verlust mindern würde. Da aber gleich zu Beginn des Sterbens viele Menschen geflüchtet waren, dürfte die Peststerblichkeit eher um einiges höher liegen, etwa bei 20 Prozent.

Im folgenden Jahren zerstörte eine gewaltige Feuersbrunst die City. In der Londoner Innenstadt trat danach die Pest nicht mehr in Erscheinung, in den Vorstädten gelegentlich, zuletzt im Jahr 1679.

Vielleicht ist es nur ein Zufall, dass die Seuche, von Osten kommend, aus dem äußersten Westen sich am frühesten zurückzuziehen begann.

DIE PEST IN OSTPREUSSEN

Mitteleuropa wurde letztmals zu Beginn des 18. Jahrhunderts von dem großen Übel heimgesucht. Im äußersten Nordosten Deutschlands begann eine Epidemie im Jahr 1707. Man wusste längst, dass man sich gegen das Vordringen von Ansteckungsstoffen wehren konnte, zumindest Staaten oder Territorialmächte konnten das, indem sie Personen aus pestverseuchten Gegenden den Zutritt verwehrten. Da in diesem Zeitraum wieder einmal Krieg herrschte, der zweite oder Große Nordische Krieg (1702–1721), gab es im Osten Europas viele Flüchtlinge, die in Ostpreußen Aufnahme suchten. Man gab Gesundheitspässe aus, die an den Landesgrenzen kontrolliert wurden, doch wurde mit solchen amtlichen Zeugnissen auch ein schwunghafter illegaler Handel getrieben.

Die Seuche breitete sich infolge der Kriegswirren aus und gelangte bis in den nördlichen Ostseeraum. Bald war auch Königsberg schwer betroffen. Die Regierung des – erst wenige Jahre zuvor zum Königreich erhobenen – preußischen Staates beabsichtigte zunächst, von Königsberg in die Stadt Brandenburg am Frischen Haff überzusiedeln, wie sie es schon zuvor in Seuchenzeiten öfter getan hatte, ging dann aber statt dessen nach Wehlau. Sie verhängte strenge Kontrollen über den gesamten Handels- und Güterverkehr, um die Ausbreitung der Seuche einzudämmen. Auch in der preußischen Hauptstadt Königsberg wurden Sperren verhängt und Kontrollen durchgeführt. Die städtischen Quartiermeister hatten die Aufgabe, einzelne Häuserblocks zu überwachen, das waren jeweils zehn bis zwölf Häuser. Sie sollten ein waches Auge darauf richten, dass keine Pest übertragenden Tiere wie etwa Katzen von Haus zu Haus wechselten. In den Vorstädten war bald jegliches Leben erloschen. Häuser, in denen Pestfälle aufgetreten waren, wurden mit Kreuzen markiert und isoliert. Die Pestkranken, ja selbst die Pestverdächtigen durften ihre Wohnstätten nicht verlassen, bei Zuwiderhandeln drohte die Todesstrafe. Die Pestchirurgen suchten die Kranken in ihren Wohnung auf. Sie verlangten für ihre Dienste viel Geld, denn diese Besuche waren nicht ganz ungefährlich. Ab 22 Uhr bestand für die Königsberger Bevölkerung Ausgehverbot. Danach begann die Stunde der Ärzte und Totengräber, die die Pestleichen auf ihren mit Glocken behängten Karren zum Kirchhof fuhren.

Königsberg hatte in normalen Zeiten 30 bis 40 Todesfälle pro Woche. Mitte Oktober 1708, als die Pest auf ihrem Höhepunkt stand, starben im selben Zeitraum 650 Menschen.

Aber es traten in diesem Herbst auch noch andere Übel in Ostpreußen auf, die Pocken und das Fleckfieber, beides hochinfektiöse Krankheiten. Die Opfer der einen wie der anderen Krankheit wurden gesondert gezählt. In der letzten Woche des Jahres 1708 standen auf den Königsberger Totenlisten 426 Namen, davon waren 230 ein Opfer der Pest geworden, weitere 106 waren dem Fleckfieber oder den Pocken erlegen, 111 waren an anderen Krankheiten gestorben. Im folgenden Jahr, im Sommer, flackerte die Pest noch einmal auf. Diese gesamte Epidemie, die hier von 1708 bis 1710 dauerte, kostete Königsberg 9000 bis 10 000 Menschen, das ist fast ein Viertel seiner Einwohner.[17]

In der Hafenstadt Danzig begann die Pest im Frühsommer 1708 zu wüten. Dort starben gewöhnlich etwa fünfzig Menschen pro Woche. Mitte Juni stieg die Sterblichkeit an, bis Mitte August mussten die Totengräber wöchentlich schon mehrere hundert Leichen bestatten. Anfang September schnellte die Sterblichkeit auf über zweitausend in einer Woche hinauf. Erst im Laufe des Oktober sank sie langsam ab, an dessen Ende stand sie dann bei knapp eintausend die Woche. Die Pest zeigte ganz deutlich ihr saisonales Wirken: Im Juni 1708 lag die Sterblichkeit in Danzig bei 319, im Juli bei 1313, im August bei 6139, im September bei 8303, im Oktober bei 4923, im November bei 1961, im Dezember bei 584. Danzig verlor in diesem Pesthalbjahr mehr als 23 000 Menschen.[18]

Epidemisch auftretende Infektionskrankheiten wie die Pest haben auch die Landbevölkerung nicht verschont. Einige dieser Krankheiten, vor allem die durch Sprechtröpfchen übertragenen Infekte wie die Grippe, die mit steigender Wohndichte der menschlichen Bevölkerung zunehmen, werden in den Städten heftiger aufgetreten sein als auf dem Land. Aber so komplizierte Infektionskrankheiten wie die Pest haben auch ländliche Räume durchdrungen. Da die ländliche Bevölkerung mit der Produktion von Nahrung zu tun hatte – gleichgültig ob sie Getreide oder Milchprodukte erzeugte, Kartoffeln damals sehr viel seltener –, sollte man sogar annehmen dürfen, dass der Befall mit Ratten hier nicht geringer war als in den Städten. Ob die Wohnungen der städtischen Unterschichten insgesamt reinlicher waren als die der Dorfbewohner, ist unter Historikern, die sich mit den Dingen des Alltags befassen, noch immer umstritten.

Diese Seuche des frühen 18. Jahrhunderts berührte auch die ländlichen Gemeinden – allein, die Zeugnisse, die sie hinterließ, sind längst nicht so dicht, und Historiker haben diese ländlichen Seuchen viel weniger gründlich erforscht.

Die letzte Pest wütete in den Dörfern und Weilern des ländlichen Ostpreußen nicht weniger grausam als in den Städten. In Rhein, am Rheiner See in Masuren, starben so viele Dörfler, dass der Ort hinterher fast menschenleer war. „Im Bauerndorfe Lawken sind 153 Personen gestorben und kaum noch 30 am Leben“, berichtet der Pfarrer von Rhein, Grabovius, im September 1710 dem zuständigen Oberburggrafen. Selbst auf der Kurischen Nehrung, die sich entlang der Küste erstreckt, aber doch in einiger Entfernung zum festen Land, herrschte die Pest. Einzelne Fischerdörfer auf der Nehrung, wie Pillkoppen und Kunzen, starben fast aus. Der Reiseführer von Carl Baedeker pries noch am Ende des 19. Jahrhunderts den Pestfriedhof von Pillkoppen als eine gruselige Sehenswürdigkeit an. Die Stadt Lötzen am Spirdingsee hatte nach der schweren Pest der Jahre 1708 bis 1710 rund 800 Einwohner verloren, nur 130 Menschen waren ihr noch verblieben. In Heiligenbeil starben, den Kirchenbüchern zufolge, 1113 Personen, was auch von amtlichen Aufzeichnungen des Königsberger Stadtarchivs bestätig wird.[19]

Ostpreußen verlor im Verlauf dieser letzten Pest einen guten Anteil seiner Bewohner. Vor dem Ausbruch der großen Seuche zählte Ostpreußen 600 000 Seelen. Gewöhnlich starben hier im Laufe eines Jahres 15 000 Menschen; aber in den zwei Jahren nach 1708 waren es 230 000. Die Regierung von Ostpreußen wollte nicht darauf vertrauen, dass es seine alte Einwohnerzahl durch natürlichen Bevölkerungszuwachs so bald wieder erreichte; sie betrieb daher jahrelang eine Politik der „Repeuplierung“ und holte sich fremde Menschen ins Land, vor allem protestantische Glaubensflüchtlinge aus südlichen Regionen.

DER WEG ANS MARE BALTICUM …

Von Ostpreußen zog die Pest nordostwärts nach Litauen und südwestwärts in die Mark Brandenburg, nach Süden über Prag nach Wien. In diesen Ländern und Städten brach die Pest in den Jahren nach 1711 aus, meist zum letzten Mal. Litauen hatte hohe Verluste, fast die Hälfte seiner Bevölkerung starb in den folgenden Jahren. Von Ostpreußen und Danzig zog die Pest auch westwärts die Ostsee entlang bis nach Hamburg und ins Holsteinische. Die Stadt Hamburg hatte viele tausend Pesttote zu beklagen. Berlin errichtete damals ein Pestspital, aus dem später die berühmte Charité hervorging.

Die Epidemie überschritt dann im Sommer 1711 die Ostsee und wütete seit Anfang Juli in Kopenhagen. Die dänische Hauptstadt zählte seinerzeit, bei 60 000 Einwohnern, jährlich rund zweitausend Geburten und ebenso viele Tote. Aber die Pest raffte in diesem Jahr innerhalb von sechs Monaten etwa 23 000 Menschen dahin. Als die warme Jahreszeit sich ihrem Ende zuneigte, im September, ließ sie nach, hielt sich aber bis Jahresende in der Stadt. In einigen Häusern sollen niemand oder nur ein, zwei Bewohner gestorben sein; in anderen erlosch jedes Leben. Die Oberschicht kam weitaus besser davon als die Armen. Als Gründe dafür machte ein kenntnisreicher Zeitgenosse geltend: dass die Armen unter schmutzigeren Bedingungen lebten, dass sie eng beieinander hausten, manchmal vier Familien in einem einzigen Raum. Weiter führte er an, dass gerade die ärmere Bevölkerung sehr neugierig war und sich unbedingt jeden Pesttoten ansehen musste. Außerdem hege dieser Bevölkerungsteil einen wahrhaft „türkischen“ Glauben an das Schicksal, die Vorsehung, so dass er sich nicht scheue, auch die schlechtesten Örtlichkeiten aufzusuchen und selbst in Betten zu nächtigen, in denen Menschen zuvor gestorben waren. Am häufigsten seien verstorben die Hersteller von Särgen, die die Leichen vermaßen, ehe sie die Särge anfertigten, an zweiter Stelle die Wundärzte und an dritter die Schuhmacher.[20]

...UND NACH MITTELEUROPA

Heftig traf die nach Süden abwandernde Seuche auch das alte Prag. Während die Pest sich von Norden her der Stadt näherte, baten die Prager Juden darum, ihr Ghetto verlassen und auf eine Flussinsel in der Moldau übersiedeln zu dürfen. Sie versprachen sich davon bessere Luft und sauberere Lebensumstände. Diese Bitte wurde ihnen abgeschlagen, sie mussten in ihrem alten Ghetto in der Altstadt zusammengepfercht bleiben. Die Pest richtete großen Schaden unter ihnen an.

Für viele Städte in Mitteleuropa war dies der letzte Pestausbruch überhaupt. Die österreichische Hauptstadt kam diesmal glimpflich davon: Von ihren 113 000 Einwohnern starben 9565, also rund 8 Prozent. Der junge Kaiser Karl VI. gelobte daraufhin eine Kirche zu bauen; die Karlskirche ist der Erinnerung an diese Pest geweiht.

Die Habsburger Kaiser, die seit langer Zeit in Wien Hof hielten, fühlten sich in ihrer Hauptstadt gleich in doppelter Hinsicht von den Osmanen bedroht: Zweimal

Pesthäuser oder Pestspitäler gab es in Deutschland seit dem 15. Jahrhundert, in Italien schon mehr als hundert Jahre früher. Sie sollten nicht nur den Pestkranken zur Pflege dienen, sondern auch die Gesunden vor Ansteckung bewahren. – Das Pesthospital in Wien, nach einem Kupferstich von 1679.

hatten türkische Heere die Stadt belagert, in den Jahren 1529 und 1683. Jetzt mutmaßte man, dass auch die Bedrohung durch die Pest aus dieser Richtung kam. Deshalb waren nicht nur militärische Festungen nötig, sich gegen diesen Gefahrenherd abzuschirmen, sondern auch eine Art Cordon sanitaire, der die Bedrohung abschwächte. Fünfzehn Jahre nach der letzten Pest von 1728 ordnete Kaiser Karl VI. am 22. Oktober 1728 daher an, an der Habsburgischen Grenze einen Pestkordon in Gestalt eines Palisadenzaunes gegen die Osmanen zu errichten. Diese neue befestigte Grenze war rund zweitausend Kilometer lang, gelegentlich unterbrochen von Kontumazstationen, durch die die kleine Zahl von Reisenden von hier nach da gelangen konnte, in Pestzeiten freilich eine Quarantäne einhalten musste, die bis zu zwölf Wochen dauern konnte. Diese rein mechanische Barriere erwies sich als ein Erfolg. Es war fortan viel einfacher, pestverdächtige Reisende abzuweisen.[21]

Vor Jahrzehnten wussten die Menschen offenbar andere Dinge als wir heute; was uns heute neu ist, waren ihnen gelegentlich vertraute Wahrheiten. So schrieb der berühmte deutsche Internist Adolf Kußmaul, der im Badischen beheimatet war, kurz vor Ausbruch des Deutsch-Französischen Krieges von 1870/71, dem in weiten Teilen Europas eine schwere Pockenepidemie folgte: „Mit der sinkenden Cultur des Römerreiches ist die Beulenpest des Orients großgewachsen, und vor allem haben Sorglosigkeit, Schmutz und Fatalismus der Türken das gesegnete Egypten zu einem großen Pestheerde gemacht, der sein schreckliches Contagium über alle Länder am Mittelmeerbecken ausspie; ein sorgfältig durchgeführtes Quarantainesystem lieh dem bedrohten Europa endlich Schutz, und mit dem wachsenden Einfluß abendländischer Gesittung ist die Beulenpest auch in ihren Heimathländern seltener geworden."

DAS GROSSE STERBEN IN MARSEILLE (1720–1722)

Nicht von ungefähr war es wieder eine große Hafenstadt, eine Stadt am Mittelmeer, Marseille, in der anno 1720 die letzte große Pestepidemie Westeuropas auftrat. Wieder kommt die Seuche aus dem Orient, mit dem Schiff. Die Einwohner von Marseille lebten eng zusammengepfercht aufeinander, 10 000 Einwohner auf einem Quadratkilometer, das ist außerordentlich dicht.

Marseille erreichte wenig später die 100 000 Einwohner, 1720 hatte es um die 90 000 oder etwas mehr, davon waren 5000 Männer, die zur See fuhren. Zur Stadt gehörte auch ein Hafen, der Jahr für Jahr von vielen Schiffen angelaufen wurde. Er war der größte und regste im gesamten Mittelmeer, nicht einmal Genua oder Livorno wiesen größeren Schiffsverkehr auf. Er wickelte seinen Handelsverkehr vor allem mit dem Mittelmeerraum ab, auch mit den Häfen in Nordafrika. Aus Marseille selbst wurde insgesamt wenig exportiert. Marseille führte große Mengen von Wolle, rohe Baumwolle und gesponnene Baumwollwaren, ein, daneben Seide und Gewürze, auch Öl und Getreide aus der Levante, dafür bezahlte es mit Silber, das es aus Spanien eingeführt hatte. Das Getreide kam aus verschiedenen Himmelsrichtungen, aus Danzig oder dem Ostseeraum, aber auch aus Spanien, Italien, Nordafrika und der Levante. Für Marseille hatte der Hafen eine überragende Bedeutung, jeder Bewohner hing in irgendeiner Form von seinen Aktivitäten ab.

Marseille verzehrte sehr viel Getreide. Es gibt Aufzeichnungen aus der Zeit um 1716, da belief sich sein täglicher Verbrauch auf 500 Lasten mit je 120 Kilogramm. Jahr für Jahr verbrauchte Marseille rund 15 Millionen Kilogramm oder 15 000 Tonnen. Getreide war wichtig, denn daraus wurde das Brot gebacken, und Brot war der wichtigste Sattmacher. In Frankreich hat die Kartoffel, ob aus einheimischem Anbau oder von fern eingeführt, niemals die gleiche Bedeutung erlangt wie in Deutschland, und auch in Deutschland erlangte sie diese erst im frühen 19. Jahrhundert. Im Winter und Frühjahr 1719/1720 scheint Getreide nun knapp geworden zu sein, die Preistafeln vom Januar 1720 zeigen es deutlich. In Osteuropa, wo man gewöhnlich viel Getreide einkaufte, herrschte noch immer der zweite Nordische Krieg. Da musste man den Weizen aus dem Orient herbeischaffen.

Das Schiff „Saint Antoine" trifft am 25. Mai 1720, einem Samstag, in Marseille ein. Es war zehn Monate davor, Ende Juli 1719, von Marseille in Richtung Smyrna ausgelaufen und dort vier Wochen später, am 20. August, eingetroffen. Dann hatte es eine Ladung Getreide von der syrischen Küste nach Zypern befördert. Sodann hatte es mehrmals zwischen verschiedenen Häfen in der Levante Güter hin- und hertransportiert. Am 25. März 1720 hatte es dann die Anker endgültig gelichtet und war gen Westen abgesegelt.

Ein böses Omen zeigt sich unterwegs: am 5. April 1720 stirbt ein türkischer Gast an Bord, er erhält ein Seemannsgrab in den Wellen. Nach einem kurzen Aufenthalt auf Zypern sticht die „Saint Antoine", mit einigen türkischen und griechischen Gästen an Bord und sehr vielen Waren, wieder in See. Am 23. und 24. April zeigen sich bei zwei Seeleuten Anzeichen einer Erkrankung, am 27. und 28. sterben die beiden. Dann stirbt sehr rasch der Wundarzt, der mit an Bord war, zwei weitere Matrosen folgen zwei Tage später. In Livorno legt das Schiff noch einmal an und gibt Auskunft über die Verstorbenen. Am 19. Mai sticht es erneut in See, sechs Tage später legt es in Marseille an.

Kommt man mit einem Grippekranken oder mit einem von den Pocken Befallenen ins Gespräch, dann verläuft die Übertragung des Krankheitserregers ganz einfach. Bei dem Infizierten treten die ersten Symptome einer Ansteckung sehr schnell auf. Die Pest zeigt ein ganz anderes Verhalten, sie erwacht nur langsam und schlummert auch wieder einmal ein, bevor ihre tödliche Kraft wirklich an den Tag tritt. So setzt auch hier die Seuche erst mehr als zwei Wochen später, am 12. Juni 1720, ganz langsam ein. Noch im Juli 1720 teilt die Hafenbehörde der königlichen Stadt Marseille mit, um „die Gesundheit in dieser Stadt ist es gut bestellt". Die Behörden lassen sich durch nichts und niemanden beunruhigen.

In der Nacht vom 21. zum 22. Juli 1720 zieht ein heftiges Unwetter über Südfrankreich hinweg, mit schweren Regengüssen, Hagelschauer, mit Blitz und Donner. Fromme Seele in dieser Stadt werden aufgeschreckt, sie denken an ein Strafgericht Gottes.

Am 26. Juli 1720 ist es nicht mehr zu leugnen: Die Pest geht um in Marseille. Wie aus heiterem Himmel setzt jetzt das Sterben ein. Die Pest verschlingt binnen achtundvierzig Stunden ganze Familien. Kein Stadtteil bleibt von ihr verschont. Seit dem 5. August bringen die Totengräber – in Marseille nennt man sie ihrer schwarzen Gewänder wegen einfach „les corbeaux", die Raben – die Verstorbenen am hellen Tage zu den Begräbnisstätten, die Nacht allein genügt nicht mehr, die vielen Leichen zu bestatten. Die Zahl der Toten beläuft sich mittlerweile auf hundert am Tag – zu normalen Zeiten sind es keine zehn. Die Spitäler sind bald nicht mehr imstande, die Kranken aufzunehmen.

Im täglichen Leben der Stadt ist die Pest bald zu spüren. Am frühesten zeigt sich das wirtschaftliche Problem bei der Nahrungsmittelversorgung: Die Bauern aus der

Die Epidemie von 1720/21 war einer der letzten großen Pestausbrüche in Westeuropa. Nicht von ungefähr traf sie eine Hafenstadt im Süden, am Mittelmeer. Wichtig für die medizinhistorische Forschung war diese Seuche vor allem, weil sie den hohen Befall der Kleinstädte und Dörfer im Umkreis von Marseille offenbarte. Die Pest war in Europa keineswegs ausschließlich eine Seuche der großen Städte, sie trat auch auf dem Lande verhängnisvoll in Erscheinung. – Die Pest in Marseille. Zeitgenössischer Kupferstich von Thomassin nach einer Zeichnung von Jean Baptiste de Troy.

nächsten Umgebung, die sich sonst Tag für Tag in der Stadt zeigen und ihre Waren feilbieten, meiden jetzt diesen Ort. Die Bäcker und die Metzger sind die ersten, die der Tod hinwegrafft oder die aus der Stadt flüchten, der Erfahrungen früherer Seuchen eingedenk. Es ist schwierig, Brot zu bekommen in dieser Zeit. Die Sterbelisten stehen bereits bei dreihundert pro Tag. Bald werden es tausend sein.

Ziegen sind für die Pest empfänglich, fanden 1897 deutsche Forscher in Indien heraus. Sie sind es weniger als Ratten oder andere Nager, aber in viel höherem Maße als Katzen und Hunde oder Rinder. Und tatsächlich, der Tod ergreift sie auch hier, in Marseille, nicht eine, sondern eine ganze Herde.[22]

Die Straßen von Marseille sind bedrückend still in dieser Stunde. Einzig und allein die vorbeirollenden Totenwagen verursachen wiederkehrende Geräusche. Niemand wagt sich aus seiner Wohnung, die Straßen sind leer, keine lebendige Seele zeigt sich, das gesamte Leben ist erloschen.

Wer soll die vielen Leichen beerdigen? Die Stadtverwaltung sucht händeringend Freiwillige für diese Aufgabe. Die Leichen türmen sich in den Straßen. Am 6. September 1720 zählt man zweitausend Leichen, die nun seit mehreren Tagen auf den Straßen verrotten. Hunde fallen über sie her und fressen daran.

In großen Wagen werden Anfang August die Toten abgefahren. Sie würdig zu bestatten ist jetzt unmöglich. Im Norden von Marseille sind große Gruben ausgehoben, dort wirft man sie hinein und deckt die Berge von Leichnamen mit etwas Erde zu.

Überall in der Umgebung weigert man sich jetzt, mit Marseille in Handelsgeschäfte einzutreten, solange dort die Pest regiert. Am 27. Juli verbietet der Fürst von Monaco jeden Kontakt mit der Stadt. In allen Orten an der Côte d'Azur verlangt man jetzt Gesundheitspässe, Billets de Santé. Der Magistrat von Marseille verbietet seinen Bürgern, den Umkreis der Stadt zu verlassen. Jeder Handelsverkehr erstirbt.

Schon am 8. August 1720 sind sämtliche Spitäler der Stadt überfüllt. Die Magistratsbeamten beschließen daraufhin, rasch ein provisorisches Pestnotspital zu errichten, um die Kranken wenigstens kurzzeitig unterzubringen. Es fehlt an Ärzten, die die Kranken behandeln könnten, aber für sie kommt ohnehin jede Hilfe zu spät. Häufiger sieht man Priester und Ordensangehörige, die den Verdammten den letzten Trost spenden. Mehr als 250 Ordensleute und Geistliche – das ist jeder fünfte unter ihnen – bezahlen ihren Einsatz mit dem Leben.

Die Pest breitete sich im Sommer 1720 in Marseille rasch aus. In den Spitälern werden selbst die Pflegepersonen ergriffen und sterben an dem Übel. Man bemerkte damals, „dass, wenn eine Person in einer Familie ergriffen wurde und starb, auch die übrigen in kurzer Zeit dasselbe Schicksal hatten, so daß es Fälle gab, da Familien auf diese Weise völlig ausstarben; floh aber einer aus einer angesteckten Familie in ein anderes Haus, so begleitete ihn die Ansteckung, und es wurde der Familie tödtlich, wohin er sich geflüchtet hatte."[23] Trotzdem gab es weiterhin einzelne Ärzte, die behaupteten, die Krankheit sei nicht ansteckend.

Wunderbarerweise bleiben einzelne Gebäude in der Stadt, zum Beispiel Klöster, die inmitten von Pestherden liegen, vollkommen unberührt. Wie konnte sich die Pest auf dem Luftweg verbreiten und diese Gebäude übergehen?

Ein halbes Jahrhundert und mehr, seit den 1660er Jahren, war Frankreich frei geblieben von dem alten Übel. Die wenigsten Zeitgenossen von 1720 hatten noch Erfahrung mit ihr. Man nimmt das Wunder – dass ein Kloster samt seiner Ordensangehörigen verschont bleibt – staunend zur Kenntnis, den Hintergrund versteht man nicht. Das Problem der Übertragung wird nicht durchschaut. Ebenso bleibt der Zusammenhang mit dem Ursprung des Übels unklar: Im Jahr davor, 1719, hatte die Pest in der syrischen Stadt Aleppo schwer gewütet. Aber wie kann ein Schiff, das im Mai 1720 zwei Wochen an der syrischen Küste vor Anker liegt, seine Ladung löscht und neue aufnimmt, den „Pestsamen" aufnehmen, wenn doch zu dieser Zeit die Pest gar nicht mehr im Orient herrscht? Rätsel über Rätsel.

Im Spätsommer hat die Seuche die gesamte Stadt eingenommen, rückt dann schnell voran und überfällt ringsumher die Dörfer. Auch größere Hafenstädte in der fernen Umgebung, wie Toulon, können die Ansteckung nicht vermeiden. Die Pest sucht diese Stadt im folgenden Jahr auf, 1721. Ganz Frankreich wird daraufhin unter Quarantäne gestellt.

Es wird Herbst. Das Sterben in Marseille nimmt rasch ab und erlischt fast ganz. Ende Oktober 1720 kommen nur noch einzelne Fälle vor. Jetzt erwacht die Bevölkerung zu neuem Leben. Es heißt Ordnung schaffen, denn alles ist verwahrlost. Auf den Straßen der großen Stadt wächst das Gras. Jetzt wird alles gereinigt, jetzt wird der Müll entfernt, der sich mehrere Monate lang in den Straßen angehäuft hat. Zwei Monate bringt die Bevölkerung damit zu, für Ordnung zu sorgen und alles gründlich auszuräuchern. Alte Textilbestände, Lager von Wollwaren, werden auskocht oder verbrannt.

Und es wird wie toll geheiratet in diesen Tagen. Zu jeder Stunde sieht man Paare, auch alte und noch ältere, darunter sehr viele Pestwitwen und Pestwitwer, zum Traualter schreiten. Der Bischof von Marseille hatte sich anfangs gegen diese frühen und raschen Heiraten der Überlebenden ausgesprochen, aber er bekam so viele Drohungen zugesandt, dass er schließlich nachgab.[24]

In Marseille herrschte nach den großen Säuberungsaktionen im Herbst und Winter 1720/21 erst einmal Ruhe. Die Überlebenden sind glücklich. Von den wenigen ungeklärten Todesfällen, zu denen es im Winter 1720 auf 1721 kommt, lassen sie sich nicht beunruhigen. Im April 1721 stirbt ein Mensch unter ungeklärten Umständen in der Stadt, in der Rue de la Croix-d'Or, der Straße zum Goldenen Kreuz. Es kommt zu drei weiteren Todesfälle in derselben Straße, im Haus eines Packers namens Berne. Einige Tage später weitere Todesfälle in einem anderen Haus in derselben Straßenzeile; am 8. April 1721 entdeckt man sechs Pestkranke in der Stadt und bringt sie in ein Spital. Fünf Tage später wird die Straße zum Goldenen Kreuz versperrt. In Frankreich wird diese eine Straße bald zur grausigen Legende.

1721 und 1722 zieht die Pest durch die Provence. Sie berührt insgesamt 146 Ortschaften und hinterlässt 120 000 Leichen. In Marseille betrug die Sterblichkeit im Jahr 1720 deutlich über vierzig Prozent; in einigen Dörfern in seiner Umgebung sterben mehr als fünfzig von hundert. Die Pesttoten von Toulon, einer Hafenstadt mit 22 000 Einwohnern, werden mit 13 160 beziffert. Das binnenländische Aix hatte etwas mehr Einwohner, 24 000, aber deutlich weniger Pesttote: nämlich 7534.

DIE PEST VON MOSKAU: VORSPIEL

Nach der letzten Epidemie in Marseille, weit im Westen der kleinen Halbinsel Europa, erhob die Pest fünfzig Jahre später ein letzten Mal ihr Haupt, in Moskau. Sie begann sich allmählich zurückzuziehen in die Weiten Osteuropas und Asiens, in Gegenden also, aus denen sie einst gekommen war. So stellt es sich zumindest heute für den Zurückblickenden dar – nicht indes für die Zeitgenossen um das Jahr 1770. Damals wurde die Pest aus gutem Grund noch als eine akute Bedrohung empfunden.

Die Pest benötigt eine tierische Grundlage, Nager; in der Nähe der Menschen spielen meist Ratten diese Rolle. Und sie benötigt, weiterhin, als Überträger ein Insekt, den Floh, wenn sie einen Menschen heimsuchen will. Niemand vermag zu sagen, wie viele Ratten es zu dieser Zeit in Moskau gab. In Rom schätzte man zweihundert Jahre später, 1970, die Zahl der Ratten auf 15 Millionen. In anderen europäischen Städten nimmt man an, dass es fast ebenso viele Ratten gibt wie Bewohner, manche behaupten sogar, doppelt so viele. Obwohl die Anzahl der Ratten für das Moskau von 1770 nicht bekannt ist, darf man doch annehmen, dass es genügend Ratten und Flöhe gab, um die Seuche auszubreiten. Vermutlich tummelten sie sich an den Wasserwegen oder auch in nächster Nähe der Wohnungen, in den Holzhäusern der Moskauer. Russlands alte Hauptstadt zählte damals eine Viertelmillion Einwohner; die Häuser aus Stein machten vielleicht den dritten Teil aus, zwei Drittel waren aus Holz errichtet. Obwohl es also Grund gibt zu glauben, dass es in Moskau in dieser Zeit vor Ratten nur so wimmelte, fehlt doch jeder Hinweis auf ein größeres Rattensterben.[25]

Die Pest benötigt zu ihrem Auftreten bestimmte ökologische Bedingungen. Sie ist eher eine Seuche der warmen Breiten. Die Stadt Moskau soll in den hundert Jahren vor 1770 von keiner größeren Pestepidemie heimgesucht worden sein, in den südlicher gelegenen Teilen des Landes hatte die Pest durchaus noch regiert. Moskau mit seinem kalten Kontinentalklima und seiner Lage ziemlich weit im Norden war keineswegs eine ideale Örtlichkeit für die Pest. Kein Vergleich mit einer Stadt wie Bombay! Über Russlands neue Hauptstadt, St. Petersburg, die noch einmal einige hundert Kilometer weiter nordwestlich liegt, am östlichen Ende des Finnischen Meerbusens, schrieb ein Arzt, der viele Jahre in Russland in dieser Eigenschaft tätig war, Maximilian Heine, ein jüngerer Bruder des Dichters Heinrich Heine: „Vor Pest und gelbem Fieber ist Petersburg sowohl durch seine physische Lage als durch die allgemein errichtete Quarantäneanstalt [...] auch für die Zukunft geschützt. Im Jahr 1708 und 1710 hat in Riga, sowohl unter den Einwohnern als auch dem Militär eine Pest geherrscht, die gegen 50000 Menschen dahingerafft hat."[26]

Russland reichte weit nach Norden, in sehr kalte Zonen, es hatte ein kühles Klima, und doch waren Ratten und ihre Flöhe imstande, sich dort auszubreiten und zumindest gelegentlich den Pesterreger in der warmen Jahreszeit zu verbreiten. Südlich von Moskau, an den Ufern des Schwarzen Meeres, und im Nachbarland, dem Osmanischen Reich, bestanden seit langem große Pestherde, und es wäre erstaunlich, wenn nicht gelegentlich Händler mit Textilien den Erreger verschleppt hätten.

Moskau besaß in dieser Zeit, in der zweiten Hälfte des 18. Jahrhunderts, nur bescheidene Anfänge einer Industrie, am ehesten verdienen die Manufakturen von

Textilien diese Bezeichnung. Kleidung brauchte jeder, im kalten Russland eher noch mehr als anderswo, und so wurde die Textilindustrie hier relativ früh im Großen betrieben, in Manufakturen mit mehreren hundert Arbeitern. In Moskau lagen diese Betriebe am Stadtrand, in alten Baulichkeiten, teils aus Holz, und es ist anzunehmen, dass Ratten in diesen alten Gebäuden mit den weichen, warmen Rohstofflagern – Baumwolle, Wolle, Seide – sich wohlfühlten. Die Herrscherin, Katharina II., hatte die Ansiedlung dieser Industrien ausdrücklich gutgeheißen.

Zarin Katharina war eine gebürtige Deutsche, geboren in Stettin, und sie hatte, als sie ins Russische Reich kam, um den Zarewitsch zu ehelichen, aus ihrer Heimat auch einige Ärzte mitgebracht oder später ins Land geholt. Viele Ärzte hatte Russland zu dieser Zeit nicht, es besaß erst seit kurzer Zeit eine eigene, 1755 in Moskau gegründete Universität, die Ärzte ausbilden konnte; die erste Universität Mitteleuropas war gut vierhundert Jahre früher ins Leben gerufen worden. Aber auch Ärzte vermochten gegen die Pest vorläufig nur wenig auszurichten, sie konnten am besten noch die Vorbeugung betreiben.

Die Seuche scheint von Südwesten herangekommen zu sein, aus der Hauptstadt der Ukraine, aus Kiew. Weiter südlich führten russische Heere gerade Krieg, was die Ausbreitung der Seuche begünstigte. Der Sommer 1770 war warm und feucht, im Juni stieg das Quecksilber fast bis auf 30 Grad Celsius, im Juli noch darüber. Als im Oktober 1770 ein Dr. Johann Lerche, der seit langem als Arzt in russischen Diensten stand, nach Kiew reiste, hörte er immer wieder und von allen Seiten von der Pest. Der Herbst 1770 war milde, es herrschten südliche Winde vor und viel Regen, die freundliche Witterung hielt bis in den November hinein an.

Die ersten Pestkranken starben in Kiew Anfang September 1770. Als Dr. Lerche gegen Mitte Oktober dort eintraf, fand er viele Kranke mit Beulen und Petechien vor. Die Kälte setzte in Kiew Mitte November ein; sie dämmte auch die Seuche ein, denn die massenhafte Verbreitung des Pesterregers war an Wärme gebunden. Im Dezember 1770 und im folgenden Monat, als die Temperaturen noch viel weiter fielen, hörte auch das Sterben wieder auf.

Die Behörden berichteten von 3180 Pesttoten, etwas mehr Frauen als Männer, unter den männlichen Toten befanden sich viele Soldaten. Dr. Lerche beobachtete, dass auch viele Kinder und Schwangere unter den Toten waren. Er gewahrte, dass auch außerhalb der Stadt Kiew etliche Todesfälle zu beklagen waren. Die meisten Studenten des orthodoxen Priesterseminars Kiew waren bei Ausbruch der Seuche nach Hause gegangen, aufs Land. Außerhalb der Stadt, aber innerhalb des Regierungsbezirks (*guberniia*) Kiew, starben in diesem Jahr weitere 2800 Menschen an der Pest.

Die einheimische Bevölkerung verstand den Modus der Ausbreitung der Seuche und der Übertragung von Mensch zu Mensch nur höchst unvollkommen. Bekannt war seit langem, dass Reisende und Händler, vor allem Fernreisende mit Textilien und Getreide, einen Gefahrenherd bildeten. So wurden die Juden als Bevölkerungsgruppe jetzt noch argwöhnischer betrachtet als sonst, denn sie waren die wichtigsten Trödler, die mit gebrauchter Kleidung handelten.

In Moskau kam es gleichfalls bereits im Jahr 1770 zu einzelnen Fällen von Pest. Die Kranken wurde in das Allgemeine Infanteriehospital gebracht, das in einem hölzernen Anbau des größten Moskauer Spitals auf den Vvedenski Hügeln untergebracht war.

Man vermutete, dass die Krankheit mit Textilien aus dem Süden Russlands eingeschleppt worden war, aus der Ukraine. Als die ersten an der Pest starben, schlug der Generalgouverneur von Moskau, Graf Saltykow, vor, einen Cordon sanitaire um die ganze Stadt zu legen, um verdächtige Personen fernzuhalten. In Russland kannte und bewunderte man nämlich den Pestkordon, den die Habsburger Herrscher einige Jahrzehnte zuvor an der Grenze zu den Türken angelegt hatten. Doch für eine kurzfristige Errichtung einer solchen Grenze fehlte es an Personal. Die Behörden wussten nun aber zumindest Bescheid und wollten ein waches Auge darauf haben, dass der Kleidertrödel innerhalb Moskaus überwacht wurde.

War die Krankheit tatsächlich die Pest? Natürlich wurde auch diese Frage gestellt, immerhin war das Übel hundert Jahre lang in Moskau nicht mehr aufgetreten, was zugleich bedeutete, dass die Ärzte mit dieser Krankheit in der Regel nicht vertraut waren. Der Leitende Moskauer Stadtarzt war Dr. Franz Andreas Rinder. Geboren 1714 in der Nähe von Nürnberg, war Rinder, Sohn eines Geistlichen, nach Russland ausgezogen, nachdem er 1736 seine Studien an der Universität zu Altdorf vollendet hatte. Er hatte 28 Jahre lang als einziger Arzt in einem Spital in Orenburg gedient, an den südlichen Ausläufern des Ural, hatte dort seine erste Frau verloren, sich ein zweites Mal verheiratet und mit dieser zweiten Frau einen Sohn in die Welt gesetzt. Rinder hatte in diesen langen Jahren Seuchen bekämpft, die örtliche Flora studiert und seit 1764 junge Wundärzte ausgebildet, bevor er 1765 die gut dotierte Stelle in Moskau bekam, die ihm tausend Rubel im Jahr eintrug. Sein Sohn studierte später in Straßburg und promovierte dort 1778.

Mit der Pest hatte Dr. Rinder keine Erfahrung, sie war in seiner Heimat zuletzt 1713 aufgetreten, kurz bevor er geboren wurde. Er bezweifelte, dass die ziemlich plötzlich Verstorbenen tatsächlich der Pest erlegen waren, daher gab er diese Information nicht nach oben weiter. Er hielt es für unglaublich, dass nach so langer Zeit die Seuche plötzlich wieder auftrat, und gab Erklärungen ab, die lange Zeit beliebt waren und immer wieder verwendet wurden: Die Moskauer Luft sei gut und gesund, sehr rein, nicht erfüllt von kontagiösen Beimengungen. Rinder dachte an andere Übel, an das Fleckfieber, das man auch als Faulfieber bezeichnete. Die Pest konnte es – wie er meinte – schon deshalb nicht sein, weil es nur Einzelfälle waren. Tatsächlich waren es – anfangs, im Herbst 1770 – nur Einzelfälle, aber nur, weil die Witterung für eine Ausbreitung des Übels nicht geeignet war. Dass der Anteil der Verstorbenen so hoch war und diese binnen sechs Tagen das Zeitliche segneten, hätte ihm zu denken geben sollen.

Einzelne unerklärliche Todesfälle gab es immer wieder in diesem Winter, vor allem unter den Arbeitern einer alten Moskauer Wollmanufaktur. Nach vielen Schreckensmeldungen besichtigten Dr. Rinder und der Stabschirurg Friedrich Roeslein diesen Betrieb Ende Januar 1771. Als dort die ungeklärten Todesfälle nicht aufhörten und Anfang März wieder zwischen drei und sieben Arbeiter am Tag starben, wurde ein neuerlicher Besichtigungstermin anberaumt. Dr. Rinder konnte ihn nicht mehr wahrnehmen, denn er musste selbst das Bett hüten, so kam diesmal der Wundarzt Heinrich Engel, fand aber nichts Besorgnis erregendes. Er schärfte den Verantwortlichen ein, verdächtige Krankheitsfälle weiterhin zu melden. Vorsichtshalber ließ die Polizei eine Absperrung um die Manufaktur errichten. Dr. Rinder, der noch immer bezweifelte, dass es die Pest sein könnte, starb selbst unter ungeklärten Umständen im folgenden Monat, April 1771.

War es wirklich die Pest und keine andere Seuche? So genau lässt sich das nicht sagen, doch die Schilderung der Symptome durch Dr. Orraeus, einen russischen Arzt, macht glauben, dass es die Pest war. Dieser schrieb: „Pestbeulen und Karbunkel zeigen sich manchmal schon sehr früh beim Ausbruch der Krankheit, und in diesem Falle hält sie nicht lange an. Aber manchmal werden sie erst 12 bis 24 Stunden, vom ersten Krankheitstag an gerechnet, sichtbar. Am dritten, vierten oder spätestens fünften Tag dringt Eiter aus den Beulen oder sie beginnen sich aufzulösen, derweil die Karbunkel sich von der gesunden Umgebung abzuheben beginnen. Wenn dies eintritt, dann besteht gute Hoffnung auf Wiederherstellung, wenn das Gegenteil eintritt, sterben die Kranken. [...] Von unseren kranken [Arbeitern], die sich die Pest zuziehen, kann man rechnen, daß ein Drittel durchkommt; aber die hier am Ort lebenden Einwohner sterben zum größten Teil daran, weil ihre Angehörigen sie gleich nach dem Ausbruch der Krankheit im Stich lassen und sie außerdem auch keine Medizin bekommen."

Die Zarin in der Hauptstadt war sehr besorgt. Sie fürchtete, die Seuche könnte auch nach St. Petersburg reisen. So verfügte sie im März 1771 etliche Schutzmaßnahmen gegen eine Ausbreitung der Pest. Sie propagierte auch ein in Mitteleuropa bekanntes Heilmittel, danach sollten die Pestkranken Wasser trinken, das mit Essig vermischt war, und man sollte ihren Körper mit Eis abreiben. Dieses Mittel wurde in ihrem Reich später als „Remedium antipestilentiae Catharinae Secundae" bekannt.

Bezüglich der Wirkung der seinerzeit üblichen Heilmittel darf man sich keinen großen Hoffnungen hingeben. Sie bestanden darin, den Kranken zur Ader zu lassen, in der Verabreichung von quecksilberhaltigen Präparaten und anderen traditionellen Mitteln. So wurde empfohlen, die Bubonen mit Essigwasser zu bestreichen, einen Wickel mit Leinsamen aufzulegen und die Karbunkel aufzustechen.

DER AUSBRUCH IM FRÜHJAHR 1771

Der April 1771 war in Moskau empfindlich kalt. Ein Dr. Mertens berichtete von heftigen Schneefällen am 1. Mai. Auch in den folgenden Tagen herrschte strenger Frost. Die in Russland tätigen Ärzte neigten dazu anzunehmen, dass unter solchen Bedingungen die Pest überhaupt nicht auftreten könne und dass im übrigen die Sterblichkeit bei Pest immer jählings einsetzen müsse.

Der große Gefahrenherd in Moskau lagerte in den Textilmanufakturen. Die 730 auf dem Werksgelände lebenden Arbeiter der besagten Wollmanufaktur lebten unter primitiven Umständen, zusammen mit vielen Ratten. Seit März 1771 war es hier zu einer steigenden Anzahl von Todesfällen gekommen. Inzwischen war man dazu übergegangen, die gelagerte Wolle mit Essig zu tränken und dann zu auszuräuchern. Von den 730 Arbeitern waren bis Mitte März 90 gestorben.

Das Anwachsen der Sterblichkeit betraf vorläufig nur diese eine Manufaktur in Moskau. Im ersten Quartal 1771 berichtete der Klerus von Moskau von 1614 Toten in der ganzen Stadt, das waren gerade 17 täglich. Nur 26 von ihnen waren „plötzlich" verstorben. Das erschien nicht weiter Besorgnis erregend. Tatsächlich erfolgte der nun anhebende Anstieg der monatlichen Sterblichkeit langsam: 778 Tote zählte man im April, 878 im Mai, 1099 Tote im Juni. Die tägliche Sterblichkeit stieg im Juni von 17 bis auf 70 an.

Die Monate Mai und Juni waren warm, mit vielen Regengüssen. Anfang Juni starben in Moskau in einer Seidenweberei vier Arbeiter. Die Toten wiesen Merkmale der Pest auf. Langsam nahm die Zahl der Verstorbenen zu, je wärmer es wurde, desto mehr. Es dauerte noch eine ganze Weile, bis Anfang August, bis dann die Sterblichkeit wirklich in die Höhe schoss, schließlich waren es mehr als 200. Da war alles klar.

Auch in der oben genannten Wollmanufaktur, die seit März 1771 nach außen gesperrt war, nahm die Sterblichkeit zu, sie verdoppelte und verdreifachte sich jetzt. Dr. Mertens fasste zusammen: „Die Kranken wie auch die Toten zeigten große rote Flecken und längliche, blutunterlaufenen Flecken, in vielen Fällen auch Karbunkel und Bubonen. Die meisten starben am dritten oder vierten Krankheitstag."

Die Sterblichkeitskurve stieg geradezu atemberaubend empor, fast senkrecht, in der zweiten Augusthälfte auf täglich 220, bald auf über 300 und Ende August gar auf 470 Tote pro Tag. Jetzt starben auch viele Dienstboten aus fürstlichen Häusern, deren Herrschaften sich längst auf ihre Landgüter zurückgezogen hatten. Viele Menschen flüchteten in diesen Tagen aus der Stadt. Dr. Mertens meinte, dass die tatsächlich anwesende Bevölkerung Moskaus im August sich nur noch auf etwa 150 000 Personen – statt der üblichen 250 000 – belief. Man würde erwarten, dass bei einer Mortalität, wie sie damals in großen Städten „normal" war, also von 30 bis 35 Promille, täglich 13 bis 15 Personen das Zeitliche segneten – in Moskau waren es jetzt 400 am Tag. Und die Sterblichkeit stieg noch immer. Anfang September nahm sie einen weiteren Ruck nach oben, auf 450 bis 500 am Tag, und gegen Monatsmitte gar auf 900. Es gab fürchterliche Szenen in diesem Sommer. Menschen brachen auf offener Straße plötzlich zusammen und blieben tot liegen; Pesttote auf offener Straße auch in den Außenbezirken der großen Stadt.

Das Collegium medicum riet, die öffentlichen Bäder zu schließen, den Verkauf von Schnaps zu drosseln und den Kleidertrödel ganz einzustellen. Aber Kleidung wollte jetzt ohnehin niemand kaufen.

In Moskau geschahen nun Dinge, die es auch anderswo in Pestzeiten gegeben hatte: Die Angehörigen von Pestkranken wollten vermeiden, von den Behörden in Pesthäuser eingewiesen zu werden, denn dort verstarb der größte Teil der Insassen. Also verheimlichten sie den Ausbruch eines Pestfalles in ihrer Familie, um unentdeckt zu bleiben. Bisweilen wurden die Toten des Nachts sogar in fremden Straßen abgelegt, damit die Angehörigen unbekannt blieben.

Die Menschen waren von Angst erfüllt. Sie hatten Angst vor der Pest und vor dem Tod, sie empfanden Abscheu gegen die von den Behörden verhängte Quarantäne. Sie empfanden ohnmächtige Wut darüber, dass die Großkaufleute und die Wohlhabenden entweder außerhalb der Stadt lebten oder sich in ihren städtischen Palästen eingeigelt hatten. Die zogen sich die Pest nicht zu, weil, wie sie ahnten, ihre Wohnhäuser aus Stein gebaut waren.

Die Ärzte waren zum größten Ausländer, denen sie nicht trauten. Die Polizei der Stadt war unterbesetzt, es gab in Moskau zu Beginn der Seuche 427 Polizisten, davon starben mehr als die Hälfte, 242, noch bis Jahresende.

Diese letzte Pestepidemie in Moskau war also wieder eine Seuche der kleinen Leute, denn die Oberschicht wusste sich zu schützen. Dies verstärkte natürlich den Argwohn der Massen, die an eine Verschwörung glaubte.

Mitte September, als die Sterblichkeit – mit über 900 Toten pro Tag – gerade auf dem Höhepunkt stand, erhob sich die Moskauer Bevölkerung in einem wütenden Aufstand. Es scheint, dass sich ihr Grimm weniger gegen die städtische – oder überhaupt die weltliche – Obrigkeit richtete, nein, er richtete sich zuvörderst gegen die Kirchenoberen, deren Verbindungen zu den jenseitigen Mächten offenbar nicht eng genug waren, um die Sterblichkeit anhalten zu können. Einzelne Klöster wurden von den Aufständischen gestürmt und geplündert, die Mönche misshandelt, einzelne getötet. Die Aufständischen ergriffen auch den Erzbischof von Moskau und erschlugen ihn.

In St. Petersburg erfuhr Zarin Katharina von diesem Aufstand bereits am 18. September. Beim Zusammenstoß mit der Polizei waren an die hundert Aufständische getötet oder ergriffen worden, 249 weitere Personen befanden sich in Haft. Die meisten der Aufständischen kamen aus der Schicht der leibeigenen Dienstpersonen. Die Zarin folgerte aus allem, was sie erfuhr, dass der Aufstand blind erfolgt war, spontan, ohne große Überlegungen oder Ziele. Sie entsandte ihren Günstling Orlow nach Moskau, er sollte dort die Ruhe wiederherstellen. Als Orlow am 26. September in Moskau eintraf, herrschte nach außen die alte Ruhe. Er ließ Gefängnisinsassen dazu abkommandieren, die Leichen aufzulesen und zu bestatten. Dafür versprach er ihnen eine Verkürzung ihrer Haft und eine Geldzahlung von einigen Kopeken am Tag.

Im Oktober, als es kühler wurde, ließ auch die Sterblichkeit in Moskau nach, sie stand aber immer noch zwischen 600 und 700 Toten pro Tag. In der Nacht vom 20. zum 21. Oktober fiel in Moskau der erste Schnee. Bald begann der Winter und erstickte mit seinen Schneemassen die tödliche Seuche.

Die Sterblichkeitstafeln im Bezirk Moskau zeigten in diesem Jahr folgendes Bild: In der Stadt Moskau selbst stieg die Sterblichkeit von 16 700 oder 15 500 in den Jahren davor auf über 52 800 im Jahr 1771 an, also fast auf das Dreieinhalbfache. Zieht man von der Gesamtzahl der Verstorbenen die gewöhnliche Sterbeziffer ab, dann kommt man auf rund 37 000 Pesttote. Die Verstorbenen waren mehrheitlich zwischen 20 und 40 Jahre alt. Wenn in Moskau tatsächlich nur noch 150 000 – statt üblicherweise 250 000 – Einwohner anwesend waren, dann sähe alles etwas anders aus, dann wäre von den Anwesenden tatsächlich jeder vierte an der Pest gestorben.

Nicht nur in der Stadt selbst, auch im Regierungsbezirk Moskau hatte die Seuche gewütet. Die Moskauer Behörden schenkten ihr indes wenig Aufmerksamkeit; die Hektik der Petersburger Hofoffiziellen war ihnen fremd. Einen ähnlichen Anstieg der Sterblichkeit wie in Moskau gab es nirgendwo sonst in den Städten ringsumher, die zum Bezirk Moskau gehörten. Sie stieg in Jaroslawl auf gut das Doppelte, in Wladimir auf knapp das Doppelte, in Kostroma war die Sterblichkeit 1771 etwa um die Hälfte höher als sonst, in Kaluga zeigte sich überhaupt keine Zunahme, in der Klosterstadt Susdal war sie gering. Im gesamten Bezirk war die Sterblichkeit 1771 mit insgesamt 95 000 Toten, gegenüber 42 500 Toten im Vorjahr, mehr als doppelt so hoch wie 1770.[27]

Vermutlich ist es nur ein Zufall, dass die letzte große Pestepidemie am Ende des 20. Jahrhunderts im Osten Europas stattfand, sie hätte sich auch irgendwo am Mittelmeer zeigen können, in einer Hafenstadt mit hoher Luftfeuchtigkeit und warmen Temperaturen. Aber die letzte große Pestepidemie Europas, mit Zehntausenden von Toten, wütete im Osten. Die Zeitgenossen konnten es noch nicht ahnen, dass sich die Pest aus dem europäischen Teil Eurasiens langsam zurückziehen würde in ihre Urheimat, nach Asien.

MORBIDITÄT, MORTALITÄT, LETALITÄT – BERECHNUNGEN DER PESTSTERBLICHKEIT IN STADT UND LAND

Über die Pest in den großen Städten Alteuropas ist viel geforscht und veröffentlicht worden. Einige Sozialhistoriker schreiben, die Pest sei zuvörderst eine Erscheinung der Städte gewesen, als Grund dafür nennen sie das engere Zusammenleben ihrer Bewohner. Hochinfektiöse Virenerkrankungen wie Pocken oder Grippe traten tatsächlich in den Städten verheerender auf. Aber sollte man nicht erwarten, dass die Pest auch das platte Land verwüstete? Waren nicht ihre mittelbaren Überträger – die Ratten – und ihre unmittelbaren – die Flöhe – auf dem Land mindestens ebenso zu Hause wie in den Städten?

Es gibt für einige europäische Regionen auf empirische Quellen gestützte Untersuchungen, die das moderne Verständnis der Infektionskrankheit Pest abrunden helfen. Wichtig sind dabei einige Konzepte, einige Begriffe, die man sich einprägen sollte, z. B. die Morbidität und die Letalität, letztere im Gegensatz zur Mortalität. Der Begriff Morbidität fragt nach dem Anteil derer an einer Bevölkerung, die tatsächlich an einer Seuche erkrankte, und die Letalität besagt, welcher Teil dieser Erkrankten starb. Wenn also aus einer bestimmten Bevölkerung 40 Prozent erkranken (Morbidität 40 Prozent) und jeder zweite Erkrankte stirbt, dann beläuft sich die Mortalität auf 20 Prozent, die Letalität aber auf 50 Prozent. Auch ist der Begriff Wohnbevölkerung nicht sehr aussagekräftig, denn gerade in der Neuzeit, als man die Ausbreitungswege der Pest schon ahnte, flüchteten beim Ausbruch einer Seuche viele aus der Stadt, und dann muss man eigentlich nach der Zahl derer fragen, die mehr oder minder schutzlos zurückblieben.

Ein Beispiel mag dies verdeutlichen, die Baseler Pestepidemie der Jahre 1609 bis 1611, über die der zeitgenössische Arzt Dr. Felix Platter berichtet hat. Er registrierte alle Fälle, insgesamt 6408, und da Basel damals offiziell rund 13 000 Einwohner hatte, bedeutet dies eine scheinbare Morbidität von fast 50 Prozent. Allerdings standen etliche Häuser um diese Zeit leer, die Stadtbevölkerung soll zeitweilig auf 9550 gesunken sein. Dem gemäß muss man die Morbidität auf diese Zahl beziehen, sie belief sich dann auf rund zwei Drittel oder 68 Prozent. Zwei von drei der in Basel tatsächlich Anwesenden erkrankten an der Pest.[28]

Ähnlich verhielt es sich in einem Städtchen im Languedoc, das 1721 ergriffen wurde, als Ausläufer der Pest von Marseille. Der Ort Marvéjols hatte zuvor 2756 Einwohner, davon flüchteten etwa 700 beim Pestausbruch aus der Stadt. Nur 60 Personen entkamen dem Übel vollkommen. Von den verbliebenen gut 2000 starben dann 1596. Die Brutto-Morbidität beläuft sich demnach auf 73, die Netto-Morbidität sogar auf 97 Prozent.

Auch aus Marseille flüchteten zeitweise sehr viele Menschen, man spricht von 10 000 Personen. Man muss annehmen, dass fast zwei Drittel an der Pest erkrankten. Das heißt zugleich, dass man die Morbidität gewaltig unterschätzen würde, wenn man diese geflüchteten Personen nicht berücksichtigte. Dabei geht es hier keineswegs um Zahlen oder Sensationen – es geht darum, die epidemiologischen Auswirkungen der Krankheit korrekt festzustellen.

Insgesamt liegen für die Städte weitaus gründlichere medizinhistorische Untersuchungen vor als für die Dörfer, und ältere Studien – wie die obige über die Pest in Ostpreußen – schilderten eher den Verlauf einer Seuche, als dass sie nach dem Anteil der Befallenen und der Toten in Stadt und Land fragen. Insgesamt, so scheint es, erkrankte auf dem Lande kein geringerer Anteil als in den Städten; allerdings dürften die Städte häufiger von großen Epidemien aufgesucht worden sein, und die entlegenen Dörfer seltener als die stadtnahen.[29]

In Frankreich wurden, ähnlich wie in Deutschland, noch nicht allzu viele Dörfer untersucht; aber alles deutet darauf hin, dass hier die Pest*morbidität* auf dem Lande im Verlauf einer Epidemie hoch war, wahrscheinlich ebenso hoch wie in den Städten. Die Folgerung ist erlaubt, dass daher auch die Pestmortalität in Südeuropa im 17. und frühen 18. Jahrhundert auf dem Lande ebenso hoch war wie in den Städten. In den wenigen italienischen und französischen Dörfern, aus denen Daten vorliegen, war sie sogar noch höher.[30]

Gerade bei den letzten europäischen Epidemien, die im Verlauf des 17. und des frühen 18. Jahrhunderts auftraten, zeigte sich, dass die Morbidität unabhängig von der Größe einer Siedlung war und dass sie sehr unterschiedlich sein konnte. Die Pest konnte in einem Ort fast alle der Anwesenden treffen – oder nur einige wenige. Untersuchungen über die unterschiedliche Morbidität in Stadt und Land innerhalb der Toskana ergaben, dass in Dörfern mit Einwohnerzahlen von wenigen hundert bis etwas über tausend die Morbidität in einzelnen Epidemien ebenfalls weitgehend unabhängig von der Größe war. Sie reichte von einem Drittel bis zu zwei Drittel und mehr.[31]

Etwas anders lauten die Erfahrungen, die k. u. k. Ärzte kurz vor dem Jahr 1800 in Sirmien machten. Dieser Landstrich liegt nördlich der Drau, nordwestlich von Belgrad. Dort trat die Pest 1795 und 1796 in Erscheinung. In Orten mit mehreren hundert – und bis zu 1700 – Einwohnern erkrankten in der Regel nur einige Prozent, davon starben dann an die 80 Prozent.[32]

Die große Stadt Neapel büßte bei der schweren Pestepidemie von 1656 von ihren 300 000 Einwohnern etwa die Hälfte ein. Die Seuche breitete sich auch ins Hinterland aus. Die Region, die insgesamt 670 Priester besaß, hatte hinterher gerade noch 250, denn 420, also fast zwei Drittel, waren gestorben. Am heftigsten wurde ein ganz entlegenes Bergdorf betroffen. In sechs von sechzehn Ortschaften schwankte die Sterblichkeit zwischen 50 und 64 Prozent und war somit eher noch höher als in den Städten. Die höchste Sterblichkeit wies eine Gemeinde mit 311 Einwohnern auf, die zweithöchste eine andere mit 1119 Einwohnern. Die Sterblichkeit war, mit anderen Worten, ebenfalls unabhängig von der Größe einer Siedlung.

Normalerweise würde man erwarten, dass der relative Anteil der von der Pest Befallenen mit zunehmender Bevölkerungsdichte steigt; aber das ist nicht der Fall, und dasselbe Phänomen wurde auch unter ganz anderen Umständen in Indien beobachtet. In den europäischen Dörfern, die untersucht wurden, fällt die Morbidität vom kleinen Dorf mit um die 100 Einwohner (75 Prozent) bis auf eine Siedlung von deutlich unter 2000 Einwohnern ab (28 Prozent), erst danach steigt sie wieder an, in Großstädten kann sie durchaus 60 Prozent erreichen. Ähnliche Beobachtungen wurden in Indien und China gemacht. Es ist anzunehmen, dass der Anteil der an der Pest Verstorbenen, bezogen auf die Befallenen, dem Anteil der Erkrankten ähnelte.

Die von der Pest befallenen Dörfer verloren auch einen beträchtlichen Anteil ihrer Einwohner, ihr Verlust konnte sich anteilmäßig durchaus mit dem in den Städten messen. Zwischen der Pestmorbidität und der Letalität in den Städten bestand kein Unterschied zu denselben Faktoren in ländlichen Gemeinden.[33]

Offenbar darf man zur Erklärung nicht nur die *menschliche* Bevölkerungsdichte heranziehen. Es kommen vielmehr drei Faktoren zusammen: die menschliche Siedlungsdichte, die Dichte der bei den Menschen lebenden Ratten und die Dichte der Flöhe. Und die beiden letztgenannten sind sogar noch wichtiger als die Bevölkerungsdichte.[34]

Allgemein herrscht unter Pestforschern die Auffassung vor, dass die Gefahr einer Ansteckung bei der Pest, ebenso wie bei den meisten Infektionskrankheiten, mit steigender Besiedlungsdichte zunimmt. Tatsächlich aber zeigen empirische Untersuchungen über die Ausbreitung der Pest in ländlichen Räumen keinen Unterschied zu Städten: Gemeinden mit einigen wenigen hundert Einwohnern wurden ebenso heftig getroffen wie mittlere Städte mit mehr als 20 000 Einwohnern. In vielen kleineren Gemeinden ergriff die Pest im Verlauf einer Epidemie jeden zweiten Anwesenden oder gar 60 Prozent. Damit zeigt sie „eine einzigartige Durchdringung".[35]

ERFAHRUNGEN MIT DER PEST IN DER SCHWEIZ

An dieser Stelle lohnt sich ein Blick auf die Schweiz, denn dieses Land fällt dadurch auf, dass es hier keine sehr großen Bevölkerungszentren gibt. Die Schweiz gehörte lange Zeit zum Heiligen Römischen Reich Deutscher Nation, erst mit dem Westfälischen Frieden, 1648, scheidet die Eidgenossenschaft förmlich aus dem Reichsverband aus. Sie hatte um das Jahr 1600 rund eine Millionen Einwohner, die samt und sonders in Dörfern oder kleinen Städten lebten.

Auch in der Schweiz finden die Pestepidemien in Abständen von elf oder zwölf Jahren statt. Die nächste große Epidemie nach der in den frühen 1560er Jahren rollte in den Jahren 1574 bis 1577 durch das Land, dann wieder 1582 bis 1588, 1592 bis 1596. Die Stadt Basel verzeichnete Pestseuchen in den Jahren 1576, 1582/83 und 1593. Sie reißen in Basel jedes Mal rund eintausend Menschen ins Grab. Die Epidemie in den 1580er Jahren traf die Landbevölkerung besonders heftig, vor allem die in den Alpentälern. In den Städten war die Sterblichkeit damals geringer als auf dem Lande.

Unmittelbar vor dem Dreißigjährigen Krieg, in den Jahren zwischen 1605 und 1611, zog eine schwere Pestfront entlang des Rheins nach Süden, die dann auch in die Schweiz gelangte. In den Jahren 1610/11 waren 45 Gemeinden in der Ostschweiz von der Pest verseucht, ein Gebiet von 15 000 Quadratkilometern Ausdehnung. In Baden und Württemberg berührten 75 Ausbrüche ein Territorium von 31 000 Quadratkilometern.

Fragt man nach dem Zeitpunkt von Pestepidemien in der Schweiz, so zeigt sich, dass diese sehr häufig zusammen mit denen in Deutschland und Frankreich auftreten, viel öfter als mit Seuchen in Italien. Die Apenninhalbinsel hatte, verkehrsgeographisch durch die Alpen von Europas Mitte abgetrennt, eine eigenständige Entwicklung, das zeigte sich schon Mitte des 14. Jahrhunderts. In der Schweiz scheint die Häufigkeit der Pestepidemien zwischen 1562 und 1669 etwas zugenommen zu haben.

Der Medizinhistoriker Edward Eckert hat das Auftreten der Pest in der Schweiz in zwei gründlichen Studien untersucht und dargestellt. Er kommt dabei zu dem Ergebnis, dass die Stadt St. Gallen im Durchschnitt höhere Pestverluste zu verzeichnen hatte als die beiden weitaus größeren Städte Augsburg und London: Die mittleren Bevölkerungsverluste beliefen sich in St. Fallen auf 23 Prozent, in Augsburg auf 18 und in London auf 14 Prozent.[36]

Gleich zu Beginn des Dreißigjährigen Krieges dringt die Pest aus dem südlichen Rheinland bis in die Schweiz vor. In den Jahren nach 1620 leiden viele kleine Städte und Dörfer in der Eidgenossenschaft unter erhöhter Sterblichkeit. Auf einem Gebiet von 31 000 Quadratkilometern Größe finden in den Jahren 1628/29 sage und schreibe 131 Ausbrüche statt.

Als die Pest im Jahr 1669 in Grindelwald grassierte, hielt der Pfarrer 788 Opfer namentlich fest. Problematisch ist hier nur eines: Die von dem geistlichen Herrn beobachtete Seuche setzte im März ein und zog sich bis in den Juli hin, sodass der zeitige Beginn des Sterbens auch an andere Infektionskrankheiten denken lässt, vor allem an das Fleckfieber, eine von Kleiderläusen übertragene Infektionskrankheit, die ihren Höhepunkt üblicherweise im Spätwinter findet.

Insgesamt bestätigt sich auch in der Schweiz mit ihrer ganz eigenen Topographie, dass – wie auch im Nachbarland Frankreich – die Pest nicht nur eine Erscheinung der Städte ist, sondern dass die Seuche auch Dörfer aufsucht, am häufigsten wohl solche im nahen Umland von Städten. Der französische Seuchenhistoriker Jean-Noël Biraben hat dies für Frankreich konstatiert,[37] und Edward Eckert hat es für die Schweiz bestätigt.[38]

WARUM VERSCHWAND DIE PEST AUS EUROPA?

Man hält die Pest zu Unrecht für eine Seuche des „Mittelalters". Sie kam erstmals im Mittelalter nach Europa, das ist richtig, sie wütete dann aber in Marseille und Umgebung noch im frühen 18. Jahrhundert, und die Stadt Moskau verlor in den Jahren 1770/71 ihretwegen ein Viertel ihrer Bewohner.[39] In Teilen Europas kam es aber auch im 19. Jahrhundert noch immer zu Ausbrüchen: Unteritalien samt der Insel Malta verzeichneten 1816/17 eine schwere Epidemie; ganz Europa wurde seinerzeit zugleich von einer schweren Hungersnot heimgesucht. In Apulien stieg die Sterblichkeit von 31,5 Promille 1815 auf 58,6 im Jahr 1817, in der Toskana stieg sie von 40,2 auf 67,9.[40] Und in Teilen Südrusslands und der Türkei grassierte sie noch im späten 19. Jahrhundert sehr heftig.

Warum hört sie in unseren Breiten auf? Der Medizinhistoriker Paul Slack nennt dies „eines der größten Mysterien der Medizingeschichte überhaupt".[41] Aber es gibt plausible Erklärungen dafür, man darf nicht übersehen, dass die Pest von mehreren ökologischen Gegebenheiten abhängt, und wo diese sich verändern, da fehlt ihr der Lebensraum.

Rattus rattus, die alte Hausratte, lebte in der Vergangenheit mit dem Menschen in enger Gemeinschaft, meist unter einem Dach, meist in einem Holzhaus. Wo es Holzhäuser gab wie in Osteuropa, hielt sich diese Art Ratten am längsten und mit ihr auch die Pest.

Unterschiedlicher Hausbau, unterschiedliche Wohnkulturen, Reinlichkeit und die Hausratte stehen offenbar in einem engen Verhältnis zueinander. „West-Europa verdankt seine Befreiung von der Pest ausschließlich der Anwesenheit der Wanderratte", behauptet der Naturkundige Erich Woehlkens und spielt darauf an, dass im Verlauf der Neuzeit die Wanderratte die Hausratte verdrängte.[42] Ganz überzeugend ist dieses Argument nicht, denn auch die Wanderratte ist für die Pest anfällig. Allerdings lebte sie nicht in so enger Nachbarschaft des Menschen. Und man weiß auch nicht sicher, wann die eine Art Ratten in Europa die andere verdrängte.

Möglicherweise hat auch die Immunität der Ratten eine Rolle gespielt. Empirische Studien haben gezeigt, dass Ratten gegen die Pest resistent werden und diese Immunität sogar vererben können.[43] Wenn Ratten an der Pest nicht mehr sterben, werden sie von ihren Ektoparasiten, den Flöhen, wohl nicht mehr verlassen. Nun ist dies ein sehr komplexer Sachverhalt.

Solange die Pest in Europa sich epidemisch zeigte, hielt man sie für eine Strafe Gottes; das Erlöschen der Seuche wurde daher als neuerliches Zeichen Gottes gedeutet, der wieder mit den Menschen versöhnt war. Aus dem Zeitalter des Barock erinnern viele Kunstdenkmale an eine überwundene Pestepidemie. – Von Kaiser Leopold I. im Jahre 1692 in Wien errichtete Pestsäule.

Der französische Historiker und Demograph Jacques Dupâquier macht klimatische Gründe geltend: Die Abkühlung des 17. Jahrhunderts könnte die Überträger der Pest in Europa zurückgedrängt haben.[44] Das ist schwer zu glauben, denn die Pest kam ausgerechnet im späten Mittelalter nach Europa, als ein Klimaoptimum zu Ende ging und es kälter wurde.

„Das große Arcanum ist Reinlichkeit", so hatte Moltke in den 1830er Jahren aus der Türkei geschrieben, die Vorbeugung gegen die Pest betreffend. Dass allgemeine Sauberkeit, im Öffentlichen wie im Privaten, eine große Rolle spielte, steht außer Frage. „Durch die große Aufmerksamkeit, die man der Reinlichkeit schenkt, scheint man auf lange Zeit die Pest aus London vollständig vertrieben zu haben", schrieb bereits der englische Geistliche und Gelehrte Thomas Malthus in den letzten Jahren des 18. Jahrhunderts.[45] Wahrscheinlich hat Sauberkeit eine große Rolle gespielt, auch wenn Vergleiche in diesem Bereich zwischen Europa und dem Orient im 19. Jahrhundert schwierig sind. Immerhin haben einzelne Ägyptenreisende um 1840 den geringen Grad von Reinlichkeit im Orient erwähnt und sogar als Ursache der Pest bezeichnet.

Zusammenfassend lässt sich sagen, dass, etwa zur gleichen Zeit, da die Pest endete, etliche Veränderungen einsetzten, die diesen Wandel herbeigeführt oder zumindest begünstigt haben: 1. Man ging im 17. und 18. Jahrhundert zunehmend dazu über, Wohnhäuser aus Stein zu errichten; damit gelang es, die Ratten draußen zu halten. 2. Im Verlauf der frühen Neuzeit verbreitete sich in Westeuropa eine neue Art von Ratten: Zuvor dominierte die unter menschlichen Dächern lebende Hausratte (*Rattus rattus*); sie wurde dann von der freilebenden Wanderratte (*Rattus norvegicus*) abgelöst. 3. In der persönlichen Hygiene scheint sich im Verlauf des 18. Jahrhunderts einiges gebessert zu haben, das würde auch heißen: Rückgang der Flohpopulation. 4. Es ist außerdem zu bedenken, dass es sich bei dem Pesterreger um einen lebenden Mikroorganismus handelt, der sich gleichfalls verändert haben könnte; seine Virulenz könnte nachgelassen haben.

RÄTSELKRANKHEIT PEST

„Epidemien gleichen grossen Warnungstafeln, an denen der Staatsmann von grossem Styl lesen kann, dass in dem Entwicklungsgange seines Volkes eine Störung eingetreten ist, welche selbst eine sorglose Politik nicht länger übersehen darf."
Rudolf Virchow, Die medicinische Reform (1848)

Aus Großbritannien kommen von Zeit zu Zeit erstaunliche Nachrichten über die Pest. Diese schwere Infektionskrankheit, die in der Mitte des 14. Jahrhunderts erstmals seit dem frühen Mittelalter wieder aus dem Inneren Eurasiens an dessen äußersten westlichen Rand gelangte, trat bis ins 18. Jahrhundert in Europa periodisch auf. Danach zeigte sich die Pest fast nur noch in Asien und Afrika, in Einzelfällen auch in beiden Amerikas, und zwar immer in engster Nähe zu Nagern, die ein Reservoir des Pesterregers bilden. Wissenschaftlich erforscht wurde diese Seuche kurz vor dem Jahr 1900 in Britisch-Indien und in Hongkong, wo auch der Erreger, das Pestbakterium (*Yersinia pestis*), entdeckt wurde.

Einige britische Mediziner von der Universität Liverpool vertraten im Jahr 2001, nicht zum ersten Mal übrigens, die These, dass die Geschichtsbücher sich irren, wenn sie den „Schwarzen Tod" (1348/49) für die Beulenpest ausgeben. Einer neuen Studie von Professor Christopher Duncan und Susan Scott von der Universität Liverpool zufolge handelte es sich bei dem Verursacher des „Schwarzen Todes" nicht um das Pestbakterium, sondern um ein Virus, das dem Ebola-Virus ähnelt. „Die Krankheit wurde direkt von Mensch zu Mensch übertragen, was an eine Virusinfektion denken lässt", schreibt Duncan. Diese mit Blutergüssen einhergehende (hämorrhagische) fieberhafte Krankheit ähnele in ihren Symptomen mehr dem Schwarzen Tod als die Pest.[1]

Die Wissenschaftler behaupten ferner, dass man sehr früh, noch im 14. Jahrhundert, eine 40-tägige Quarantäne über die betroffenen Familien und ganze Dörfer verhängte, weil man erkannte, dass sie die einzige wirksame Verhütung darstellte. „Diese Quarantäne wäre unwirksam gewesen, wenn diese Krankheit tatsächlich durch Rattenflöhe verbreitet worden wäre“, meint Duncan. Außerdem sei die Beulenpest eine vor allem in ländlichen Regionen auftretende Krankheit, wohingegen der Schwarze Tod Stadt *und* Land betroffen habe.

Die beiden englischen Mediziner, und vor ihnen andere britische Naturwissenschaftler, kamen ferner zu der Auffassung, dass eine wichtige Mutation in einem Gen, das Menschen vor Infektionskrankheiten wie dem Aids-Virus schützen kann, ungefähr zur selben Zeit eingetreten ist wie der Schwarze Tod und eine ähnliche Funktion erfüllte, nämlich denen, die dieses mutierte Gen besaßen, Schutz gegen dieses Virus zu geben – und dies gelte auch für das Ebola-Virus

Nur ein Teil dieser Argumente ist neu. Eine Kontroverse, ob es sich bei der in Europa seit dem Spätmittelalter verbreiteten Seuche tatsächlich um die Pest gehandelt habe, gab es unter Naturwissenschaftlern schon einmal in den 1950er Jahren, vor allem um die Frage, ob der Menschenfloh imstande sei, die Pest massenwirksam zu übertragen. Es waren auch damals in erster Linie britische Wissenschaftler, die dies bezweifelten, während die Kontinentaleuropäer dies unterstützten. Zweifel kamen aus Großbritannien immer wieder, auch von Naturkundigen wie dem Londoner Rattenexperten Graham Twigg. Seine Argumente richten sich gegen eine Reihe von Erscheinungen, die vor allem die Pest in der Mitte des 14. Jahrhunderts aufwies. Diese Argumente sollen im Folgenden hier erörtert werden.

DIE AUSBREITUNG DES SCHWARZEN TODES

Vieles erscheint den Fachleuten gerade bei der ersten Pest, die in den Jahren nach 1348 weite Teile Europas überzog, rätselhaft, nämlich die Schnelligkeit ihres Auftretens, angefangen von der aller ersten Verbreitung gleich nach ihrem Eintreffen in Italien und danach ihr rascher Weg von der Apenninhalbinsel nach Norden.

Die erste, überfallartige Ausbreitung nach dem Anlanden der Schiffe, die von der Krim kamen und den Erreger mitbrachten, lässt tatsächlich nicht an die Pest denken. Möglicherweise hat der Chronist an dieser Stelle aber auch nur übertrieben, um die Dramatik der Situation zu steigern. Oder es gesellte sich zu der Pest, einer eher gemächlich voranschreitenden Infektionskrankheit, noch eine andere dazu, auch das wäre möglich. Auf jeden Fall ist diese Form einer geradezu explosionsartigen Verbreitung nicht typisch für die Pest. Bei späteren Übermittlungen des Pesterregers – etwa anno 1720 in Marseille – breitete sich die Seuche viel langsamer aus. Allerdings wird man fragen müssen, ob nicht etwa die Witterung oder andere ökologische Einflüsse sich ihr entgegenstellten.

Weniger groß erscheint das Problem bei der längerfristigen Ausbreitung, denn mit Blick darauf haben vor allem die Historiker übertrieben. So soll die Pest in Frankreich Mitte des 14. Jahrhunderts mit einer Geschwindigkeit von sechs Kilometern pro Tag gereist sein, das wäre außerordentlich schnell, wobei sie auch damals viele weiße Flecken hinterließ. Erstaunlicherweise reiste die Pest in späterer Zeit, als die Quellenbelege zuverlässiger waren, langsamer: Sie benötigte zu Beginn des 17. Jahrhunderts, von 1605 bis 1609, mehrere Jahre, um die 450 Kilometer von der holländischen Grenze bis in die Mitte Württembergs zurückzulegen.[2] Die letzte Pestepidemie reiste 1712/13 von Wien nach Nürnberg im Schnitt 900 m am Tag.[3] Diese Geschwindigkeit wird von Wissenschaftlern gern zitiert, die allein die Ratten und ihre Flöhe als Überträger der Pest gelten lassen möchten.[4]

Aber gerade mit Blick auf die Pest von 1348 ist zu sagen, dass die wirkliche Ausbreitung von Italien auf dem Landweg nach Deutschland und die Ausbreitung innerhalb Mitteleuropas noch immer mit vielen Fragezeichen behaftet ist. Wo trat sie in Deutschland wirklich auf und wann? Hier ist noch vieles zu erforschen, und es könnte sehr wohl sein, dass die Pest nicht von Süden her Deutschland durchdrang, sondern von Norden her, von den Nordseehäfen aus, oder von Westen.

IN DEN HEISSEN ZONEN

Die Pest zeigte zur Zeit ihrer ersten systematischen Erforschung, als auch eine Reihe von Tierexperimenten vorgenommen wurden, Eigentümlichkeiten, die ihr um 1350 in Europa fehlten. „In irgendeiner Form muss der Mechanismus der Infektion ein anderer gewesen sein, als er uns von der Pest der warmen Länder bekannt ist“, schreibt Ernst Rodenwaldt.[5]

In Asien trat die Pest in der heißen Zone auf, und ihre Übermittlung stand in engstem Zusammenhang mit den Ratten, das hat schon Robert Koch vermutet, der die Pest 1897 in Indien und Südafrika studierte. In Europa war ein Rattensterben dagegen nur selten zu beobachten. In Europa, zumindest in Italien, wo für das Spätmittelalter die umfangreichsten und zuverlässigsten schriftlichen Zeugnisse vorliegen, wurde dafür vom Sterben einiger anderer Tiere berichtet – nicht nur von Haustieren, sondern auch von Rindern, Eseln und Schafen –, die für die Pest nicht empfänglich sind. Es muss also eine weitere Infektionskrankheit grassiert haben, möglicherweise der hoch kontagiöse Milzbrand, dessen Sporen sich lange im Erdreich halten und selbst von Luftströmungen getragen werden können. Durchaus im Einklang damit steht, dass Ratten nicht betroffen wurden, denn Ratten sind – anders als Mäuse – immun gegen Milzbrand.[6] Aber noch ist überhaupt nicht sicher, dass sich die Seuche außerhalb Italiens tatsächlich so schnell ausbreitete.

Große Zweifel sind in Hinblick auf diese erste Pest, den Schwarzen Tod, jedenfalls erlaubt, wenn man an das Sterben von Haustieren denkt. Die experimentellen Untersuchungen über die Frage, welche Tiere sich die Pest spontan (ohne menschliches Zutun) zuziehen können, ergaben ein ziemlich eindeutiges Bild: Schweine können sich normalerweise nicht mit der Pest infizieren; Katzen und Hunde können erkranken, überstehen die Krankheit aber in der Regel; bei Vögeln ist eine Pesterkrankung so gut wie völlig ausgeschlossen.[7]

Wie lässt sich dieses schwerwiegende Problem aus der Welt schaffen? Es könnten sich, erstens, die Chronisten getäuscht haben, sei es, dass ihnen unglaubwürdige Dinge berichtet wurden, sei es, dass sie das Tiersterben nicht selbst beobachteten, aber für möglich hielten. Es könnte, zweitens, eine weitere epidemische Infektionskrankheit aufgetreten sein, die tatsächlich ein Sterben unter Tieren verursachte. Dass zwei schwere Seuchen gleichzeitig auftreten, ist nicht ganz selten, auch hinter der berühmten „Pest des Thukydides" verbargen sich wenigstens zwei epidemisch auftretende Infektionskrankheiten.

Und drittens könnte der Pesterreger von Mutationen betroffen gewesen sein, sodass es neben dem Massensterben unter Menschen auch eines unter Tieren gab. „Es ist sehr wohl möglich, dass der ‚schwarze Tod' des Mittelalters durch besonders *bösartige Stammvarianten von P.* [*Pasteurella;* heute *Yersinia*] *pestis* hervorgerufen wurde."[8]

DAS KRANKHEITSBILD

Die italienischen Chronisten des 14. Jahrhunderts haben den Nachgebornen gute, anschauliche Beschreibungen des Krankheitsbildes der Pest überliefert. Gerade die ausführlichen Schilderungen aus Italien sind wertvoll und glaubwürdig. Möglicherweise entstammten sie aber nicht in jedem Fall eigener Beobachtung – Rodenwaldt nimmt an, dass zum Beispiel gerade der oft zitierte Giovanni Boccaccio, als er sein berühmtes „Decamerone" niederschrieb, aus antiken Texten abgeschrieben hat, vor allem von Lukrez und Thukydides.[9]

Diese frühen Quellen sind so detailliert und anschaulich, dass man die Krankheit, die hier in ihren wichtigsten Symptomen beschrieben wird, für die Pest halten darf. Natürlich fehlt für diese frühe Zeit jede Sicherheit, wie sie heute ein bakteriologischer Nachweis erbringt.

Dasselbe trifft auch für die Schilderungen aus Ägypten und dem Orient zu, aus dem frühen 19. Jahrhundert, auch diese Beschreibungen geben die Symptome der Pest zuverlässig wieder. Bisweilen schleichen sich allerdings auch Ungereimtheiten ein, etwa dann, wenn ein Zeitgenosse des 18. Jahrhunderts davon berichtet, dass man sich die Pest sehr leicht auch ein zweites Mal zuziehen könne. Eine neuerliche

Erkrankung geschehe relativ rasch, schreibt der kenntnisreiche englische Arzt Patrick Russell und erörtert dies ausführlich.[10] Oder wenn der deutsche Arzt Franz Pruner schreibt, er habe Pestleichen seziert, deren pathologisch-anatomische Veränderungen er schon früher bei Leichen in Mitteleuropa bemerkt habe.

Es bleibt also ein Zweifel, eine gewisse Unsicherheit. Dieser Skeptizismus erhielt zuletzt seine Nahrung im Jahr 1994, als in der Tagespresse allenthalben von einem Ausbruch der Pest im Nordwesten Indiens, im Bundesstaat Gujarat, berichtet wurde, bis dann einige Zeit später dies dementiert wurde mit der Begründung, es habe sich um eine andere, seltene Infektionskrankheit gehandelt.

DIE ÜBERTRAGUNG: RATTEN- ODER MENSCHENFLOH?

Ein wichtiger Streitpunkt unter den Wissenschaftlern des 20. Jahrhunderts ist die Frage, wer in der Vergangenheit in Europa die Pest übertragen habe, der Ratten- oder der Menschenfloh? Über diese Frage wurde in den 1950er Jahren gestritten. Die Mehrheit der englischsprachigen Naturwissenschaftler beharrten darauf, dass nur der Rattenfloh die Seuche massenwirksam verbreiten könne; einige Mediziner und Biologen auf dem europäischen Festland blieben dagegen bei ihrer Auffassung, dass die Verbreitung auch durch den Menschenfloh geschehen könne, wenn er nur dicht genug auftrete.

Ausgangspunkt war die Beobachtung, dass bei den Epidemien in Europa kaum je von einem größeren Rattensterben die Rede ist, das jedoch in Asien, zumindest in Indien und China, bezeugt ist. Wer also hat die Pest in Europa übertragen?

Die Rattenfloh-Theoretiker stellen die Pestübertragung so dar: Eine pestkranke Ratte stirbt. Ihre mit dem Pestbakterium behafteten Flöhe verlassen den erkaltenden Leichnam, um einen neuen Wirt zu suchen, es kann auch ein anderer Warmblütler als eine Ratte sein. Sie springen ihn an und stechen (nicht beißen!) ihn. Sie saugen sein Blut ein, und aus ihrem mit Pestbakterien verstopften Vormagen (*Proventriculus*) gelangen durch Regurgitation massenhaft Bakterien in den Kreislauf des Gestochenen. Wenige Tage später erkrankt dieser an der Beulenpest.

Die Anhänger der Rattenfloh-Theorie – oft sind es Biologen wie der Engländer Graham Twigg – behaupten, dass einzig und allein der Rattenfloh die Pest massenwirksam übertragen könne. Aus diesem Grund bezweifelt Twigg auch, dass es tatsächlich die Pest war, die 1348/49 Europa heimsuchte.[11] Twigg hat gute Argumente; aber eine wichtige Frage kann er nicht beantworten: Welche Seuche, wenn nicht die Pest, grassierte während des Spätmittelalters und in der Frühen Neuzeit – und mitunter sogar noch später – in Europa? Twigg wie neuerdings auch Duncan und Scott stellen diese Frage nicht und geben darauf auch keine Antwort.

Richtig ist, dass gerade die europäischen Mittelmeerhäfen, von denen man weiß, dass sie mit dem Rattenfloh *Xenopsylla cheopis* verseucht waren – dies trifft wenigstens für Marseille, Genua und Saloniki zu – die letzten waren, die auch viele Pestfälle zu verzeichnen hatten.[12]

Zur ausschließlichen Übertragung durch den Rattenfloh bekannte sich in Deutschland Erich Woehlkens in seinem Buch über die Pest in Uelzen im 16. Jahrhundert (1954). Er vermochte zu zeigen, dass gerade die Berufsgruppen, in deren Umgebung man Ratten erwarten darf, also Bäcker, Fleischhauer usw., viel häufiger vom Pesttod ergriffen wurden als die Gerber oder die Angehörigen der Metall verarbeitenden Berufe, die von den Ratten ob ihres Lärmens gemieden werden. Die Ausbreitung und somit auch die anderen Erscheinungen der Pest, schreibt Woehlkens, wie die Sterblichkeit „der Pest wird durch die Orte größerer Nahrungsanhäufung für Ratten gesteuert".[13]

Beim Menschenfloh verläuft die Übertragung etwas anders: Der Menschenfloh (*Pulex irritans*) ernährt sich gleichfalls vom strömenden Blut seines Wirtes, aber er besitzt keinen Vormagen, aus dem er das Pestbakterium vermittels Regurgitation in den Kreislauf eines Gestochenen spülen kann. Der pestbehaftete Menschenfloh bewahrt – wie der Rattenfloh – den Erreger im Verdauungstrakt, aber er scheidet ihn mit dem Kot aus, während er eine neue Blutmahlzeit einsaugt. Der Gestochene reibt sich den Erreger durch sein Kratzen in die juckende Stichwunde. Für die Verbreitung kommt es nach Auffassung der Menschenflohtheoretiker darauf an, dass es eine ausreichende Dichte von Menschenflöhen gibt. In Deutschland schlug sich die Mehrzahl der Loimologen auf die Seite der Menschenfloh-Theoretiker, die an die direkte Übertragung von Mensch zu Mensch vermittels des Menschenflohs glaubten.

Dies ist der wirklich wichtige strittige Punkt: Kann der Menschenfloh, wenn er zahlreich genug auftritt, die Pest massenwirksam übertragen? „Im Darm von *Pulex irititans* erfolgt immer eine stärkere Anreicherung von *P. Pestis* [sc. *Yersinia pestis*] bis zur Infektiosität des Blutsaugers. In diesem Falle hört die Pest auf, eine Anthropozoonose zu sein und wird zur *menschengetragenen Seuche* mit vereinfachter Infektkette. Hohe Siedlungsdichte des Menschenflohes kann dann zu explosiven Pestausbrüchen führen", schreibt Hans-Eberhard Krampitz.[14]

Einige Naturwissenschaftler, auch Autoren wie die Franzosen Blanc und Baltazard, folgern aus ihren Beobachtungen und Laborexperimenten, dass der Menschenfloh stark beteiligt gewesen sein muss an der Verbreitung der Pest. Auch hatte sich bei einigen kleineren Pestausbrüchen im 20. Jahrhundert, als man schon wusste, worauf zu achten war, kein Rattensterben gezeigt, zum Beispiel 1906 in Jeddah und in Bolivien. Das Experiment mit lebenden Tieren ist aber komplex und nicht in jeder Hinsicht sind die Ergebnisse befriedigend. Der Rattenfloh kann eine Zeitlang auch ohne einen tierischen Wirt leben, beispielsweise in Getreidelagern. Er scheidet den Pesterreger dann mit seinem Kot aus, sofern er ihn in seinem Innern trägt. Das sind Erregerquellen, die leicht unsichtbar oder unbemerkt bleiben.[15]

Dass sich einzelne Menschenflöhe im Experiment mit dem Pesterreger infizieren lassen, ist bewiesen.[16] Einige Wissenschaftler, die sich gründlich mit der Pest beschäftigt haben – wie Erna Lesky, Gundolf Keil und Erich Martini – halten die Hypothese von der Verbreitung durch den Menschenfloh daher für gesichert.[17] So kam Ernst Rodenwaldt bei seinen Untersuchungen über die Pestepidemie in Venedig der Jahre 1575/77 zu dem Ergebnis, dass das „Dogma der Ratten“ und ihrer Flöhe nicht länger zu vertreten sei. Er bezweifelte, dass Rattenpest und Rattensterben eine notwendige Bedingung einer Menschenpest sei. „Für die ganze Zeit des Herrschens der Pest in Venedig, zwei volle Jahre, fehlt in den sehr ausführlichen Berichten und Akten jede Andeutung von Beobachtungen über Rattenvermehrung und Rattensterben“, schreibt er. „Sicherlich wäre die Maßnahme der Tötung der Katzen unterblieben, hätte man eine Rattenvermehrung oder überhaupt irgendwelche bedenklichen Vorgänge bei den Ratten der Stadt beobachtet.“

Wie Rodenwaldt schreibt, nahm das Vorkommen von Flöhen in einzelnen Jahren stark zu. Er vertritt daher entschieden die Auffassung, „dass die Pestepidemien jener Jahrhunderte bis zum Weichen der Pest aus Westeuropa bedingt waren durch die Übertragung der Pest von Mensch zu Mensch durch P[ulex] irritans“, den Menschenfloh. Er hebt auch hervor, dass die Pestkranken nicht etwa nur die typischen Pestbeulen vorweisen konnten, nein, von den Effloreszenzen war in den kalten Zonen die ganze Haut betroffen.[18]

Nun wusste Rodenwald vielleicht nicht, dass auch in Asien im 19. Jahrhundert die Pestkranken häufig solche Charakteristika aufwiesen – trotzdem sieht es so aus, als ob im kühl-gemäßigten Europa diese große Zahl von dunklen Flecken – Einstiche von pestinfizierten Flöhen – sich viel häufiger finden. Der Epidemiologe Hans-Jürgen Raettig, ein Rodenwaldt-Schüler, hat in dem von Rodenwaldt und Helmut Jusatz herausgegebenen dreibändigen „Weltseuchenatlas“ (1953/61) die wichtigsten Erkenntnisse Rodenwaldts in diesem Sinne zusammengefasst. Er weist ausdrücklich auf die sehr häufig auftretenden schwarzen Flecken (*carbones*) auf der Haut der Pestkranken hin: Sie seien nekrotisierte Gewebe, kleine Blutergüsse, die von Einstichen pestinfizierten Flöhe stammten. Daraus ist zu folgern, dass diese Pestinfektionen in Europa von einer Vielzahl von Menschenfloh-Stichen herrühren, während Rattenflöhe nur ausnahmsweise Menschen befallen.

Bei vielen Pestausbrüchen in Asien in neuerer Zeit, nicht bei allen, wurde vor dem Ausbruch der Menschenpest ein Rattensterben beobachtet. Es scheint aber auch die Pest unter Menschen grassiert zu haben, ohne dass es zuvor ein Rattensterben gegeben hat. Andererseits ist anzunehmen, dass es in Europa auch in der ferneren Vergangenheit nur selten ein Rattensterben gab. Möglicherweise haben sich hier die Ratten mehr als in Indien im Verborgenen aufgehalten und sind dort, vielleicht in kleinerer Zahl, auch gestorben und danach unsichtbar geblieben; vielleicht haben sich dann die ihrer Wirte beraubten Flöhe noch viel aggressiver auf andere Wirte, Menschen, gestürzt.

Hier stellt sich allerdings ein weiteres Problem. Die Rattenfloh-Theoretiker versuchen es aus der Welt zu schaffen, indem sie darauf hinweisen, dass die Pesterreger erstens im Blut von pestkranken Menschen längst nicht immer nachweisbar sind und dass sie zweitens dort in jedem Falle weniger dicht vorhanden sind. Dieses Argument ist richtig: Im Blut der Ratten ist die Konzentration der Pestbakterien viel höher als im Blut von pestkranken Menschen.[19] Stark übertreibend sagt Erich Woehlkens, dass „das Blut des Menschen sehr selten [Pest-]Erreger enthält im Gegensatz zum Blut der Ratte“.[20]

In den 1950er Jahren haben einige Naturwissenschaftler wie Blanc und Baltazard geltend gemacht, dass der Menschenfloh nachweislich die Pest übertragen kann. Einige Autoren schreiben dem Menschenfloh daher eine große Rolle bei der Übertragung der Pest zu, andere halten sie dennoch für unbedeutend. Dies gilt für den norwegischen Pestforscher Benedictow, der die Argumente Blanc und Baltazard nicht überzeugend findet. Auch er führt an, dass sich im Blut pestverstorbener Ratten viel mehr Pesterreger fanden (nämlich bis zu 10^8 und 10^9) als bei Menschen (nur 10^3 bis 10^5).[21]

Trotzdem erscheint auch die Übertragung der Pest von Mensch zu Mensch als gesichert, sie könnte durch Menschen- oder Rattenflöhe geschehen sein. Bei einigen Epidemien, z. B. 1838 in Rumelien, zeigte sich, dass bei einer Pest die einzelnen Familienmitglieder nacheinander erkranken.[22] Ist da nicht anzunehmen, dass ein Mitglied die Seuche mit ins Haus brachte und dann die einzelnen Angehörigen sich nacheinander – nicht gleichzeitig – infizierten? Dass Menschenflöhe die Beulenpest übertragen können, hat sich auch bei einer Epidemie 1967/68 in Nepal gezeigt.[23]

Heute besteht weitgehend Einigkeit, dass auch der Menschenfloh die Pest übertragen kann, allerdings nicht massenhaft. Überhaupt muss der Menschenfloh in ausreichender Dichte vorhanden sein, um die Pest unter Menschen zu verbreiten. In der ferneren Vergangenheit scheint dies durchaus der Fall gewesen zu sein, der Floh war lange Zeit eine Landplage. „Flöhe und Läuse hatte jeder. Jeder kratzte sich, und auf jeder Stufe der gesellschaftlichen, freundschaftlichen und familiären Rangordnung war es üblich, einander die Flöhe abzulesen“, berichtet ein französischer Sozialhistoriker.[24] Mit Sicherheit waren Flöhe in Europa auch in der frühen Neuzeit noch weit verbreitet.

Übrigens sind Flöhe nicht die einzigen Insekten, die bei der Verbreitung der Pest eine Rolle spielen. Es könnte sein, dass auch anderen Kerbtieren, wie Kakerlaken und Läusen, eine – allerdings untergeordnete – Bedeutung zukommt. Die deutsche Pestkommission in Indien kam 1897 zu dem Ergebnis, dass eine Übertragung durch sie möglich ist. Inzwischen kennt man rund 60 Floharten, die das Pestbakterium übertragen können.[25]

Die Pest zeigt, wie auch die anderen Infektionskrankheiten, eine Anzahl von biologischen und ökologischen Gesetzmäßigkeiten, daher äußert sie sich in den Tropen anders als in den kühl- und den kaltgemäßigten Zonen. Sie trat zum Beispiel in Europa fast nur im Sommer auf; die Gipfel der Peststerblichkeit fallen auf den Spätsommer, wenn die Reifung der Flöhe relativ rasch geschieht und diese Tiere am beweglichsten sind. Flöhe benötigen, um ihre Tätigkeit voll zu entfalten, hohe Temperaturen, und es darf nicht zu trocken sein. Bei Temperaturen zwischen 20 und 25 Grad Celsius hält sich das Bakterium in ihrem Vormagen zwei- bis dreimal so lange wie bei über 30 Grad. Auch die Luftfeuchtigkeit muss stimmen. Flöhe sind zwar widerstandsfähig gegen Kälte, können sich dann aber nicht gut bewegen.

DIE PESTSTERBLICHKEIT

In Indien war Ende des 19. Jahrhunderts der Anteil der von der Pest dahingerafften Bevölkerung keineswegs sehr groß, nämlich weniger als fünf Prozent der Gesamtbevölkerung, obwohl Indiens naturräumliche Umstände die Ausbreitung der Pest eigentlich stärker begünstigen als die in Mitteleuropa. Das europäische Klima ist bedeutend kühler.

Die Witterungserscheinungen in Europa nach dem Jahr 1340, mit hohen Niederschlägen und eher kühlen Temperaturen, sind heute bereits gut erforscht. Sie waren für die Pest nicht ideal, erlaubten aber wohl ihr Auftreten in unseren Breiten. Auch die Abkühlung des späten Mittelalters sollte die Pest in Europa keineswegs begünstigt haben. Die Pest, eine aus dem Inneren Asiens kommende Krankheit, bevorzugt warme Temperaturen. Auch aus diesem Grund haben Wissenschaftler immer wieder bezweifelt, dass es sich bei dieser Krankheit tatsächlich um die Pest gehandelt habe.

Die Pest in Indien hat sich in den sechzig Jahren nach 1897 nicht sehr weit ausgebreitet – es gab zwar einerseits die Eisenbahn und hohes Verkehrsaufkommen, andererseits wusste man inzwischen auch sehr gut über ihre potenzielle Verbreitung Bescheid und konnte sie daher einschränken. Dies könnte die Ausbreitung und somit auch die landesweite Sterblichkeit in Grenzen gehalten haben.

Und die Sterblichkeit in Europa im Spätmittelalter? Sie war hoch. Man braucht nicht zu bezweifeln, dass Italien und England, das sind für diese Zeit die beiden bestuntersuchten Länder, bald nach 1348 etwa die Hälfte ihrer Bevölkerung eingebüßt haben. Einzelne Städte, wie Orvieto, wo das Auftreten dieser Pestepidemie gründlich untersucht wurde, haben gleichfalls „wenigstens die Hälfte ihrer Bevölkerung verloren".[26]

Waren die quantitativen Verluste in Asien wirklich so viel anders als in Europa? Wie waren sie überhaupt in Europa und in dessen Mitte? Hier ist zunächst zu sagen, dass die Bevölkerungsverluste in Mitteleuropa schon einige Jahrzehnte *vor 1348* einsetzten und beträchtlich gewesen sein müssen. Die Hungersnöte nach 1315 und das ungeklärte Sterben gleich nach 1338 haben bedeutende demographische Verluste verursacht. Der französische Historiker Henri Bresc spricht davon, dass „die Bevölkerung Europas [..] um 1300 bereits um ein Drittel oder sogar um die Hälfte geschrumpft war".[27] Das ist wohl übertrieben; aber es ist als sicher anzunehmen, dass die Bevölkerungsverluste schon einige Jahrzehnte vor der Mitte des 14. Jahrhunderts begannen und die Verluste nicht allein der Pest zuzuschreiben waren – ganz abgesehen davon, dass man noch nicht genau weiß, wie hoch in Mitteleuropa diese Verluste überall waren. Ein größerer demographischer Niedergang zwischen 1350 und 1500 ist zwar möglich, aber auch er wurde nicht einzig und allein von der Pest verursacht.

In Indien verlief die Pest in den kleineren Städten heftiger, mit mehr Toten als in den sehr großen. Aber insgesamt sind auch dort die Ergebnisse keineswegs eindeutig. In Europa kam es vor, dass die Seuchen auf dem Lande – wo sie aber insgesamt viel weniger untersucht wurden als in den Städten – gleichfalls sehr verlustreich abliefen, das haben gerade die jüngeren Studien aus Italien und der Schweiz gezeigt. Indische Großstädte wie Bombay, Karachi und Sholapur verloren in einzelnen Jahren gerade 2,5 bis 3 Prozent ihrer Bevölkerung an die Pest. In Indien war die Mortalität umso höher, je kleiner die Städte waren[28] – in Mitteleuropa soll es umgekehrt gewesen sein. „Die klassische Übertragungsweise durch den Rattenfloh passt nicht zu der hohen Sterblichkeit" in Europa, schreibt der englische Medizinhistoriker Stephen Ell.[29]

Rodenwaldt irrt, wenn er sagt: „Die Pest ist in Westeuropa fast bei allen ihren Epidemien eine städtische Seuche gewesen. In den Städten forderte sie die meisten Opfer. In ihnen herrschte sie seit 1348 endemisch."[30] Es ist nur so, dass die europäische Geschichtsforschung die Pestepidemien auf dem Lande bisher kaum erforscht hat. Aus dem, was bisher bekannt wurde – und das ist wenig genug –, kann man aber folgern, dass die Pest in Mitteleuropa in einzelnen Jahren auch die ländlichen Gebiete heimsuchte, zumindest die ländlichen Gebiete im Umkreis der großen Städte, und dass sie dann hohe Verluste nach sich zog, nicht weniger hohe als in den Städten.

Die Pestepidemie in Indien um 1900 und die früheren Epidemien in Mittel- und Westeuropa haben gezeigt, dass mit Blick auf die Höhe der Sterblichkeit die Pest sich sehr unterschiedlich äußern kann. Gerade in einigen kleineren Siedlungen war die Peststerblichkeit hoch. Woehlkens meint, dass die Sterblichkeit an einem bestimmten Ort niemals höher liegen könne als etwa 35 Prozent,[31] aber das ist nicht einzusehen.

Möglicherweise hat Benedictow recht, wenn er sagt, dass die Morbidität und Mortalität in den ländlichen Gebieten im allgemeinen viel höher war als in den Städten. Was nützen Forschungen über Seuchen in den Städten, wenn – wie im ausgehenden Mittelalter – die große Mehrheit der Bevölkerung auf dem Land lebte?

Als nachteilig für die moderne Pestforschung und die Popularisierung dieser Erkenntnisse im 20. Jahrhundert erwies sich auch, dass die großen historischen Arbeiten über die Pest geschrieben wurden, ehe diese schwere Infektionskrankheit von Seiten der Medizin wirklich gründlich erforscht war.

Das Problem der Ausbreitung in ländlichen Räumen ist im übrigen noch größer in einem spärlich bevölkerten Land wie Norwegen. Im Spätmittelalter war ganz Skandinavien äußerst dünn besiedelt, es lebte hier weniger als ein Mensch pro Quadratkilometer. „Aus diesem Grund erscheint die Pest als Ursache des Bevölkerungsrückgangs hochproblematisch", schreibt Benedictow. Er stellt ausdrücklich die Frage, ob „der spätmittelalterliche Bevölkerungsrückgang und das Weiterbestehen einer stark reduzierten Bevölkerung von der Pest verursacht wurde". Aber er räumt ein: „Nur die Beulenpest besitzt das epidemische Potential, einen umfassenden und geographisch weitreichenden Bevölkerungsrückgang zu verursachen."[32]

In England sind diese Zweifel uralt und weit verbreitet. Der britische Mediziner John Shrewsbury behauptet, dass nur ein kleiner Teil – vielleicht fünf Prozent – der demographischen Verluste des Spätmittelalters, die er keineswegs bestreitet, tatsächlich der Pest zuzuschreiben sind; er nimmt an, dass weitere epidemische Infektionskrankheiten geherrscht haben müssen.[33]

So ist in jedem Fall festzustellen, dass es nicht einfach ist, die Pest unter den in Europa vorherrschenden naturräumlichen Bedingungen zu verbreiten. Das gilt auch für Terroristen. Wenn in den letzten Jahren mehrfach die Befürchtung geäußert wurde, dass Terroristen mit Krankheitserregern die westliche Zivilisation angreifen könnten, dann war von Pockenviren oder Milzbranderregern oder anderen Mikroorganismen die Rede, nie jedoch von Pestbakterien.

ANDERE SEUCHEN

Die Erreger von Infektionskrankheiten sind Lebewesen – das Problem, ob man Viren auch als solche bezeichnen soll, kann hier unberücksichtigt bleiben, denn gerade Viren sind leicht veränderliche Krankheitserreger. So treten immer wieder neue Infektionskrankheiten auf, warum kann nicht in der Mitte des 14. Jahrhunderts ein neuartiger Erreger nach Europa gekommen sein?

Welche Krankheit – oder welche Krankheiten – kämen da in Frage? Das ist nicht leicht zu sagen; es muss ja nicht einmal eine Krankheit gewesen sein, die sich bis in die Gegenwart erhalten hat. Noch in den letzten Jahren wurden neue Erregertypen aufgefunden – wie etwa eine Vielzahl von Hantaviren –, die heute neu sind, von denen aber die Bakteriologen glauben, dass sie schon seit langem diese Erde bevölkern. Bei dem Erreger des Englischen Schweißes, gleichfalls einer geheimnisumwobenen Seuche, die am Ende des 15. Jahrhunderts zu wüten begann, könnte es sich um ein solches Virus gehandelt haben.

Während der Schlacht von Boswell (1485), die König Richard III. verlor, trat in England eine völlig neue Krankheit auf. Sie ging mit heftigem, übelriechenden Schweiß einher, hohem Fieber und Kopfweh, Gliederschmerzen, Röte, Herzklopfen und führte bei vielen Befallenen sehr rasch zum Tod. Da sie zunächst nur auf der englischen Insel auftrat, nannte man sie den Englischen Schweiß. Dann trat sie für kurze Zeit auch auf dem europäischen Festland in Erscheinung, von der Küste nach Süden wandernd: 1529 brachen Luther und Zwingli das Marburger Religionsgespräch vorzeitig ab, weil diese Seuche sich in der näheren Umgebung zeigte. Nach 1551 verschwand die Seuche wieder aus Mitteleuropa. Um welche Krankheit handelte es sich?

Die Zeitgenossen vermochten sie aufgrund ihrer Symptome von der Pest und anderen häufigen Seuchen zu unterscheiden. Aber sie kannten weder den Erreger noch ein Heilmittel. Als am Ende des 19. Jahrhunderts die Bakteriologie ihre größten Erfolge feierte, war diese Krankheit längst verschwunden. Der englische Medizinhistoriker Charles Creighton vermutete 1894 in seinem großen Werk über Seuchen in der englischen Geschichte, es könnte sich um ein Virus gehandelt haben. Er dachte, dass die Feuchtigkeit jener fernen Jahre ursächlich an dieser Seuche mitbeteiligt gewesen sein könnte. Der Englische Schweiß – oder *Sudor anglicus* – zählt zu den verschwundenen Infektionskrankheiten der Geschichte.

Über den Englischen Schweiß wurde in den letzten Jahrzehnten immer wieder geforscht. Dabei hat man zumeist die Symptome neu betrachtet. Einen ganz anderen Ansatz verfolgten, unabhängig voneinander, zuletzt der amerikanische Mediziner Fredrick F. Holmes[34] und der walisische Arzt Alan Dyer. Dyer hat noch einmal einen Blick in die englischen Kirchenbücher geworfen: Die 10 000 Pfarreien, die es um 1550 gab, haben bis heute 1200 Kirchenbücher hinterlassen. Dyer hat danach Karten über das räumliche Auftreten der Seuche angefertigt. Sie zeigen, wie die Sterblichkeit zeitweise förmlich explodierte. Dies wird ganz deutlich in der ersten Hälfte des 16. Jahrhunderts bei einem knappen Fünftel (19,3 Prozent) der Gemeinden, weniger deutlich bei einem weiteren Sechstel (13,1 Prozent), insgesamt also bei einem knappen Drittel aller englischen Gemeinden. Besonders heftig trat die Seuche, so weisen seine Karten aus, entlang der Themse und im Westen Englands auf, am wenigsten betroffen war das Landesinnere. Das könnte auf die Einschleppung von außen hinweisen, wie es auch 1348 mit der Pest geschah. Bemerkenswert ist die Jahreszeit: Die Seuche fing im Juni an und trat nach dem Oktober selten auf, eine Sommerseuche also wie die Beulenpest. Allerdings reicht die Mortalität des Englischen Schweißes niemals an die der Pest heran. Der Englische Schweiß war viel mehr eine ländliche als eine städtische Seuche, was wiederum auf einen tierischen Überträger hindeutet. Am heftigsten grassierte die Krankheit unter Männern im besten Alter – „in theyre best tyme" –, es starben daran viele Wohlhabende und sehr viele Arme, viel seltener Kinder und Greise. In einem Fall zechten sieben Männer in einem Londoner Wirtshaus, am nächsten Morgen waren fünf von ihnen tot. Dies alles sind bemerkenswert soziale Umstände, die bei Betrachtung des Erregers und eines möglichen Vektors von Bedeutung sind.[35]

Etwas anders ist der Weg, den der amerikanische Arzt Holmes einschlägt. Er ließ sich von einer Seuche, die vor wenigen Jahren unter amerikanischen Indianern herrschte, anregen. Sein Augenmerk galt dabei vor allem den Umweltverhältnissen, unter denen diese Seuche seinerzeit ausbrach. 1993 gab es eine kleine Epidemie mit rasch eintretenden Todesfällen unter amerikanischen Indianern in den ariden Staaten im amerikanischen Südwesten. Zwar war Schweiß dabei kein prominentes Symptom; doch in andern Punkten, vor allem den ökologischen, ähnelte die Krankheit dem Englischen Schweiß. Als Erreger entpuppte sich ein neu entdecktes Hantavirus. Holmes hält es für möglich, dass der Erreger des Englischen Schweißes gleichfalls ein Hantavirus war. Dieses Virus wurde erst von wenigen Jahren entdeckt, inzwischen kennt man davon 19 Arten. Es befällt vor allem Nager, Ratten und Mäuse. Die Ausscheidung des Erregers erfolgt über den Urin der Tiere oder über ihren Speichel. Ein daran erkranktes Tier kann durch seinen Aufenthalt in der Speisekammer die menschlichen Lebensmittel kontaminieren.

Holmes' Folgerung lautet: Möglicherweise gelangte dieses Hantavirus schon vor dem 15. Jahrhundert von Ostasien nach Westeuropa, und zwar mit Ratten oder Mäusen, im Handel mit Holz oder Pelzen aus Russland etwa; die feuchten Jahre des 15. Jahrhunderts mit den warmen Sommern begünstigten sein Wachstum und das der Nager.

PEST ODER EBOLA?

Die britischen Forscher, die erst vor kurzem die kritische Frage stellten, ob es sich im Spätmittelalter tatsächlich um die Pest gehandelt habe, nannten als eine andere Möglichkeit die durch die gleichfalls neuartigen Ebola-Viren hervorgerufene Krankheit. Tatsächlich fallen einige Symptome des Ebola-Virus in die Kategorie von anderen hochfieberhaften Erkrankungen; aber es fehlt beim Ebola-Virus ein ganz charakteristisches Symptom: die Beule, der Bubo, die schmerzhaft geschwollene Lymphdrüse. Es gibt aber keinen vernünftigen Zweifel daran, dass der Schwarze Tod dieses Symptom aufwies. Wenigstens ein weiteres Faktum spricht noch gegen das Ebola-Virus, die Inkubationszeit. Sie ist bei der Pest deutlich kürzer. In der hohen Letalität ähneln sich die beiden Krankheiten.

Tatsächlich ist der „Schwarze Tod", die große Pestepidemie in der Mitte des 14. Jahrhunderts, noch immer mit vielen Rätseln behaftet, was teils auch damit zu tun hat, dass Medizin und Geschichtswissenschaft so wenig zusammenarbeiten. Die Mediziner interessieren sich kaum mehr für die Pest, denn sie tritt heute selten auf und sie ist mit Breitbandantibiotika gut zu behandeln, insofern für die Medizin keine Herausforderung mehr. Den Historikern andererseits fehlen die Methoden und Kenntnisse, um die Rätsel aufzuklären, vielen vermutlich auch das Interesse daran.

Die von der Pest verursachten Bevölkerungsverluste in der Mitte des 14. Jahrhunderts wurden stark übertrieben, und zwar in der Fachwissenschaft wie in den populären Darstellungen. Die Vorstellung, dass die Pest damals uniform jeden Dritten ins Grab riss, zieht sich wie ein roter Faden durch die Geschichtsbücher und historischen Fachzeitschriften. „Nicht nur, dass der ‚Schwarze Tod' über die Alpen hinweg auch Süddeutschland heimgesucht und insbesondere in den Städten etwa ein Drittel der Gesamtbevölkerung das Leben gekostet hatte..."[36] – so oder so ähnlich kann man überall lesen. Und die Verluste nehmen in der Historiographie immer mehr zu: Hieß es in der zweiten Auflage des weit verbreiteten Geschichtswerkes „Schlaglichter der deutschen Geschichte" von 1990 noch, es seien „der Pest mindestens 25 %, vielleicht sogar ein Drittel der damaligen Bevölkerung zum Opfer gefallen", so wird in der erneuerten Auflage von 2002 die Zahl der Opfer mit „etwa 25 Millionen, ein Drittel der damaligen Bevölkerung" beziffert.

Allerdings gibt es kaum einen Grund, an der Höhe der *späteren pestverursachten* demographischen Schäden zu zweifeln, und wir haben gesehen, dass sie sich – in Marseille, Moskau und anderen Städten – durchaus auf ein Drittel, auch auf mehr, belaufen konnten.

Eine rasche Ausbreitung der Pest ist nur dann möglich, wenn sie in Gestalt der Lungenpest auftritt, denn dann wird sie, ähnlich wie die Grippe, durch das Aerosol übertragen. Aber es gibt wenig Hinweise dafür, dass es bei der ersten Pestpandemie in Europa um 1350 sehr viel Fälle von Lungenpest gab.

Die Untersuchungen über die Pest in Kleinstädten oder Dörfern sind zwar gering an Zahl, aber ihre Ergebnisse sind glaubhaft. Es ist nicht anzunehmen, dass die Pest – konkreter: ihr Erreger – unter frühneuzeitlichen Verkehrsverhältnissen von der großen Stadt A über hundert Kilometer Entfernung in die große Stadt B gelangt, aber nicht in ein vier Kilometer von A entferntes Dorf, das außerdem noch an der Straße von A nach B gelegen ist. In den Dörfern fanden die Ratten schließlich leichter Zugang zu Nahrungsmitteln. Daher sind auch die hohen Pestverluste auf dem Lande glaubwürdig.

SCHUTZMASSNAHMEN: QUARANTÄNE UND DIE VERFOLGUNG VON TRÖDLERN

Die britischen Gelehrten führen an, dass eine Quarantäne von vierzig – oder auch nur dreißig – Tagen für die Pest mit ihrer kurzen Inkubationszeit von wenigen Tagen viel zu lang sei und die Zeitgenossen darüber schon viel besser Bescheid wussten. Dieses Argument baut wohl allzu sehr auf den menschlichen Verstand, die menschliche Vernunft, es interpretiert auch die Erfahrungen allzu eng. Übrigens stimmt es, dass man da und dort durchaus erkannte, dass die Pest bereits nach kurzer Zeit ausbricht – in Nürnberg hielt man im 16. Jahrhundert eine Isolation von zehn bis vierzehn Tagen für ausreichend. Aber man darf nicht übersehen, dass nicht die Inkubationszeit der Zeitraum war, an dem man die Quarantänedauer festmachen musste, sondern ein schwer überschaubarer Zeitraum, denn die Ratte und der Floh – sie konnten vermutlich die Quarantänebarriere ohnehin durchbrechen – bildeten eine unberechenbare zeitliche Größe. Es kam vor, dass ein Seemann eine Weile auf hoher See fuhr, bis die Pest ihn ergriff, weil er an dem pestverseuchten Hafen, den er zuletzt angefahren hatte, nicht den Peststich empfing, sondern nur die pestverseuchte Ratte mit an Bord nahm. Bis diese Ratte getötet wurde und ihre Flöhe freisetzte, konnte ein beträchtlicher Zeitraum vergehen. Die Ratte und ihre Flöhe waren eine zeit-entzerrende Zeit-Bombe, deren Funktionsmechanismus nicht verstanden wurde und die sehr viel Zeit überwinden konnte. Bis ein pestinfizierter Floh die Krankheit seinem menschlichen Wirt weitervermittelt, kann viel Zeit verstreichen.

Die Inkubationszeit – oder besser: der lange Zeitraum einer Übertragungsmöglichkeit – war also schwer zu deuten. Die Habsburger dehnten deshalb an ihrer Pestgrenze zu den Osmanen die Quarantäne auf bis zu zwölf Wochen aus.

Quarantäne hat außerdem im 17. und 18. Jahrhundert, und wohl auch noch später, eine etwas andere Bedeutung als heute. Die Quarantäne wollte seinerzeit die Menschen absperren, den Kontakt zwischen pestverdächtigen und nicht-pestverdächtigen Personen verhindern. Die Bedeutung der Ratten und der Insekten ahnte man nicht, folglich achtet man auch nicht auf sie. Was Wunder, dass – wenigstens bei einigen Pestepidemien in Ägypten in der ersten Hälfte des 19. Jahrhunderts – sich die Quarantäne als ziemlich wirkungslos erwies.

Erstaunlicherweise haben Menschen in der Vergangenheit immer wieder Kleidung von Verstorbenen übernommen und sich damit wohl selbst infiziert. Wie konnte man mit fremder Kleidung so sorglos umgehen? Sich zu kleiden zählt, wenigstens in unseren Breiten, zu den Grundbedürfnissen eines Menschen, denn das Klima Europas ist kühl. Kleidung aber war einerseits teuer; andererseits waren Kleidungsstücke dauerhaft gearbeitet. Daher wollte man die Kleider eines Verstorbenen nicht vernichten; man konnte mit abgetragener Kleidung auch lukrativen Handel treiben. Das war Sache der Trödler, die es überall in den großen Städten gab. Kleidung wurde weitergereicht, von den Toten zu den Lebendigen. Oft war, wenn ein Mensch starb, seine Kleidung die einzige Hinterlassenschaft.

Mit der Kleidung wurden freilich auch oft die Krankheitserreger weitergetragen, wenn der Betreffende an einer Infektionskrankheit wie Fleckfieber, Pest oder Cholera verstorben war. Dass solche Kleidung gefährlich war, war in Alteuropa seit langem bekannt. Die venezianischen Behörden, und nicht nur sie, untersagten daher in Zeiten der Pest den Handel mit gebrauchter Kleidung, weil sie ahnten, dass hierin der „Pestzunder" verborgen sein könnte.

Zu den sozialen Reaktionen auf die Pest in unseren Breiten[37] gehört auch die Verfolgung von Trödlern, die alte Kleidung vertrieben. Nicht selten aber waren die Trödler Juden. So ist anzunehmen, dass die Pest auf diesem Umweg auch den Antisemitismus begünstigte. Vermutlich haben Infektionskrankheiten auch gewaltig dazu beigetragen, die Kluft zwischen den sozialen Schichten zu vertiefen. Den oberen Bevölkerungsschichten gelang es früher, sich gegen Seuchen wie die Pest zu wehren, und sie suchten den Verkehr mit den Personenkreisen zu vermeiden, die in puncto Wohnkultur und persönlicher Hygiene als zu nachlässig angesehen wurden. Noch im späten 19. Jahrhundert schafften es die mittleren und höheren Schichten aus demselben Grunde leichter und rascher als die Unterschichten, die Säuglingssterblichkeit zurückzudrängen.

SEUCHE UND HISTORIOGRAPHIE

In der deutschen Geschichtsschreibung haben Seuchen eine höchst untergeordnete Bedeutung, wie auch die Bevölkerungsgeschichte bislang stark vernachlässigt wurde. Kein deutscher Historiker würde wohl eine Geschichte des 20. Jahrhunderts schreiben, ohne darin den Zweiten Weltkrieg und seine – relativ niedrigen – Bevölkerungsverluste zu erwähnen; aber man kann eine Geschichte des Spätmittelalters verfassen, ohne der Pest und ihrer schweren Verluste zu gedenken. Woher kommt das? Vermutlich rührt es daher, dass die Geschichtsschreibung – die deutsche mehr als die andern – aus der Auseinandersetzung mit der politischen Geschichte und ihren Trägern entstand und sich noch nicht genügend geöffnet hat für nicht-staatliche Rollenträger. Deutsche Historiker lassen Seuchen oftmals unberücksichtigt, auch die von ihnen hervorgerufenen Bevölkerungsverluste, wie sie auch Naturerscheinungen oder klimatische Veränderungen unberücksichtigt lassen.[38]

Dies betrifft keineswegs nur die ferne Vergangenheit und die Pest, und es berührt auch nicht nur die Geschichtsschreibung, sondern ebenso die Erinnerung von Zeitgenossen. In den letzten Wochen des Ersten Weltkriegs fegte eine Grippepandemie in kürzester Zeit rund um den Erdball, die weltweit viel mehr Menschen tötete als der Erste Weltkrieg. In den meisten deutschen Geschichtswerken wird diese Pandemie mit keinem Wort erwähnt. Aber mehr noch, unzählige Staatsmänner, Offiziere und andere haben weitschweifige Erinnerungen an den Krieg hinterlassen, ohne darin diese Seuche zu erwähnen. Viele Historiker kämen in Verlegenheit, wenn sie sagen müssten, wann genau diese Pandemie aufgetreten ist. Aber dies ist auch ein Problem der Quellen, die uns die Seuchen oft genug verschweigen. „Die große Grippe-Epidemie, an der vor einigen Jahren [sc. 1889/90] in Paris fünftausend Menschen innerhalb weniger Wochen starben, machte auf die Volksphantasie wenig Eindruck", schreibt der französische Arzt Gustav Le Bon zu Beginn des 20. Jahrhunderts.[39] Das ist völlig richtig, auch viel größere Epidemien – wie die Pestausbrüche des 14. Jahrhunderts – haben in den Schriften der Zeitgenossen erstaunlich wenig Aufmerksamkeit gefunden. So erwähnt z. B. Geoffrey Chaucer in seinen Canterbury Tales die Pest nur selten.

Es ist nicht anzunehmen, beispielsweise, dass die Pest Bayern weniger heimgesucht hat als andere deutsche Länder. Im großen vierbändigen „Handbuch der Bayerischen Geschichte" (in sechs Teilbänden), das Karl Spindler 1970 herausgegeben hat, finden sich nur zwei Einträge zur Pest, erstmals im Juni 1429 und dann ein weiteres Mal für die Zeit des Dreißigjährigen Krieges. Das sechsbändige „Handbuch der Europäischen Geschichte", das seit 1980 in Stuttgart erschien, verfährt mit Blick auf die Seuchen unterschiedlich, wie ein schneller Blick in die jeweiligen Register beweist: In einigen Ländern legen die Verfasser der jeweiligen Länderbeiträge noch Wert darauf, die Seuchen zumindest zu erwähnen, in anderen fehlen sie völlig. Das könnte leicht den Eindruck erwecken, dass eine bestimmte Epidemie zwar in Frankreich, nicht aber in Deutschland aufgetreten sei, aber dieser Eindruck wäre falsch. Die deutschen Autoren haben lediglich darauf verzichtet, die Seuche aufzunehmen.

Die Pest ist eine Infektionskrankheit, das heißt, sie wird von einem lebenden Organismus hervorgerufen, und sie ist somit gewissen biologischen Gesetzmäßigkeiten unterworfen, die sich in unseren Breiten – dank der hier vorherrschenden Temperaturen, Niederschlagsmengen usw. – anders ausnehmen als in den heißen Zonen. Daher sollte man ihr Auftreten an verschiedenen Örtlichkeiten studieren, in den feuchtheißen wie in den kühl gemäßigten Zonen.

Der Mensch ist ein Teil der Natur. Er steht, im Verständnis der Sozialwissenschaften, im Mittelpunkt des Geschehens; auf ihn richtet sich ihre ganze Aufmerksamkeit. Aber der Mensch ist mehr als nur ein gesellschaftliches Wesen; er ist – heute wie zu allen Zeiten – ein Teil des belebten Universums, daher sollte die Geschichtswissenschaft sich auch dieser Seite des Menschen annehmen. Geschichte sollte mehr sein als eine „historische Sozialwissenschaft" (Hans-Ulrich Wehler), sie sollte sich auch als eine historische Naturwissenschaft verstehen, denn der Mensch ist ein Teil im großen Spiel der Natur.

Arnold Böcklin, Die Pest, 1898.

KOMMENTIERTE LITERATUR

Die Pest ist eine interessante Krankheit, gerade weil sie auch bestimmte ökologische Bedingungen voraussetzt. In diesem Buch werden, schlaglichtartig, nur die wichtigsten Bereiche angesprochen. Wer mehr über diese Seuche erfahren möchte, dem mögen die folgenden – nach Kapiteln geordneten – Literaturempfehlungen dienlich sein.

EINLEITUNG

Erich Martini, Wege der Seuchen, Stuttgart 1955 (mehrere Auflagen), behandelt vorrangig die Gesetzmäßigkeiten der Epidemien. Fritz H. Kayser u.a., Medizinische Mikrobiologie, Stuttgart-New York ^{8}1993, handelt in erster Linie, eng gefasst, von den Krankheitserregern aus der Sicht des Arztes, weniger aus der des Biologen oder Historikers.

DIE ANGST VOR PEST UND TOD

Die Monographie von Günter Franz, Der Dreißigjährige Krieg und das deutsche Volk, Stuttgart ^{4}1979, ist noch immer die überzeugendste Monographie zur Frage der demographischen Verwüstungen als Folge des Dreißigjährigen Krieges. Das Buch – vor allem aber sein Verfasser – ist nicht unumstritten; es gab etliche Angriffe auf Franz und seine Monographie. Siehe dazu meinen Aufsatz „Die deutschen Bevölkerungsverluste während des Dreißigjährigen Krieges“, in: Zeitschrift für Bayerische Landesgeschichte 56/1 (1993), S. 147 ff., sowie Benigna von Krusenstjern u. Hans Medick, Hg., Zwischen Alltag und Katastrophe. Der Dreißigjährige Krieg aus der Nähe, Göttingen 1999 und R. Concannon, The Third Enemy: The Role of Epidemics in the Thirty Years' War, in: Journal of World History 10 (1967), S. 500–511. Speziell die Schäden behandelt Peter Englund, Die Verwüstung Deutschlands. Eine Geschichte des Dreißigjährigen Krieges, Stuttgart ^{3}1998.

ERSTE BEMÜHUNGEN UM AUFKLÄRUNG: DIE PEST IM ORIENT

Über die Pest im Orient im 18. und frühen 19. Jahrhundert berichtet die ausgezeichnete Monographie von Daniel Panzac, La Peste dans l'Empire Ottoman 1700–1850, Löwen 1985. Der Verfasser stützt sich dabei auf eine große Zahl von europäischen Reiseberichten. Es lohnt sich für den interessierten Leser von heute aber auch, diese Reiseberichte in einer guten Bibliothek selbst einzusehen, vor allem die Berichte von Alexander W. Kinglake, 1844, Moriz Wagner, Gérard de Nerval, Gustav Nachtigal, Fr. K. Hornemann (hg. C. König, 1802), Gerhard Rohlfs, Alfred Brehm, Karl May, Helmut von Moltke, Robert Koch, Theodor Bilharz, Wilhelm Griesinger, G. Schweinfurth, Franz Pruner, Carl Richard Lepsius, G. Niebuhr, Heinrich Brugsch, Oskar Lenz, Ferdinand von Richthofen, Eduard Friedheim, Anton H. von Prokesch, Joh. Hedenborg, Josef von Russegger, Antoine-Barthoième Clot, Louis Linant, Howard Wyse und Carl Ignaz Lorinser.

DIE ENTRÄTSELUNG DER KRANKHEIT: DIE PEST IN ASIEN

Über die Erforschung der Pest in Indien siehe den „Bericht über die Thätigkeit der zur Erforschung der Pest im Jahre 1897 nach Indien entsandten Kommission" (=Arbeiten aus dem Kaiserlichen Gesundheitsamt, 16) hg. von G. Gaffky, Richard Pfeiffer, Georg Sticker und Adolf Dieudonné, Berlin 1898. Die österreichische Kommission gab ihren Bericht heraus durch die Teilnehmer Heinrich Albrecht und Anton Ghon, Über die Beulenpest in Bombay im Jahre 1897. Denkschrift der Akademie der Wissenschaften, Wien, Mathematisch-naturwissenschaftliche Klasse, Bd. 46, Wien 1898. Knappe Kompendien gibt es von James Cantlie, Plague, London 1900; W. E. Jennings, A Manual of Plague, London 1903.

DIE PEST UND KEIN ENDE – EPIDEMIEN IM 20. JAHRHUNDERT

Die Pest ist im 20. Jahrhundert ein vielseitiges Phänomen, dem man sich am besten in den einschlägigen Fachzeitschriften (z.B. Journal of Tropical Medicine) nähert. Eine gute Einführung, vor allem über die Pest in den USA, bietet die Monographie des amerikanischen Arztes Charles T. Gregg, Plague: An Ancient Disease in the Twentieth Century, Albuquerque 1985.

FRÜHE SCHRECKENSBILDER: DIE PEST IN ANTIKE UND MITTELALTER

Über die vermutlich erste Pestepidemie informiert Karl-Heinz Leven, Die „Justinianische" Pest, in: Jahrbuch des Instituts für Geschichte der Medizin der Robert-Bosch-Stiftung 6 (1987), S. 137-161; ferner P. Allen, The „Justinianic" Plague, in: Byzantion 49 (1979). Noch immer lohnend zu lesen: Valentin Seibel, Die große Pest zur Zeit Justinians I. und die ihr voraus und zur Seite gehenden ungewöhnlichen Naturereignisse, Dillingen 1857.

DER SCHWARZE TOD – DIE EUROPÄISCHE PESTEPIDEMIE 1348/49

Dieses Kapitel wurde besonders gut dokumentiert, weil es viel Neues enthält. Wer mehr über die langsame Ausbreitung der Pest nach 1347 erfahren möchte, halte sich an die in den Anmerkungen zu diesem Kapitel genannten Verweise. Siehe dazu auch meinen Aufsatz „Die Ausbreitung des Schwarzen Todes nach 1348“, der voraussichtlich im Oktober 2003 in der Historischen Zeitschrift erscheinen wird.

PESTZÜGE IN STADT UND LAND

Bezüglich des Auftretens von großen Pestepidemien, vor allem in der frühen Neuzeit, greift man, wenn man sich über die hier genannten Städte (z.B. Venedig, London, Marseille, Moskau usw.) informieren will, am besten zu den folgenden Titeln. Über Venedig: Ernst Rodewaldt, Die Pest in Venedig 1575–1577. Ein Beitrag zur Infektkette bei den Pestepidemien West-Europas (Sitzungsberichte der Heidelberger Akademie der Wissenschaften. Mathematisch-Naturwissenschaftliche Klasse 1952), Heidelberg 1953. Über London: Walter G. Bell, The Great Plague in London in 1665, London 1924. Über Nürnberg: Carolin Porzelt, Die Pest in Nürnberg. Leben und Herrschen in der Reichsstadt Nürnberg, 1562–1713 (Forschungen zur Landes- und Regionalgeschichte, Bd. 7, hg. von Ferdinand Kramer u. Walter Ziegler), St. Ottilien 2000. Über Moskau: John T. Alexander, Bubonic Plague in Early Modern Russia. Public Health and Urban Disaster, Baltimore-London 1980. Über Marseille: Ch. Carrière u. a., Marseille, ville morte. La Peste de 1720, Marseille 1968. Über die Pest in London außerdem: James A. Amelang, Hg., Miguel Parets. A Journal of the Plague Year, Oxford 1991.

RÄTSELKRANKHEIT PEST

Die Bedenken von englischen Epidemiologen und anderen Forschern findet man gut zusammengefasst bei Graham Twigg, The Black Death. A Biological Reappraisal, London 1986; außerdem J. Shrewsbury, A History of Bubonic Plague in the British Isles, London 1971.

Die kritischen Darstellungen der Pest, nach ihrer Erforschung in Indien, beginnen mit Georg Sticker, Abhandlungen aus der Seuchengeschichte und Seuchenlehre, Bd. I/1: Die Pest, Gießen 1908 – allerdings ist Sticker reichlich unkritisch gegenüber früheren Pestepidemien und referiert gutgläubig, was ihm die ältere Literatur zu diesem Thema vorlegt. Kritische, kenntnisreiche medizinische Darstellungen bieten Fabian L. Hirst, The Conquest of Plague. A Study of the Evolution of Epidemiology, Oxford 1953, und Robert Pollitzer, Plague, Genf 1954 (auch in französischer Sprache).

ANMERKUNGEN

DIE ANGST VOR PEST UND TOD

1 Jean Delumeau, Angst im Abendland. Die Geschichte kollektiver Ängste im Europa des 14. bis 18. Jahrhunderts, Reinbek 1985, bes. 3. Kapitel.

2 Hans-Eberhard Krampitz, Die Pest, in: Infektionskrankheiten, Bd. 2, hrsg. von O. Gsell u. W. Mohr, Berlin 1968, S. 325–344, hier S. 328; Charles T. Gregg, Plague. The Shocking Story of A Dread Disease in America Today, New York 1978, S. 65.

3 Heinrich August Winkler, Deutsche Geschichte vom Ende des Alten Reiches bis zum Untergang der Weimarer Republik, Bonn 2000, S. 22.

4 Benigna von Krusenstjern u. Hans Medick, Einleitung, zu: Dies., Hg., Zwischen Alltag und Katastrophe. Der Dreißigjährige Krieg aus der Nähe, Göttingen 1999, S. 13–36; hier S. 33 f., s. auch S. 13, 22.

5 Bernd Roeck, Einige offene Fragen und Perspektiven der Forschung, in: Benigna von Krusenstjern u. Hans Medick (Anm. 4), S. 609–620; hier: S. 610; ders., Bayern und der Dreißigjährige Krieg. Demographische, Wirtschaftliche und Soziale Auswirkungen am Beispiel Münchens, in: Geschichte und Gesellschaft 17 (1991), S. 434–458; ders., Als wollt die Welt schier brechen. Eine Stadt im Zeitalter des Dreißigjährigen Krieges, München 1991.

6 Georg Schmidt, Der Dreißigjährige Krieg, München 1995, S. 88, 93.

7 Die umfassendste Studie über die Bevölkerungsverluste stammt von dem Agrarhistoriker Günther Franz; er kommt zu dem Ergebnis, „dass in diesen 30 Notjahren etwa 40 % der ländlichen Bevölkerung dem Krieg und den Seuchen zum Opfer gefallen sind. In den Städten mag der Verlust nur auf 33 % geschätzt werden“, G. Franz, Der Dreißigjährige Krieg und das deutsche Volk“. Als Person ist G. Franz mit Recht umstritten. Dazu Wolfgang Behringer, Von Krieg zu Krieg. Neue Perspektiven auf das Buch von Günther Franz „Der Dreißigjährige Krieg und das deutsche Volk“ (1940), in: Benigna von Krusenstjern u. Hans Medick (Anm. 4), S. 543–91, hier S. 590: „Die neueren Übersichten zur Bevölkerungsentwicklung im 17. Jahrhundert oder zur Geschichte des Dreißigjährigen Krieges neigen dazu, Franz in seiner Quantifizierung zu bestätigen.“ Und Johannes Burkhardt, Schlusskommentar und Ausblick, in: ebd., S. 595–600, hier S. 595, meint, bezüglich der Bevölkerungsverluste „bestätigt sich die von Günther Franz entdeckte Zerstörungsdiagonale quer über Deutschland; und wenn etwas zu korrigieren ist, dann zum Schlechteren“. Siehe dazu auch E.A. Beller, Recent Studies on the Thirty Years' War, in: Journal of Modern History 3 (1931), S. 73–83; Fritz Kaphahn, „1648 und 1919“. Ein historischer Vergleich, in: Vierteljahrschrift für Sozial- und Wirtschaftsgeschichte 15 (1919), S. 252–267; John Theibault,The Demography of the Thirty Years' War Revisited: Günther Franz and his Critics, in: German History 15 (1997), S. 1–21; Hartmut Lehmann, Die Krisen des 17. Jahrhunderts als Problem der Forschung, in: Krisen des 17. Jahrhunderts., hg. von Manfred Jakubowski-Tiessen, Göttingen 1999, S. 13–24.

8 Gerhard Schormann, Der Dreißigjährige Krieg, Göttingen 1985, S. 119.

9 G. Franz, Der Dreißigjährige Krieg und das deutsche Volk, Stuttgart ^{4}1979, S. 5.

10 Neithard Bulst, Vier Jahrhunderte Pest in niedersächsischen Städten. Vom Schwarzen Tod (1349–1351) bis in die erste Hälfte des 18. Jahrhunderts, in: „Stadt im Wandel.“ Kunst und Kultur des Bürgertums in Norddeutschland 1150–1650 (Katalog zur Landesausstellung Niedersachsen 1985), Braunschweig 1985, S. 251–270.

11 Christopher Friedrichs, Urban Society in An Age of War: Nördlingen 1580–1720, Princeton 1979, S. 29 f.; ders., Bevölkerungsstatistik und Bevölkerungsentwicklung der Reichsstadt Nördlingen 1579–1720, in: Jahrbuch des Historischen Vereins für Nördlingen und das Ries 26 (1980), S. 136 f.; Dietmar Voges, Die Reichsstadt Nördlingen. 12 Kapitel aus ihrer Geschichte, München 1988, S. 260 ff.

12 Friedrichs (Anm. 11), bes. S. 35–72; S. 47–49, 306.

13 Ebd., S. 306 f.; ders., Bevölkerungsstatistik und Bevölkerungsentwicklung der Reichsstadt Nördlingen 1579 –1720, in: Jahrbuch des Historischen Vereins für Nördlingen und das Ries 26 (1980), S. 136 f.

14 Wolfgang v. Hippel, Bevölkerung und Wirtschaft im Zeitalter des Dreißigjährigen Kriegs, in: Zs. für

Historische Forschung 5 (1978), S. 413–448; hier S. 437.
[15] Rudolf Endres, in: Handbuch der Bayerischen Geschichte, hg. von Max Spindler, Bd. 3/1, München [2]2001, S. 493 f.
[16] Behringer (Anm.7), S. 596.
[17] Henry Kissinger, Die Vernunft der Nationen. Über das Wesen der Außenpolitik, Berlin 1994, S. 57, 63.

ERSTE BEMÜHUNGEN UM AUFKLÄRUNG: DIE PEST IM ORIENT

[1] LaVerne Kuhnke, Lives at Risk: Public Health in Nineteenth-Century Egypt, Berkeley 1989, S. 75 f.
[2] Patrick Russell, Abhandlung von der Pest [1744], Leipzig 1792, S. 311–313.
[3] Anton Ritter von Prokesch, Denkwürdigkeiten und Erinnerungen aus dem Orient, Bd. 1, Stuttgart 1836, S. 481 f., 483.
[4] Antoine-Bartholème Clot-Bey, La Peste, Paris 1840, S. 311–313.
[5] Prokesch (Anm. 3), S. 485 f.
[6] L. A. Gosse, Relation de la Peste qui a régné en Grèce en 1827 et 1828, Paris 1838, S. 23, 70 f.
[7] Hermann Fürst von Pückler-Muskau, Aus Mehmed Alis Reich. Ägypten und der Sudan um 1840, Zürich 1990, S. 18, 100 f.
[8] Daniel Panzac, La Peste dans l'Empire Ottoman 1700–1850, Löwen 1985, S. 198 Tab. 8.
[9] Pückler-Muskau (Anm. 7), S. 156, 37 f.
[10] Panzac (Anm. 8), S. 130 f. Anm. 81.
[11] Kuhnke (Anm. 1), S. 82–85, 204 Anm. 59; Justin A. McCarthy, Nineteenth-Century Egyptian Population, in: Middle East Studies 12/3 (1976), S. 13–15, nimmt an, dass in Oberägypten etwas mehr als die Hälfte der Bewohner an der Pest starb.
[12] Carl Ignaz Lorinser, Die Pest des Orients, wie sie entsteht und verhütet wird, Berlin 1837, S. 150–155, 157, 176, 274, 278–281.
[13] Franz Pruner, Die Krankheiten des Orients vom Standpunkte der vergleichenden Nosologie betrachtet, München 1847, S. 388–393, 415, 418–23, 426 f.
[14] Clot (Anm. 4), S. XIII–XXIV, 135–82, 275, 297, 354–56.
[15] Helmuth v. Moltke, Unter dem Halbmond. Erlebnisse in der alten Türkei 1835–1839, hg. von Helmut Arndt, Tübingen-Basel 1979, S. 147 ff.
[16] Zit. nach Ursula Beyer, Hg., Kairo. Die Mutter aller Städte, Frankfurt/M. 1983, S. 160, 168–170.
[17] Michael Dols, Al-Manbiji's "Report of the Plague": A Treatise on the Plague of 764–65/1362–64 in the Middle East, in: Daniel Williman, Hg., The Black Death. The Impact of the Fourteenth-Century Plague, Binghamton, New York 1984, S. 65–75.
[18] Ida Pfeiffer, Reise in das Heilige Land. Konstantinopel, Palästina, Ägypten im Jahre 1842, Wien 1995, S. 204; Gérard de Nerval, Voyages en Orient, Bd. 1, Paris 1980 (Flammarion), S. 315–318 (Übers. d. Verf.); Alfred Edmund Brehm, Reiseskizzen aus Nord-Ost-Afirka oder den unter egyptischer Herrschaft stehenden Ländern Egypten, Nubien, Seennahr, Bremen 1853, S. 150 f.
[19] Wilhelm Griesinger, Pest, in: Handbuch der speciellen Pathologie und Therapie, Bd. 2, 1. Abt., hg. von Rudolf Virchow, Erlangen 1855, S. 219, 221–225, 227 f. 229–232, 235–240.
[20] Kuhnke (Anm. 1), S. 155.
[21] E. Gotschlich, Die Pest-Epidemie in Alexandrien im Jahr 1899, in: Zs. für Hygiene und Infektionskrankheiten 35 (1900), S. 195–264; hier S. 203, 207, 209–212, 235.

DIE ENTRÄTSELUNG DER KRANKHEIT: DIE PEST IN ASIEN

[1] Robert Gottfried, The Black Death, New York 1983, S. 35.
[2] Carol Benedict, Bubonic Plague in Nineteenth-Century China, Stanford 1996, S. 7 f.
[3] Jacques Gernet, Die Chinesische Welt, Frankfurt/M. [2]1983, S. 410 f.
[4] Alexandre Yersin, La Peste Bubonique, in: Annales de l'-Institut Pasteur 8 (1894), S. 662–667.
[5] Normann Howard-Jones, Was Shibasaburo Kitasato the co-discoverer of the plague bacillus?, in: Perspectives of Biology and Medicin 16 (1973), 292–308; Henri H. Mollart u. Jacqueline Brossolet, Alexandre Yersin. Der Mann, der die Pest besiegte, Zürich, 1987, S. 170–173.
[6] Myron Echenberg, Pestis Redux: The Initial Years of the Third Bubonic Plague Pandemic, 1894–1901, in: Journal of World History 13/2 (2002), S. 429–449; hier S. 431 f.
[7] Bericht über die Thätigkeit der zur Erforschung der Pest im Jahre 1897 nach Indien entsandten Kommission (Arbeiten aus dem Kaiserlichen Gesundheitsamt, Bd. 16), hg. von Georg Gaffky, Richard Pfeiffer, Georg Sticker und Adolf Dieudonné, Berlin 1898, S. 52. Siehe auch Ira Klein, Urban Development and Death: Bombay City 1870–1914, in: Modern Asian Studies 20 (1986), S. 725–754; dies., Plague, Policy and Popular Unrest in British India, in: Modern Asian Studies 22 (1988), S. 723–755.
[8] Weitere Mittheilungen der deutschen Pestcommission aus Bombay, erstattet am 7. und 26. Mai d. J., in: Deutsche Medizinische Wochenschrift 23 (1897), S. 501–594; hier S. 503.
[9] Bericht (Anm. 7), S. 52, 57.
[10] William J. Simpson, A Treatise on Plague dealing with the Historical, Epidemiological, Clinical, Therapeutic and Preventive Aspects of the Disease, Cambridge 1905, S. 217.
[11] Indian Plague Research Commission 46 (1912), 187–192.
[12] Ole Jørgen Benedictow, Plague in the Late Medieval Nordic Countries. Epidemiological Studies. Oslo 1992, S. 174 f.
[13] Bericht (Anm. 7), S. 57.
[14] Wilhelm Kolle, Zum gegenwärthigen Stand der Pestfrage, in: Deutsche Medizinische Wochenschrift 1897, S. 94.
[15] Bericht (Anm. 7), S. 63 f.
[16] Ebd., S. 282–299; ähnlich Kolle (Anm. 14), S. 94.
[17] Vgl. Heinrich Albrecht u. Anton Ghon, Über die Beulenpest in Bombay im Jahre 1897. (Denkschrift der Akademie der Wissenschaften, Math.-naturwiss. Klasse, Bd. 46), Wien 1898, S. 711, 720.

18 W. B. Bannerman/Kapadia, R.J., Reports on Plague Investigations in India, XXVII. Report on Experiments Undertaken to Discover whether the Common Domestic Animals of India are Affected by Plague, in: Journal of Hygiene (1908), 209–220; Benedictow (Anm. 12), S. 23.

19 Bericht (Anm. 7), S. 56.

20 W. B. Bannerman, The Spread of Plague in India, in: Journal of Hygiene 6 (1906), 179–211; hier S. 179 f.

21 Bericht (Anm. 7), S. 16, 29, 40.

22 Walter Kruse, Die Verminderung der Sterblichkeit in den letzten Jahrzehnten und ihr jetziger Stand, in: Zs. für Hygiene und Infektionskrankheiten 25 (1897), S. 113–167, hier: S. 125.

23 P.-L.Simond, The Propagation of Plague, in: Annales de l'Institut Pasteur 12 (1898), S. 633, 644.

24 E.-H. Hankin, La Propagation de la Peste, in: Annales de l'Institut Pasteur 12 (1898), S. 705–762; hier S. 715, 748.

25 Bericht (Anm. 7), S. 73, 75–78, 248.

26 Simpson (Anm. 10), S. 73.

27 E. H. Hankin, On the Epidemiology of Plague, in: Journal of Hygiene 5 (1905), S. 48–83; hier S. 56.

28 Klein (Anm. 7), S. 729, Tab. 1; dies., Plague, Policy and Popular Unrest in British India, in: Modern Asian Studies 22 (1988), S. 723–755, 744 Tab 6.

29 The Journal of Hygiene. Plague Supplement II. 7th Report on Plague Investigations in India, Cambridge 1912, S. 209, 219.

30 T. H. Gloster u.a., Epidemiological Observations in the United Provinces of Agra and Oudh, 1911–1912, in: The Journal of Hygiene. Plague Supplement V. Tenth Report on Plague Investigations in India, Cambridge 1917, S. 793–880; hier S. 794–801. Siehe auch Clifford A. Gill, How Plague is Spread? in: The India Medical Gazette 41 (1906), S. 286–288.

31 Gloster (Anm. 30), S. 801–870.

32 Hankin (Anm. 24), S. 207–209; J. C. Kunhardt u.a., Epidemiological Observations in Madras Presidency, in: The Journal of Hygiene. Plague Supplement IV. Ninth Report on Plague Investigations in India, Cambridge 1915, S. 683–751.

33 Charles T. Gregg, Plague. The Shocking Story of A Dread Disease in America Today, New York 1978, S. 46.

34 James R. Busvine, Disease Transmission by Insects. Its Discovery and 90 Years of Effort to Prevent it, Berlin u.a. 1993, S. 62–67; ders., Insects & Hygiene. Biology and Control of Insect Pests of Medical and Domestic Importance, London [3]1980; ders., Fleas, Fables, Folklore and Fantasies, in: R. Traub u. H. Starcke, Hg., Fleas: Proceedings of the International Conference on Fleas, Rotterdam 1980, S. 209–214; J. Riley, Insects and the European Mortality Decline, in: American Historical Review 91 (1984) S. 833–858.

35 Bannermann (Anm. 20), S. 205.

36 Fritz Peus, Die Flöhe, Berlin 1938, passim; D. Cavannaugh u. J. Williams, Plague: Some Ecological Interrelationships, in: R. Traub u. H. Starcke, bes. S. 251.

37 Dazu A. W. Bacot, Observations on the Length of Time that Fleas (Ceratophyllus Fasciatus) Carrying Bacillus Pestis in their Alimentary Canals are able to Survive in the Absence of a Host and Retain the Power to Re-infect with Plague, in: The Journal of Hygiene. Plague Supplement IV. Ninth Report on Plague Investigations in India, Cambridge 1915, S. 770–775.

38 Robert Koch, Über die Verbreitung der Bubonenpest, in: Ders., Gesammelte Werke, hg. von Julius Schwalbe, Bd. II/1, Berlin 1912, 647–650.

DIE PEST UND KEIN ENDE

1 Carol Benedict, Bubonic Plague in Nineteenth-Century China, Modern China 14 (1988) S. 107–155.

2 Daniel Panzac, La Peste dans l'Empire Ottoman 1700–1850, Löwen 1985, S. 100 Anm. 38.

3 Friedrich Dörbeck, Geschichte der Pestepidemien in Rußland von der Gründung des Reiches bis auf die Gegenwart, Breslau 1906, S. 198–212; W. Gross, die Pestepidemie in Aksai, in: Westnik Obschtschwestennoi Gigieny, 1903, S. 337.

4 J. J. van Loghem u, N. N. Swellengrebel, Zur Frage der Periodizität auf Java, in: Zs. für Hygiene und Infektionskrankheiten 1923, S. 131, 141–144.

5 Siehe auch Wu Lien–teh, A Treatise on Pneumonic Plague, Genf 1926, bes. S. 278 f.; sehr viele Bilder von Lungenpestkranken und -toten findet man in dem Buch des russischen Arztes Roger Baron Budberg, Lungenpest-Epidemin in der Mandschurei, Hamburg 1923.

6 H. M. Jettmar, Erfahrungen über die Pest in Transbaikalien, in: Zs. für Hygiene und Infektionskrankheiten 97 (1922/23), S. 322–329.

7 Myron Echenberg, „Pestis Redux: The Initial Years of the Third Bubonic Plague Pandemic, 1894–1901", in: Journal of World History 13/2 Honolulu 2002.

8 Charles T. Gregg, Plague. The Shocking Story of A Dread Disease in America Today, New York 1978, S. 206.

9 Hugo Kupferschmidt, Die Epidemiologie der Pest, 1993.

10 E. Joltrain, La peste à Paris (1917–1937), Bulletin de l'Académie Royale de Médecine Paris 116 (1936), S. 601–615.

11 Carly Seyfarth, Über die Pest in Griechenland aufgrund einer Studienreise im Herbst 1924, in: Münchner Medizinische Wochenschrift 72 (1925), S. 1428–1430.

12 E.R. Brygoo, Epidémiologie de la peste à Madagaskar, in: Archives de l'Institut Pasteur à Madagascar 35 (1966), S. 47 f.

13 Weltseuchenatlas, 3 Bde., hg. von E. Rodenwaldt u. H. Jusatz, 1956/61

14 Gregg (Anm. 8), S. 156.

15 J. D. Marshall u.a., Plague in Vietnam 1965–1966, in: American Journal of Epidemiology, S. 603 f.

16 Gregg (Anm. 8), S. 168.

17 L. Legters u.a., Clinical and Epidemiological Notes on A Defined Outbreak of Plague inVietnam, in: The American Journal of Tropical Medicine and Hygiene 19 (1979), S. 639–652; hier S. 639 f.
18 Marshall (Anm.15), S. 612–616.
19 Thomas Butler, A Clinical Study of Bubonic Plague, in: The Journal of Medicine 53, S. 268 f., 271, 274 f.
20 John D. Marshall u.a., The Role of Domestic Animals in the Epidemiology of Plague. III. Experimental Infection of Swine, in: The Journal of Infectious Diseases 125 (1972), S. 556–559.
21 S.C. Seal, Epidemiological Studies of Plague in India, in: Bulletin of the World Health Organisation 23 (1969), S. 283–292.
22 H. Mollaret u. J. Brosselet, A. Yersin. Der Mann, der die Pest besiegte, Zürich 1987.
23 Gregg (Anm. 8), S. 186–189.
24 W. Knapp, Yersinia-Infektionen, in: Handbuch der Inneren Erkrankungen, hg. von G. Brüschke, Bd. 5: Infektionskrankheiten, hg. von H. Ocklitz u.a., 1983.
25 Siehe „Pest wieder häufiger“, in: Süddeutsche Zeitung v. 7.11.1991; M. Vasold, Pest, Not und schwere Plagen, München 1991.
26 Vgl. Antoinette Settler, Der ärztliche Pestbegriff in historischer Sicht, in: Gesnerus 36 (1979), S. 127–139.
27 Manfred Vasold, Die Pest im 20. Jahrhundert, in: Naturwissenschaftliche Rundschau H. 653 (Nov. 2002), S. 615 f.

FRÜHE SCHRECKENSBILDER: DIE PEST IN ANTIKE UND MITTELALTER

1 Felix v. Bormann, Attische Seuche 430–426 v. Zw., in: Zs. für Hygiene und Infektionskrankheiten 136 (1952), S. 67–84; bes. S. 71–73; 76 f.
2 J. Longrigg, The Great Plague of Athens, in: History of Science 18 (1980), S. 209–225; A. H. Wylie u. H. W. Stubbs, The Plague of Athens: 430–428 B.C.: Epidemic and Epizootic, in: Classical Quarterly 77 (1983), S. 6–11; Horst Habs, Die sogenante Pest des Thukydides (Sitzungsberichte der Heidelberger Akademie der Wissenschaften. Mathematisch-naturwissenschaftliche Klasse, Jg. 1982), Berlin u.a. 1982, bes. S. 1 f., 32–40.
3 Karl-Heinz Leven, Die „Justinianische“ Pest, in: Jahrbuch des Instituts für Geschichte der Medizin der Robert-Bosch-Stiftung 6 (1987), S. 137–161; hier S. 138.
4 Prokop von Caesarea, Die Perserkriege, übers. von Albert Veh, München 1970, S. 355–367.
5 Die Naturereignisse beschreibt Valentin Seibel, Die große Pest zur Zeit Justinians I. und die ihr voraus und zur Seite gehenden ungewöhnlichen Naturereignisse, Dillingen 1857; Verlauf der Pest S. 26–30. Friedrich Prinz, Neue Deutsche Geschichte. Grundlagen und Anfänge. Deutschland bis 1056, München 1985, S. 68.
6 Vgl. Benno von Hagen, Die Pest im Altertum, Jena 1939, S. 17 f.; Fabian L. Hirst, The Conquest of Plague. A Study of the Evolution of Epidemiology, Oxford 1953, S. 11; G. Rath, Moderne Diagnosen historischer Seuchen, in: Deutsche Medizinische Wochenschrift 81/82 (1956), S. 2067.
7 Leven (Anm. 3), S. 139, 142 145–147.
8 Siehe S. Ell, Immunity as a Factor in the Epidemiology of Medieval Plague, in: Revue of Infectious Diseases 6 (1984), S. 876; Josiah C. Russell, That Earlier Plague, in: Demography 5 (1968), S. 180.
9 Bede, A History of the English Church and People, Harmondsworth 1955, bes. S. 162, 181 f., 203.
10 Siehe dazu auch die Karte von Jean-Noël Biraben u. Jacques Le Goff, La Peste dans le Haut Moyen Age, in: Annales ESC 24 (1969), S. 1485 ff.
11 Fernand Braudel, Sozialgeschichte des 15.–18. Jahrhunderts. Der Alltag, München 1985, S. 81; Karl Sudhoff, Mittelalterliche Einzeltexte zur Beulenpest vor ihrem pandemischen Auftreten 1347/48. Ein Überblick, in: ders., Hg., Historische Studien und Skizzen zur Natur- und Heilwissenschaft, Festschrift für Georg Sticker, Berlin 1930, S. 39–48.
12 Hermann Kellenbenz, Das Deutsche Reich, in: Handbuch der Europäischen Wirtschafts- und Sozialgeschichte, Bd. 2, hg. von Jan A. van Houtte, Stuttgart 1980, S. 509; Friedrich-Wilhelm Henning, Handbuch der Wirtschafts- und Sozialgeschichte Deutschlands, Bd. 1: Deutsche Wirtschafts- und Sozialgeschichte im Mittelalter und in der frühen Neuzeit, Paderborn u.a. 1991, S. 394; Franz Dumont, Helfen und Heilen – Medizin und Fürsorge in Mittelalter und Neuzeit, in: Ders. u.a., Hg., Mainz. Die Geschichte der Stadt, Mainz 1998, S. 773; Biraben u. Le Goff (Anm. 11), S. 1485.

DER SCHWARZE TOD – DIE EUROPÄISCHE PESTEPIDEMIE 1348/49

1 Johannes Müllner, Die Annalen der Reichsstadt Nürnberg von 1623. Teil I: Von den Anfängen bis 1350, hg. von Gerhard Hirschmann, Nürnberg 1972, S. 306.
2 Henry S. Lucas, The Great European Famine of 1315, 1316, and 1317, in: Essays in Economic History, Bd. II, hg. von E. M. Carus-Wilson, London 1962, S. 49–72, bes. S. 51 f.; Ian Kershaw, The Great Famine and Agrarian Crisis in England 1315–1322, in: Past and Present 59 (1973), S. 3–50, bes. S. 3, 13, 48 f.; Brian M. Fagan, The Little Ice Age. How Climate Made History 1300–1850, New York 2000, bes. S. 38–43. Für Deutschland: Fritz Curschmann, Hungersnöte im Mittelalter. Ein Beitrag zur deutschen Wirtschaftsgeschichte des 8. bis 13. Jahrhunderts, Leipzig 1900, Ndr. Aalen 1970, bes. S. 53, 61 f., 208–217.
3 Harry A. Miskimin, The Economy of Early Renaissanc Europe, 1300–1460, Englewood Cliffs 1969, S. 80, bezeichnet die Hungersnot als „gesamteuropäisch“. Siehe M. M. Postan, The Medieval Economy & Society (The Pelican Economic History of Britain), Harmondsworth 1972, S. 33–37; ders., Agriculture, in: Cambridge Economic History of Europe, Bd. 1, 1966, S. 561 f., 570; ders., Some Economic Evidence of Declining Population in the Later Middle Ages, in: Economic History Review, 2nd series 2 (1949/50), S. 221–289, bes. 241 f.
4 Curt Weikinn, Quellentexte zur Witterungsgeschichte Europas von der Zeitwende bis zum Jahre 1850. Teil I: Hydrographie, Bd. 1, Berlin-Ost 1958, 175–180; Friedrich Schnurrer, Chronik der Seuchen in Verbindung mit den gleichzeitigen Vorgängen in der physischen Welt und in der Geschichte der Menschen, 2 Bde., Tübingen 1825,

hier Bd. 1, S. 311–313. Dazu zuletzt Rüdiger Glaser, Klimageschichte Europas. 1000 Jahre Wetter, Klima, Katastrophen. Darmstadt 2001, S. 65 f.

5 Ann Carmichael, Plague and the Poor in Renaissance Florence. Cambridge/New York 1986, S. 60 f.

6 Lorenzo Del Panta, Le epidemie nella Storia demografica italiana (Secoli XIV–XIX). Turin 1980, bes. die Graphiken S. 108 f.; William Caferro, City and Countryside in Siena in the Second Half of the Fourteenth Century, in: Journal of Economic History 54 (1994), S. 85–103.

7 William H. McNeill, Plagues and Peoples, Harmondsworth 1976, S. 142 f.

8 Ibn Khaldun, The Muqaddimah: An Introduction to History, hg. von N. J. Dawood, Princton 1967, S. 30.

9 Michael W. Dols, Black Death in the Middle East, Princton 1977, S. 172, 193 f. 214–218; siehe auch Lawrence I. Conrad, Black Death in the Middle East, Princeton 1977.

10 Robert Gottfried, The Black Death, New York 1983, S. 37.

11 Vgl. Del Panta (Anm. 6), bes. S. 111–114. Der Verlauf der Pest und ihrer Folgen wurde für einzelne italienische Städte ausführlich dargestellt, z. B. William Bowsky, Siena: Stability and Dislocation, in: Ders., Hg., The Black Death. A Turning Point in History!, New York 1971, 114–121; Elisabeth Carpentier, Une Ville Devant la Peste: Orvieto et la Peste Noire de 1348, Paris 1962.

12 Carmichael (Anm. 5), S. 60 f.

13 Reinhold C. Mueller, Peste e demografico, in: Venezia e la Peste, 1348/1797. [Katalog zur gleichnamigen Ausstellung.] Venedig 1979, S. 93–96.

14 Die Pest 1348 in Italien. Fünfzig zeitgenössische Quellen, hg. und übers. von Klaus Bergdolt, Heidelberg 1989, S. 26–30, 32–34, 39–42, 57 f. 60, 66–72, 75 f., 81 f. 88, 104–106, 109, 118–121.

15 Ebd., S. 83 f., 86 f., 152, 160.

16 W. M. Bowsky, The Impact of the Black Death upon Sienese Government and Society, in: Speculum 39 (1964), S. 1–34; William Caferro, City and Countryside in Siena in the Second Half of the Fourteenth Century, in: Journal of Economic History 54/1 (1994), S. 85–103; David Herlihy, Population, Plague and Social Change in Rural Pistoia 1201–1430, in: Economic History Review, 2nd Series 18 (1965), S. 225–244; E. Fiumi, Storia economica e sociale di San Gimignano, Florenz 1961; J. M. W. Bean, The Black Death: The Crisis and Ist Social and Economic Consequences, in: Daniel Williman, Hg., The Impact of Fourteenth-Century Plague, New York 1982, S. 23–38.

17 Adolf Dieudonné, Pest, in: Handbuch der pathogenen Mikroorganismen, hg. von Wilhelm Kolle/August Wassermann, Bd. 2, Jena 1903, S. 511–514.

18 David Herlihy, The Black Death and the Transformation of the West. Cambridge/London 1997, S. 26 f.

19 Charles Verlinden, La grande peste de 1348 en Espagne, in: Revue belge de philologie et d'historie 17 (1938), S. 103–146. Der Bericht des andalusischen Arztes ist auszugsweise abgedruckt bei Dominick Palazotto, The Black Death and Medicine: A Report and Analysis of the Tractates Written Between 1348 and 1350. Diss. phil. An Arbor 1974, S. 97.

20 Volker Gräter, Der Sinn der höchsten Meister von Paris. Studien zur Überlieferung und Gestaltwandel. Diss. med. Bonn 1974, S. 27, 141; Hans-Peter Franke, Der Pest-Brief an die Frau von Plauen. (Würzburger medizinhistorische Forschungen, Bd. 9.) Diss. med. Würzburg 1977, S. 49; vgl. Palazotto (Anm. 19), S. 250. Philip Ziegler, The Black Death, Harmondsworth 1969, S. 131; vgl. W. Courtenay, The Effect of the Black Death on English Higher Education, in: Speculum 55 (1980), S. 696–714.

21 Dazu Manfred Vasold, Pest, Not und schwere Plagen. Seuchen und Epidemien vom Mittelalter bis heute, München 1991, bes. S. 55.

22 Roman Sandgruber, Ökonomie und Politik. Österreichische Wirtschaftsgeschichte vom Mittelalter bis zur Gegenwart. Wien 1995, S. 49. Alois Niederstätter, Die Herrschaft Österreich. Fürst und Land im Spätmittelalter. (Österreichische Geschichte 1278–1411.) Wien 2001, versucht ein differenziertes Urteil zu geben, schreckt dann aber wieder von den Folgerungen zurück. „Die Forschung [!] geht heute davon aus, dass im Durchschnitt etwa ein Drittel der Bevölkerung der Seuche zum Opfer fiel, wobei beträchtliche regionale Unterschiede auftraten" (S.15). Dabei erlauben seine eigenen Aussagen über Verluste innerhalb Österreichs diesen Schluss – ein Drittel Verluste – keineswegs.

23 Herbert Klein, Das große Sterben von 1348/49 und seine Auswirkung auf die Besiedlung der Ostalpen, in: Mitteilungen der Gesellschaft für Salzburger Landeskunde 100 (1960), S. 118 f.; Walther Fresacher, Die Pest in Kärnten im 14. Jahrhundert, in: Carinthia I 153 (1963), 350 f., dazu Amalie Fößel, Der Schwarze Tod in Franken 1348–1350, in: Mitteilungen des Vereins für Geschichte der Stadt Nürnberg 74 (1987), bes. S. 7 Anm. 19; Alfred Dopsch, Hg., Geschichte Salzburgs. Stadt und Land. Bd. I/1, Salzburg [2]1983, S. 475 f.

24 In dem von Max Spindler hg. vierbändigen „Handbuch der Bayerischen Geschichte", München 1970 ff., bleibt der Schwarze Tod unerwähnt; siehe auch Karl Lechner, Das Große Sterben in Deutschland, in den Jahren 1348 bis 1351 und die folgenden Pestepidemien bis zum Schlusse des 14. Jahrhunderts, Innsbruck 1884, S. 39.

25 Dr. Artur Dirmeier in einem Schreiben vom 22.12.2000 an den Verf.

26 Manfred Döbereiner, Münchens Weg zur relativen Selbständigkeit 1294 bis 1365, in: Richard Bauer, Hg., Geschichte der Stadt München. München 1992, bes. S. 75–85, hier S. 83; Christine Rädlinger, Finanzielle Probleme und Verfassungskämpfe 1365 bis 1403, ebd., S.98. Siehe auch H. Rubner, Die Landwirtschaft der Münchner Ebene und ihre Notlage im 14. Jahrhundert, in: Vierteljahrsschrift für Sozial- und Wirtschaftsgeschichte 51 (1964), S. 442 f.

27 Claudia Kalesse, Bürger in Augsburg. Studien über Bürgerrecht, Neubürger und Bürgen anhand des Augsburger Bürgerbuchs I (1288–1497). (Abhandlungen zur Geschichte der Stadt Augsburg, Bd. 37), Augsburg 2002, bes. S. 205 f.

28 Stuart Jenks, The Black Death and Würzburg: Michael de Leone's Reaction in Context. Diss. phil. Yale U. 1976, Michigan 1984, S. 29. So auch Helmut Martin, Die Pest im spätmittelalterlichen Würzburg, in: Mainfränkisches Jahrbuch für Geschichte und Kunst 46 (1994), S. 24 ff.

29 Volker Dotterweich u.a., Hg., Geschichte der Stadt Kempten, Kempten 1989. In einem Schreiben des Stadtarchivs Kempten (Birgit Kata) v. 27.3.2002 an den Verf. heißt es dazu: „Zu eventuellen Pestepidemien in den Jahren um 1348/50 schweigen die Kemptener Quellen. Aus dieser Zeit liegen nur sehr wenige Urkunden vor, und die Pest wird darin nicht erwähnt. Die Frage, wann die Pest erstmals in Kempten auftrat, lässt sich aus Quellenmangel nicht beantworten." Rudolf Kießling, Memmingen im Spätmittelalter, in: Joachim Jahn, Hg., Die Geschichte der Stadt Memmingen. Von den Anfängen bis zum Ende der Reichsstadt. Stuttgart 1997, S. 167. Siehe dazu auch Karl Bosl, Hg., Bayern (Handbuch der Historischen Stätten Deutschlands, Bd. 7), Stuttgart ²1965, S. 441 f.

30 Schreiben von Prof. Dr. Specker, Stadtarchiv Ulm, vom 8. 5. 2002 an den Verf.

31 Handbuch der Geschichte Baden-Württembergs, hg. von Meinrad Schaab und Hansmartin Schwarzmaier, Bd. I/2, Stuttgart 2000, S. 494.

32 So schrieb z. B. Hartmut Boockmann, Stauferzeit und spätes Mittelalter. Deutschland 1125–1517 (Das Reich und die Deutschen, Bd. 8), Berlin 1987, 1994, S. 228: „Zur selben Zeit erreichte Süddeutschland eine Pestwelle, die bis zum Jahre 1351 ganz Deutschland durchzog und ein Drittel der Bevölkerung hinwegraffte."

33 F. Graus, Autour de la peste noire au XIV. siècle, in: Annales ESC 18 (1963), S. 720–724; Robert Hoeniger, Der Schwarze Tod in Deutschland, Berlin 1882, S. 31. Vgl. Niederstätter (Anm. 22): „Manche Gegenden blieben von der ersten Pestwelle gänzlich verschont, wie etwa die Reichsstadt Nürnberg, Teile Flanderns, Brabants und des Hennegaus oder Landschaften in Zentralfrankreich, ohne dass ein Grund dafür bekannt ist."

34 Jacob Henle, Von den Miasmen und Kontagien. [1840.] Ndr. Leipzig 1910, S. 64.

35 Georges Despy, La „Grande peste" noire de 1348 a-t-elle touché le roman pays de Brabent? In: Centenaire du Séminaire d'histoire médiévale de l'université libre de Bruxelles 1876–1976, Brüssel 1977, 195–217; W. P. Blockmans, The Social and Economic Effects of Plague in the Low Countries 1349–1500, in: Revue Belge de philologie et d'histoire 58/3 (1980), S. 833–863, bes. S. 833–844.

36 Siehe dazu auch die Karte bei Henri Dubois, La Dépression (XIVᵉ et XVᵉ siècles), in: Jacques Dupâquier, Hg., Histoire de la Population Française. Bd. 1: Des origines à la Renaissance. Paris 1988, S. 313–366, Karte S. 315.

37 Ein ausdrücklicher Hinweis auf das Auftreten – oder das Nichtauftreten – fehlt, doch lassen die Umstände nicht glauben, dass sie tatsächlich auftrat. Siehe 2000 Jahre Trier. Bd. 2: Trier im Mittelalter, hg. von H. H. Anton u. A. Haverkamp, Trier 1996, S. 458 f., 509–11.

38 Walter Kronshage, Die Bevölkerung Göttingens. Ein demographischer Beitrag zur Sozial- und Wirtschaftsgeschichte vom 14. bis 17. Jahrhundert. Göttingen 1960, S. 27 f.; Düsseldorf. Geschichte von den Ursprüngen bis ins 20. Jahrhundert. Bd. I, hg. von Hugo Weidenhaupt, Düsseldorf 1988, S. 282; Kurt Hofius, Die Pest am Niederrhein, insbesondere in Duisburg, in: Duisburger Forschungen 15 (1971), S. 173–221; Geschichte Berlins, hg. von Wolfgang Ribbe, Bd. 1, München 1987, bes. S. 219.

39 Schreiben des Stadtarchivs Köln vom 10.4.2003 an den Verf.

40 Franz Irsigler, Die wirtschaftliche Stellung der Stadt Köln im 14. und 15. Jahrhundert (Vierteljahrschrift für Sozial- und Wirtschaftsgeschichte, Beiheft 65), Wiesbaden 1979, S. 271 f.

41 Heinrich Reincke, Bevölkerungsprobleme der Hansestädte, in: Hansische Geschichtsblätter 70 (1951), S. 9 f.; ders., Bevölkerungsverluste der Hansestädte durch den Schwarzen Tod 1349/50, in: Hansische Geschichtsblätter 72 (1954), S. 88 ff.

42 Neithard Bulst, Vier Jahrhunderte Pest in niedersächsischen Städten. Vom Schwarzen Tod (1349–1351) bis in die erste Hälfte des 18. Jahrhunderts, in: „Stadt im Wandel." Kunst und Kultur des Bürgertums in Norddeutschland 1150–1650 (Katalog zur Landesausstellung Niedersachsen 1985), Braunschweig 1985, S. 251–270.

43 Wilhelm Abel, Landwirtschaft 1350–1500, in: Hermann Aubin u. Wolfgang Zorn, Hg., Handbuch der deutschen Wirtschafts- und Sozialgeschichte. Bd. 1:Von der Frühzeit bis zum Ende des 18. Jahrhunderts, Stuttgart 1971, S. 304.

44 Ole Jørgen Benedictow, Plague in the Late Medieval Nordic Countries. Epidemiological Studies. Oslo 1992, S. 272–274.

45 M. Stefansson, Island, in: Lexikon des Mittelalters Bd. V, Sp. 690; Steve Jones, Wie der Wal zur Flosse kam. Ein neuer Blick auf den Ursprung der Arten, München 2002, S. 101. Siehe auch N. Lund, Grönland, in: Lexikon des Mittelalters, Bd. IV, Sp. 1725.

46 Johann Peter Süßmilch, Die göttliche Ordnung in den Veränderungen des menschlichen Geschlechts. Bd. 1, Berlin ³1765, S. 328. Diese Übertreibung wird seither nahezu aufrechterhalten. In einigen weit verbreiteten populären Periodica stand 1997/98, gleichsam zum 650. Jahrestag des Schwarzen Todes, zu lesen, die Pest habe ein Drittel der Europäer hinweggerafft. „Beim ersten Ansturm tötete die Pest jeden dritten der 33,5 Millionen Einwohner Mittel- und Westeuropas", schrieb Klaus Schulte-van-Pol, D-Day 1347: Die Invasion des Schwarzen Todes, in: DIE ZEIT v. 5.12.1997. Die Tageszeitung „Die Welt" v. 4.7.1998 schrieb gleichfalls von 25 Millionen Toten aus 75 Millionen Europäern.

47 Johannes Nohl, Der Schwarze Tod, Potsdam 1924, s. 40.

48 Robert Hoeniger, Der Schwarze Tod, Berlin 1882, S. 106; František Graus, Pest-Geissler-Judenmorde. Das 14. Jahrhundert als Krisenzeit, Göttingen 1987, S. 24 f.

49 Vgl. Michael Matheus, Vom Bistumsstreit zur Mainzer Stiftsfehde: 1328-1459, S. 187, in: Mainz. Zur Geschichte der Stadt, hg. von Franz Dumont u.a., Mainz 1998, hat die Auswirkungen des Schwarzen Todes auf Mainz folgendermaßen eingeschätzt: Die demographi-

schen Folgen des Massensterbens seien einschneidend gewesen. Genaue Angaben könnten für Mainz nicht gemacht werden; aber „die für andere Siedlungszentren diskutierte Verlustrate von 30 % [könnte] auch für Mainz im Bereich des Möglichen liegen".

50 Dazu Wilhelm Abel, Agrarkrisen und Agrarkonjunktur, Göttingen ³1978.

51 Walter Bauernfeind, Materielle Grundstrukturen im Spätmittelalter und der Frühen Neuzeit. Preisentwicklung und Agrarkonjunktur am Nürnberger Getreidemarkt von 1339 bis 1670 (Nürnberger Werkstücke zur Stadt- und Landesgeschichte 50), Nürnberg 1993, S. 99–102.

52 Wilhelm Roscher, Ueber Kornhandel und Theuerungspolitik, Stuttgart ³1852, S. 3–5.

53 Christian Pfister, Veränderungen der Sommerwitterung im südlichen Mitteleuropa von 1270–1400 als Auftakt zum Gletscherhochstand der Neuzeit, in: Geographica Helvetica, 1985, S. 186–195; bes. S. 192–194

54 Bauernfeind (Anm. 51), S. 130.

55 Helmut Jäger, Mittelalterliche Wüstungen im fränkisch-thüringischen Kontaktraum. Probleme der Konstanz und Wandlung kulturlandschaftlicher Strukturen, in: Würzburger Geographische Arbeiten 89 (1994), S. 149–66, hier S. 150 f., 156 f. Siehe auch H. Pohlendt, Die Verbreitung der mittelalterlichen Wüstungen in Deutschland (Göttinger Geographische Abhandlungen, Bd.. 3), Göttingen 1950.

56 Vgl. Reinhold Lob, Die Wüstungen der Bayerischen Rhön und nordwestlichen Grabfeldes, Würzburg 1957; Helmut Jäger, Dauernde und temporäre Wüstungen in landeskundlicher Sicht, in: Wüstungen in Deutschland. Sonderheft der Zs. für Agrargeschichte und Agrarsoziologie, 1967, S. 20.

57 Vgl. L. Marthinsen, Desertion in Focus, in: Collegium Medievale 2 (1989), 99–122, bes. 113 f.; H. Jäger, Wüstung, in: Lexikon des Mittelalters, Bd. IX, Sp. 388; W. Rösener, in: Deutschland. Ländliche Sozial- und Wirtschaftsgeschichte, Lexikon des Mittelalters, Bd. III, Sp. 883 f.; Siehe Jürgen Ellermeyer, Stadt 1300–1399. Liegenschaften und Renten in Stadt und Land. Untersuchungen zur Wirtschafts- und Sozialstruktur einer Hansischen Landstadt im Spätmittelalter, Stade 1975; Hartmut Hoffmann, Das Braunschweiger Umland in der Agrarkrise des 14. Jahrhunderts, in: Deutsches Archiv 37 (1981), S. 209.

58 Wolf-Dieter Sick, Wüstungen im württembergischen Kurland, in: Wilhelm Abel, Hg., Wüstungen in Deutschland. Frankfurt/M. 1967 (Karte S. 4), S. 28–36, hier S. 29. Vgl. Horst-R. Marten, Ausmaß und Folge des spätmittelalterlichen Wüstungsprozesses im niedersächsischen Weserbergland, in: Wilhelm Abel, Hg., Wüstungen in Deutschland, S. 37–48; Wilhelm Abel, Die Wüstungen des ausgehenden MA, ³1976, S. 87 f.

59 Wilhelm Abel, Agrarkrisen und Agrarkonjunktur. Eine Geschichte der Land- und Ernährungswirtschaft Mitteleuropas seit dem hohen Mittelalter. Hamburg-Berlin 1978, S. 90, zeigt in Abb. 17 für den Raum zwischen Donau und Main einen höheren Wüstungsquotienten, nämlich „mittelmäßig", d. h. 20–39 Prozent.

60 Wolfram Unger, Grundzüge der Städtebildung in Franken. Träger – Phasen – Räume, in: Jahrbuch für fränkische Landesforschung 59 (1999), bes. S. 68–86.

61 Karlheinz Blaschke, Bevölkerungsgeschichte von Sachsen bis zur Industriellen Revolution, Weimar 1967, S. 77–85.

62 Karl Helleiner, Europas Bevölkerung im späten Mittelalter, in: Mitteilungen des Instituts für Österreichische Geschichte 62 (1954), S. 257, hält einen Bevölkerungsverlust von einem Drittel (1348/50) für „nicht viel anderes als Mutmaßungen". Ähnlich Ernst Schubert, Einführung in die deutsche Geschichte im Spätmittelalter, Stuttgart ²1998, S. 12. Auch Marthinsen (Anm. 57), S. 113 f., meint, dass die Pest nicht demographische Verluste von einem Drittel verursacht haben kann. Erich Meuthen, Das 15. Jahrhundert (Oldenbourg Grundriss der Geschichte, Bd. 9), München-Wien 1980, S. 3–5. In mehreren europäischen Ländern soll der niedrigste Bevölkerungsstand erst im 15. Jh. erreicht worden sein. Siehe Benedictow (Anm. 44), S. 105 f.

63 Wilhelm Abel, Landwirtschaft, in: Handbuch der Wirtschafts- und Sozialgeschichte, Bd. 1, hg. von Hermann Aubin u. Wolfgang Zorn, Stuttgart 1971, S. 304

64 Josiah Cox Russell, Population in Europe 500 bis 1500, in: Carlo M. Cipolla, Hg., The Fontana Economic History of Europe. Bd. 1: The Middle Ages, London 1972, S. 55 f. Siehe ders., Effects of Pestilence and Plague, 1315–1385, in: Comparative Studies in Society and History 8 (1965/66), S. 464–473.

65 M. M. Postan, The Medieval Econony & Society, Harmondsworth 1972, S. 41 f.; Paul Slack, The Impact of Plague in Tudor and Stuart Englands, Boston 1985, S. 15.

PESTZÜGE IN STADT UND LAND

1 Amalie Fößel, Der Schwarze Tod in Franken 1348–1350, in: Mitteilungen des Vereins für Geschichte der Stadt Nürnberg 74 (1987), S. 37; Charlotte Bühl, Die Pestepidemie des ausgehenden Mittelalters und der Frühen Neuzeit in Nürnberg (1483/84 bis 1533/34), in: Nürnberg und Bern. Zwei Reichsstädte und ihre Landgebiete (Erlanger Forschungen Reihe A. Geisteswissenschaften Bd. 46), hg. von Rudolf Endres, Erlangen 2000, S. 121–168, hier S. 122, 131.

2 Aloys Schreiber, Die Entwicklung der Augsburger Bevölkerung vom Ende des 14. Jahrhunderts bis zum Beginn des 19. Jahrhunderts, in: Archiv für Hygiene und Bakteriologie 123 (1940), S. 111, 129, 165. Schreiber nennt vermutlich etwas überhöhte Bevölkerungszahlen für Augsburg, siehe daher auch

Barbara Rajkay, Die Bevölkerungsentwicklung von 1500 bis 1648, in: Geschichte der Stadt Augsburg. 2000 Jahre von der Römerzeit bis zur Gegenwart, hg. von Gunther Gottlieb u.a., Stuttgart ²1985, S. 252–258.

3 Ernst Rodenwaldt, Die Pest in Venedig 1575–1577. Ein Beitrag zur Infektkette bei den Pestepidemien West-Europas (Sitzungsberichte der Heidelberger Akademie der Wissenschaften. Mathematisch-Naturwissenschaftliche Klasse 1952), Heidelberg 1953, S. 66, 136 f. 250 ff.

4 O. Benedictow, Morbidity in Historical Plague Epidemics, in: Population Studies 41 (1987), S. 401–431; hier S. 424.

5 Reinhold C. Mueller, Peste e demografico, in: Venezia e la Peste, 1348/1797 [Katalog zur gleichnamigen Ausstellung],Venedig 1979.

6 Carolin Porzelt, Die Pest in Nürnberg. Leben und Herrschen in der Reichsstadt Nürnberg, 1562–1713 (Forschungen zur Landes- und Regionalgeschichte, Bd. 7, hg. von Ferdinand Kramer u. Walter Ziegler), St. Ottilien 2000, S. 51–55, 107–110, 121.

7 Zit. nach Walter G. Rödel, Pestepidemien in Mainz im17. Jahrhundert, in: Scripta Mercaturae 15 (1981), S. 92 f.

8 William J. Simpson, A Treatise on Plague dealing with the Historical, Epidemiological, Clinical, Therapeutic and Preventive Aspects of the Disease, Cambridge 1905, S. 29 f.

9 Walter G. Bell, The Great Plague in London in 1665, London 1924, S. 100.

10 Samuel Pepys, The Shorter Pepys. The Diary of Samuel Pepys, ausgewählt und hg. von Robert Latham, Harmondsworth 1985/1993, S. 486, 491.

11 Bell (Anm. 9), S. 30.

12 Pepys (Anm. 10), S. 494 f., 499.

13 Daniel Defoe, A Journal of the Plague Year, Harmondsworth 1966, S. 106.

14 Roy Porter, London. A Social History, Harmondsworth 1994, S. 103; Bell (Anm. 9), S. 121, 127.

15 Pepys (Anm. 10), S. 500–506, 514, 516, 519, 521 f., 528, 531, 534, 548.

16 Patrick Russell, Abhandlung über die Pest [1744], Leipzig 1792, S. 325.

17 Wilhelm Sahm, Geschichte der Pest in Ostpreußen, Leipzig 1905, S. 35–41, 66–72, 111.

18 Joh. Phil. Breynius, An Abredgement of A Book intitled, A Description of the Plague, which Happened in the Royal City of Dantzick in 1709, in: Philosophical Transactions of the Royal Society 28 (1713), S. 101–144; hier S. 117 f.

19 Johann Peter Süßmilch, Die göttliche Ordnung in den Veränderungen des menschlichen Geschlechts. Bd. 1, Berlin ³1765, S. 320, 98 f., 115 ff.

20 John Chamberlayne, Remarks upon the Plague at Copenhagen in 1711, in: Philosophical Transactions of the Royal Society 28 (1713), S. 279–281.

21 Erna Lesky, Die österreichische Pestfront an der k.u.k. Militärgrenze, in: Saeculum 8 (1957), S. 82–106, bes. S. 84 f.

22 Ch. Carrière u. a., Marseille, ville morte. La Peste de 1720, Marseille 1968, S. 29, 84.

23 Russell (Anm. 16), S. 287.

24 Carriere (Anm. 22), S. 234, 118.

25 John T. Alexander, Bubonic Plague in Early Modern Russia. Public Health and Urban Disaster, Baltimore-London 1980, S. 67.

26 Maximilian Heine, Medicinische Topographische Skizze von St. Petersburg, St. Petersburg 1844, S. 40. Zu seiner Person siehe auch Fritz J. Raddatz, Taubenherz und Geierschnabel. Heinrich Heine – Eine Biographie, Weinheim-Berlin 1997, S. 16 f., 107, 190, 260, 293, 316.

27 Alexander (Anm. 25), S. 105, 113, 119–121, 151, 199, 235.

28 Benedictow (Anm. 4), S. 402 f.

29 Edward A. Eckert, Spatial and Temporal Distribution of Plague in A Region of Switzerland in the Years 1628 and 1629, in: Bulletin of the History of Medicine 56 (1982), S. 175–194.

30 Benedictow (Anm. 4), S. 418 f.

31 Benedictow (Anm. 4), S. 405.

32 Franz von Schraud, Geschichte der Pest in Sirmien in den Jahren 1795 und 1796, Pesth 1801, S. 126–129.

33 N. Greslou, La peste en Savoie, Chambéry 1973.

34 Edward A. Eckert, Boundary Formation and Diffusion of Plague: Swiss Epidemics from 1562 to 1669, in: Annales de Démographie historique 1978, 49–80, hier S. 58.; Benedictow (Anm. 4), S. 421 f.

35 Benedictow (Anm. 4), S. 416.

36 Eckert (Anm. 34), S. 54, 56, 66.

37 Jean-Noël Biraben, Les hommes et la peste en France et dans les pays méditerranéens, Bd. 1, Paris 1975, S. 286 f.

38 Eckert (Anm. 34), S. 77.

39 John T. Alexander, Catherine II, Bubonic Plague, and the Problem of Industry in Moscow, in: American Historical Review 79 (1974), S. 637–671.

40 Lorenzo Del Panta, Le epidemie nella storia demografica italiana (secoli XIV–XIX), Turin 1980, S. 195–219.

41 Paul Slack, The Disappearance of Plague: An Alternative View, in: Economic History Review 2nd Series 34 (1981), S. 469 f.

42 Erich Woehlkens, Pest und Ruhr in Uelzen im 16. und 17. Jahrhundert. Grundlagen einer statistisch-topographischen Beschreibung der großen Seuchen, insbesonders in der Stadt Uelzen. (Schriften des Niedersächsischen Heimatbundes, Neue Folge Bd. 26) , Hannover 1954, S. 145.

43 A. B. Appleby, The Disappearance of Plague: A Continuing Puzzle, in: English Historical Review 2nd series 33 (1980), S. 168.

44 Jacques Dupâquier, La Population Française aux XVIIᵉ et XVIIIᵉ siècles, Paris 1979, S. 22.

45 Th. Robert Malthus, An Essay on the Principles of Population [1798], Harmondsworth 1970, S. 109.

RÄTSELKRANKHEIT PEST

1 Diese Hypothese wurde am 24. und 25. Juli 2001 in verschiedenen deutschen Tageszeitungen verbreitet. Eine Antwort darauf gab Wolfgang U. Eckart, Ein sozialer Erreger. Die Pest, die das mittelalterliche Europa nachhaltig veränderte, war keine Ebola-Epidemie, in: Frankfurter Allgemeine Zeitung v. 4. 8. 2001.

2 Edward A. Eckert, Boundary Formation and Diffusion of Plague: Swiss Epidemics from 1562 to 1669, in: Annales

de Démographie historique 1978, S. 49–80, hier S. 58.

3 Ole Jørgen Benedictow, Plague in the Late Medieval Nordic Countries. Epidemiological Studies, Oslo 1992, S. 79.

4 Erich Woehlkens, Pest und Ruhr in Uelzen im 16. und 17. Jahrhundert, Hannover 1954, S. 170 Anm. 39.

5 Ernst Rodenwaldt, Die Pest in Venedig 1575–1577. Ein Beitrag zur Infektkette bei den Pestepidemien West-Europas (Sitzungsberichte der Heidelberger Akademie der Wissenschaften. Math.-Naturwiss. Klasse 1952) Heidelberg 1953, S. 242.

6 Robert Koch, Experimentelle Studien über die künstliche Abschwächung der Milzbrandbazillen, in: Gesammelte Werke, hg. von G. Gaffky u.a., Bd. 1, Berlin 1910, S. 259.

7 So auch Robert Pollitzer, Plague, Genf 1954, S. 305–307; Jean Noël Biraben, Les Hommes et la Peste en France et dans les Pays Européens et Méditerranéens, Bd. 2: Les Hommes face la Peste, Paris 1976, S. 21 f.

8 Hans-Eberhard Krampitz, Pest, in: Infektionskrankheiten, Bd. 2, hg. von O. Gsell u. W. Mohr, Berlin 1968, S. 325–344; hier S. 333. Hervorhebung im Original.

9 Rodenwaldt (Anm. 5), S. 241.

10 Patrick Russell, Abhandlung über die Pest [1744], Leipzig 1792, S. 212–216.

11 Graham Twigg, The Black Death. A Biological Reappraisal, London 1984, S. 99, 201–221.

12 Krampitz (Anm. 8), S. 344 f.

13 Woehlkens (Anm. 4), S. 73, 74. Vgl. auch Georg Sticker, Die Pest, Gießen 1908, Bd. II, S. 267.

14 Krampitz (Anm. 8), S. 333.

15 Fabian L. Hirst, Conquest of Plage. A Study of the Evolution of Epidemiology, Oxford 1953, S. 239, 244.

16 Rodenwaldt (Anm. 5), S. 224.

17 Erich Martini, Wege der Seuchen, Stuttgart 1955, S. 89; Erna Lesky, Die österreichische Pestfront an der k.u.k. Militärgrenze, in: Saeculum 8 (1957), S. 82–106; hier S. 103; Gundolf Keil, Seuchenzüge des Mittelalters, in: Bernd Herrmann, Hg., Mensch und Umwelt im Mittelalter, Stuttgart 21986, S. 113 f.

18 Rodenwaldt (Anm. 5), S.233 f., 237–239.

19 Benedictow (Anm. 3), S. 244–246, 268.

20 Erich Woehlkens, Das Wesen der Pest, in: Studium Generale 9 (1956), S. 509.

21 Benedictow (Anm. 3), S. 157, 228, 232, 236, 244–246.

22 Daniel Panzac, La Peste dans l'Empire Ottoman 1700–1850, Löwen 1985, S. 181.

23 Werner Peters, Medizinische Entomologie, in: Konrad Dettner u. ders., Hg., Lehrbuch der Entomologie, Stuttgart 1999, S. 697.

24 Emmanuel LeRoy Ladurie, Montaillou, Berlin 1978, S. 40.

25 Hirst (Anm. 15), S. 112, 158, 236.

26 W. M. Bowsky, The Impact of the Black Death upon Sienese Government and Society, in: Speculum 9 (1964), S. 1–34; hier S. 16 Anm. 90.

27 Henri Bresc, Stadt und Land in Europa zwischen dem 13. und 15. Jahrhundert, in: Geschichte der Familie, Bd. 2. Mittelalter, Frankfurt/M.-New York 1997, S. 159.

28 Vgl. Twigg (Anm. 11), S. 186–189; E.-H. Hankin, On the Epidemiology of Plague, in: Journal of Hygiene 5 (1905), S. 66; ders., La Propagation de la Peste, in: Annales de l' Institut Pasteur 12 (1898), S. 726.

29 Stephen Ell, Interhuman Transmission of Medieval Plague, in: Bulletin of the History of Medicine 54 (1980), S. 500.

30 Rodenwaldt (Anm.5), S. 256.

31 E. Woehlkens (Anm. 20), S. 512.

32 Benedictow (Anm.3), S. 266 f. 269, 272–274.

33 John F. D. Shrewsbury, A History of Bubonic Plague in the British Isles, Cambridge 1970, 36 f., 123.

34 Fredrick F. Holmes: Anne Boleyn, the sweating sickness, and the hantavirus: a review of an old disease with a modern interpretation, in: Journal of Medical Biography 6 (1998), S. 43–48.

35 Alan Dyer, The English Sweating Sickness of 1551: an Epidemic Anatomized, in: Medical History 31 (1997), S. 362–384.

36 Jörg Oberste, Das Bistum Regensburg im Spätmittelalter zwischen Krise und Erneuerung, in: Zs. für Bayerische Landesgeschichte 64/3 (2001), S. 669.

37 Dazu jetzt Otto Ulbricht, Hg., Die leidige Seuche. Pest-Fälle in der Frühen Neuzeit, Köln-Weimar 2003.

38 Siehe dazu Alfred W. Crosby, The Past and Present of Environmental History, in: American Historical Review 100 (1995), S. 1177.

39 G. Le Bon, Psychologie der Massen, Stuttgart 1968, S. 45 f.

BILDNACHWEIS

AKG images, London-Berlin: S. 18; 102; 126; 164; 183; Farbtafeln I–IV, VI, VII (Fotos Erich Lessing)
CDC Centers of Diseases Control and Prevention, PHIL/Atlanta/Georgia: S. 34 oben u. unten; 76; 91.
Corbis, Düsseldorf: S. 74 (Foto: Nicole Duplaix); 83; 87 (Foto: Hulton-Deutsch Collection).
dpa-Bildarchiv, Hamburg: S. 93 (Foto: rh)
Interfoto, München: Vordere Umschlagseite, S. 57; 96; 104; 109; 117; 128 (Foto: Gierth); 129; 130 (Foto: Weidner); 133; 138; 146; 149; Farbtafel VIII.
Mauritius, Berlin: S. 64 (Foto: Torino).
Scala-Archives, Florenz: Farbtafel V (Staatsarchiv Lucca).
Staatsbibliothek Berlin: S. 82.
Stadt-Archiv Nürnberg: S. 132, S. 135
Städtische Kunstsammlung Augsburg: S. 16.
Manfred Vasold, Rohrdorf: S. 58 oben u. unten.
Aus Panzac, Daniel: La peste dans l'Empire Ottoman: 1700–1850, Leuven 1985, Carte No.23: S. 40.
Aus Dianshizhai huabao Bd. 32/1894, Heft 5: S. 55.
Aus Annales de l'Institut Pasteur, Jg. 1898, Carte No 2: S. 60.
Aus G. Gaffky, R. Pfeiffer, G. Sticker u. A. Dieudonné (Hg.): Bericht über die Thätigkeit der zur Erforschung der Pest im Jahre 1897 nach Indien entsandten Kommission (Arbeiten aus dem Kaiserlichen Gesundheitsamt, Bd. 16) Berlin 1898: S. 70.
Aus Dupaquier, Jacques: Histoire du population Française, Paris 1988: S. 108.
Aus Abel, Wilhelm: Die Wüstungen des ausgehenden Mittelalters (Quellen und Forschungen zur Agrargeschichte, Bd. 1), Stuttgart 1955, Abb.2: S. 120.
Aus Arzt und Krankenhaus, Jg. 2002, Heft 1: S. 125
Aus: Shrewsbury, J.F.D.: A history of plague in the British Isles, London 1970, Abb. 64: S. 141.